河南省高等学校人文社会科学重点研究基地许昌学院魏晋文化研究中心系列学术成果

许昌学院重点学科中国史资助出版

许昌学院科研创新团队（2022CXTD009）系列学术成果

先秦汉唐时期中原农业问题研究

乔凤岐 ◎ 著

人 民 出 版 社

目　录

绪　论

中华文明的起源尽管多元一体，但中原地区的农耕文明是其他地区无法比拟的。"中原文化本质上是一种以农业文明为核心的文化，这种农业文明对中华民族精神个性的形成产生了重要影响，中华民族的中和、仁爱、重功、勤俭、自强等优秀精神品质，几乎无一不与中原农业文明的影响有关。中原农业文明首先影响了中原文化对待自然和人文的基本态度，即'天人不二'，天人和合，物我相融。其次，中原农业文明注重和合的精神传统，又促使中原文化的艺术审美精神在整体上也呈现出一种和谐辩证色彩。同时，中原农业文明的自强自立意识，还促进了中原文化尚事、重功、勤俭的致用精神。"① 中原地区长期作为古代的政治、经济、文化中心，也是中华民族形成发展的核心区域，从五帝时代到北宋皇朝，大都建都于黄河流域，充分说明了中原地区在中国历史上的重要地位。

一、中原概念的差异性及在本文中的界定

中原作为区域方位的代称，经历了一个较长的演变过程，由一般意义上的"原野"之意，在秦汉以后逐渐成为特定区域的地理方位名词，其涵盖的范围在不同历史阶段、不同典籍中也有较大变化。

春秋时期，"中原"一词已有地理方位之义，如《国语·晋语三》："六年，秦岁定，帅师侵晋，至于韩。"晋军大败，晋惠公被秦军俘获。"穆公归，至于王城，合大夫而谋曰：'杀晋君与逐出之，与以归之，与复之，孰利？'公子縶曰：'杀之利。逐之恐构诸侯，以归则国家多慝，复之则君臣合作，恐为君忧，不若杀之。'公孙枝曰：'不可。耻大国之士于中原，又杀其君以重

---

① 刘成纪、杨云香：《中原文化与中华民族》，河南人民出版社 2012 年版，第 285 页。

之，子思报父之仇，臣思报君之仇。虽微秦国，天下孰弗患？'"① 仅从"中原"一词来看，很难分辨出"中原"一词的恰当词义，如果联系其他文献中秦晋之战的相关记载，则易见其义。《史记·晋世家》记载："（惠公六年）九月壬戌，秦缪公、晋惠公合战于韩原。"《索隐》："在冯翊夏阳北二十里，今之韩城县是也。"② 将《史记》和《国语》的记载做一下比较可以看出，"耻大国之士于中原"的"中原"一词，指的当是韩城附近的原野。如果从诸侯国方位而论，秦国地处西部边陲，而晋国属于黄河流域的华夏诸国之一，公孙枝之语含有两国在区域方位上的对比之义。

秦汉时期，"中原"一词已经是比较明确的方位和地域名称。徐乐解释"瓦解"一词云："何谓瓦解？吴、楚、齐、赵之兵是也。七国谋为大逆，号皆称万乘之君，带甲数十万，威足以严其境内，财足以劝其士民，然不能西攘尺寸之地，而身为禽于中原者，此其故何也？非权轻于匹夫而兵弱于陈涉也，当是之时先帝之德未衰，而安土乐俗之民众，故诸侯无境外之助。此之谓瓦解，故曰天下之患不在瓦解。"③ 吴、楚、齐、赵等是汉初分封的诸侯国，参与暴乱的七国均地处汉朝腹地，此处的"中原"已有明确的方位之义。

三国时期，"中原"一词的地理方位之义逐渐定型，但所指范围大小不一。诸葛亮《出师表》云："受命以来，夙夜忧叹，恐付托不效，以伤先帝之明，故五月渡泸，深入不毛。今南方已定，兵甲已足，当奖率三军，北定中原，庶竭驽钝，攘除奸凶，兴复汉室，还于旧都，此臣所以报先帝，而忠陛下之职分也。"④ 又，华覈谏孙皓修宫室云："又恐所召离民，或有不至，讨之则废役兴事，不讨则日月滋（慢）〔蔓〕。若悉并到，大众聚会，希无疾病。且人心安则念善，苦则怨叛。江南精兵，北土所难，欲以十卒当东一人。天下未定，深可忧惜之。如此宫成，死叛五千，则北军之众更增五万，若到万人，则倍益十万，病者有死亡之损，叛者传不善之语，此乃大敌所以欢喜也。今当角力中原，以定强弱，正于际会，彼益我损，加以劳困，此乃雄夫

---

① 徐元诰撰，王树民、沈长云点校：《国语集解》卷9《晋语三》，中华书局2002年版，第309—312页。

② （汉）司马迁：《史记》卷39《晋世家》注引，中华书局1959年版，第1653—1654页。

③ （汉）班固：《汉书》卷64上《徐乐传》，中华书局1962年版，第2805页。

④ （三国）诸葛亮著，张连科、管淑珍校注：《诸葛亮集校注》卷1《出师表》，天津古籍出版社2008年版，第27—28页。

智士所以深忧。"① 诸葛亮、华覈所说的 "中原" 一词，是作为蜀、吴相对应的曹魏统治区而言，地理方位之义已很明确。"三国时期，以中原为目标的争夺提升了中部地区的战略地位，向人们输送了中原地理正统的观念。只有占据天下之中心地区，才能有效地实施对国土四方的统治。从此开始，中原正式成为地域称谓，从此开始，在人们观念中产生了中国即中原的认识。"② 曹魏存在的四十余年间，所控制的区域也有较大变化，"中原" 所代表的地域也有较大的变动性。

魏晋以后，中原一词已经较为广泛用于指代地理方位，但所涵盖的地域大小不一。裴松之云："自中原酷乱，至于建安，数十年间，生民殆尽，比至小康，皆百死之余耳。江左虽有兵革，不能如中国之甚也。"③ 裴松之所言的 "中原"，虽然代指曹魏统治下的北方，而汉末以来战乱最为频繁的地区却是黄河中下游的农耕区。又，《隋书·地理志》："有晋太康之后，文轨方同，大抵编户二百六十余万。寻而五胡逆乱，二帝播迁，东晋泊于宋、齐，僻陋江左，苻、姚之与刘、石，窃据中原，事迹纠纷，难可具纪。"④ 永嘉之后，北方南迁之人的原籍郡县也多称中原之地，《隋书·食货志》："晋自中原丧乱，元帝寓居江左，百姓之自拔南奔者，并谓之侨人。皆取旧壤之名，侨立郡县，往往散居，无有土著。"⑤ 关于南迁之人的旧籍，《宋书·州郡志》云："自夷狄乱华，司、冀、雍、凉、青、并、兖、豫、幽、平诸州一时沦没，遗民南渡，并侨置牧司，非旧土也。"⑥ 在南北朝至隋唐时期的文献中，"中原" 的范围大都没有严格的区域界线。以《宋书》的记载来看，永嘉之后南迁的北方人的籍贯有司州（治所在今河南洛阳）、冀州（治所在今河北衡水市冀州区）、雍州（治所在今陕西西安市西北）、凉州（治所在今甘肃武威市）、青州（治所在今山东临淄）、并州（治所在今山西太原市）、兖州（治所在今山东郓城西北）、豫州（治所在今河南淮阳）、幽州（治所在今河北涿州）、平州（治所在今辽宁辽阳市）⑦，这些州郡的范围广大，囊括了淮河、秦岭以北

---

① （晋）陈寿：《三国志》卷 65《吴书·华覈传》，中华书局 1959 年版，第 1467 页。
② 王兴亚：《中原地域称谓的由来及其地域范围的嬗变》，《石家庄学院学报》2015 年第 4 期。
③ （晋）陈寿：《三国志》卷 63《赵达传》裴注，中华书局 1959 年版，第 1426 页。
④ （唐）魏徵：《隋书》卷 29《地理志上》，中华书局 1973 年版，第 807 页。
⑤ （唐）魏徵：《隋书》卷 24《食货志》，中华书局 1973 年版，第 673 页。
⑥ （南朝梁）沈约：《宋书》卷 35《州郡志》，中华书局 1974 年版，第 1028 页。
⑦ 参见谭其骧《中国历史地图集》第三册《三国·西晋时期》，地图出版社 1982 年版。

的广大地区，而被《隋书》均概括为"中原"，可见其所指地域范围十分笼统。

在魏晋南北朝至隋唐时期的文献中，某些典籍的行文中能够显示出"中原"一词代指洛阳及其周边地区。如《晋书·礼志中》记载："穆帝永和中，为中原山陵未修复，频年元会废乐。"[①] 永和是东晋皇帝司马聃的年号，中原山陵指的是西晋历代皇帝的陵园，这些陵园大都在洛阳附近，说明"中原"一词指的是洛阳及其周边区域。又如谢灵运《述祖德》诗云："中原昔丧乱，丧乱岂解已。崩腾永嘉末，逼迫太元始。河外无反正，江介有蹙圮。"李善注："《晋中兴书》曰：'中原乱，中宗初镇江东。'中原，谓洛阳也。晋怀、愍帝时，有石勒、刘聪等贼破洛阳，怀帝没于平阳。"[②] 谢灵运的诗句讲述的是永嘉之乱与西晋灭亡，汉国刘聪派兵攻占洛阳，晋怀帝被俘至平阳；汉军后来又攻破长安，晋愍帝亦被俘至平阳。李善将"中原"释为"洛阳"，实际上指的是西晋都城所在的洛阳及其周边地区，亦即西晋统治的中心区域。

以"中原"指代以洛阳为中心的黄河流域的北方地区，是南北朝时期比较常见的用法。如江淹草拟的梁武帝《北伐诏》云："可遣使某官组甲十万，铁骑千马，斜趣颍洛，冲其要津；某官某虎旅八万，舳舻数千，沿淮长驱，棱威清汴；某官某舟师五万，直出淮汜；某官控江右之锐，骆驿既进；某官某率羽林劲男，为水陆形援；某官某甲等，并率义勇之众，牙制犄角之机。戎车戒路，事宜总一。使持节、都督南徐兖二州诸军事；后军将军、南徐州刺史长沙王晃，出次江都，为众军节度。骁雄竞奋，火烈风扫，克定中原，肃清河洛。便可内外纂严，以时备办。"[③] 诏书列出北伐军的军事部署，各支军队的进攻目标也很明确，以"克定中原，肃清河洛"作为北伐的最终目的，在一定程度上反映出了"中原"一词是作为以洛阳为中心的黄河流域的代名词而使用的。

北朝各民族建立政权以后，均把黄河流域作为争夺对象，偏安于南方的各朝统治者自视为华夏正统，通常将这种情况称为窃据中原。如丘迟《与陈伯之书》云："夫以慕容超之强，身送东市；姚泓之盛，面缚西都。故知霜露

---

① （唐）房玄龄：《晋书》卷20《礼志中》，中华书局1974年版，第618页。

② （南朝梁）萧统编，（唐）李善注：《文选》卷19《述祖德诗二首》，上海古籍出版社1986年版，第914页。

③ （明）胡之骥：《江文通集汇注》卷8《北伐诏》，中华书局1984年版，第315页。

所均，不育异类；姬汉旧邦，无取杂种。北虏僭盗中原，多历年所，恶积祸盈，理至燋烂。况伪孽昏狡，自相夷戮；部落携离，酋豪猜贰。方当系颈蛮邸，悬首藁街。而将军鱼游于沸鼎之中，燕巢于飞幕之上，不亦惑乎!"①陈伯之本为萧齐的将军，齐、梁禅代之际率所部归降北魏。天监四年（505），梁武帝派兵北伐，陈伯之率部与之对峙于寿阳（今安徽寿县）。丘迟在《与陈伯之书》中，将在黄河流域建立政权的少数民族首领大加贬斥，称他们是窃据中原的贼寇，信中之言动之以情晓之以理，成功招降了陈伯之回归。其他文献中，使用"中原"这种词义的也比较常见，逐步成为黄河流域的代名词。

中原作为地理方位概念在春秋时期出现以后，经历了一个漫长认可接受过程。"经过两汉时期的发展，中原一词仍然是原野和地理概念并存。到了六朝时期，由于西晋王朝覆亡，黄河流域被少数民族占领，大批居民南迁，这些离乡背井的人虽然漂泊在异乡，但仍然时时刻刻不忘故土，因而过去不被人们提起或看重的'中原'开始作为一个地区频频出现在人们的口头上。"②在中国古代，因为人们所处的地位或环境不同，他们心目中的中原一词指代的范围差异又较大，故有狭义和广义之分。《中原文化大典》的界定是："狭义的中原，主要指今河南省行政区域。具体范围，北到安阳一带，东抵豫东及鲁西南部分地区，南至淮河沿岸，西南至南阳盆地，西达潼关以东。""广义的中原包括今天的河南全省、山东省中西部、河北省中南部、山西省中南部、陕西省关中平原、皖北、苏北、甘肃省部分地区以及豫、鄂二省相邻地带等。"③本书侧重于研究先秦汉唐时期的中原农业等相关问题，而这些问题通常在较大范围有着相互影响，故本书研究的地域范围以今河南省辖区为中心，兼及与河南省相邻的其他省市的部分区域，有些问题的资料涉及范围可能更为广泛。

二、研究框架及主要内容

农业是通过种植农作物获得食品的产业，不仅是古代一切社会活动的基

①（南朝梁）萧统编，（唐）李善注：《文选》卷43《与陈伯之书》，上海古籍出版社1986年版，第1946页。
②薛瑞泽：《中原地区概念的形成》，《寻根》2005年第5期。
③李民：《中原文化大典·通论》，中州古籍出版社2008年版，第17—18页。

础，也是人类获得生活资料的重要来源。农业文明的产生和发展经历了漫长的历史过程，张之恒先生认为："人类在长期采集植物性食物的过程中，逐步掌握了野生植物的生长规律，才有可能从采集发展到种植；而更新世末，冰河的消融，气候由冷变暖，这在客观上为农作物的栽培提供了条件。"① 原始农业是在采集经济基础上产生的，这也是一个漫长的过程，陈文华先生认为："产生的时间大约是在一万年前的旧石器时代末期或新石器时代初期。人们在长期的采集野生植物的过程中，逐渐掌握一些可食植物的生长规律，经过无数次的实践，终于将它们栽培、驯化为农作物，从而发明了农业。"② 农业产生以后，人类逐渐步入食物生产的生产经济阶段，这也是人类进入文明时代的物质基础。

农业是我国古代的经济基础和立国之本，人们所需的物质财富大都来自农业生产，所以农业在古代社会不仅占据重要的经济地位，也关系到一个朝代的兴衰存亡。管子云："仓廪实而知礼节，衣食足而知荣辱。"③ 孟子曰："五亩之宅，树之以桑，五十者可以衣帛矣。鸡豚狗彘之畜，勿失其时，七十者可以食肉矣。百亩之田，勿夺其时，数口之家，可以无饥矣；谨庠序之教，申之以孝悌之义，颁白者不负戴于道路矣。七十者衣帛食肉，黎民不饥不寒，然而不王者，未之有也。"赵岐注云："百姓老稚温饱，礼义修行，积之可以致王也。"孙奭《正义》云："王化之本，在于使民养生丧死之用备足，然后导之以礼义，责己矜穷，则斯民集矣。"④ 民众只有丰衣足食，社会才能稳定，国家才能稳步发展。

从事农业生产的主体是农民，农民是物质财富的生产者，农业是人类的衣食之源、生存之本。农业的根本特点是经济再生产与自然再生产交织在一起，粮食种植受农作物的生长繁育规律和自然条件的制约，具有强烈的季节性和地域性。农民以有生命的动植物为主要劳动对象，以土地为基本生产资料，土地在农业生产中占据重要地位。由于人口多，耕地面积相对较少，土地分配问题是各朝的难题。

数千年来，我国的农业生产一直以种植业为主，粮食生产尤占主要地位。

① 张之恒：《中国原始农业的产生和发展》，《农业考古》1984年第2期。
② 陈文华：《中国原始农业的起源和发展》，《农业考古》2005年第1期。
③ （汉）司马迁：《史记》卷62《管晏列传》，中华书局1959年版，第2132页。
④ （宋）孙奭：《孟子注疏》卷1上《梁惠王章句上》，北京大学出版社2000年版，第12—13页。

在传统观念中，种植五谷，几乎就是农业生产的同义语。在远古时期，我们的先民已开始从事农业生产，农业是古代社会发展所需物质的重要来源。所以农民、农业、农村问题，关系到中国历史上每一个封建王朝的兴衰成败。从历史发展的脉络来看，中国至少有着五千多年的农业文明，本书不对此做全面研究，仅以先秦汉唐时期为探讨重点；中国幅员辽阔，自然条件差异较大，各地区的农业生产存在差别，本书也不做全面的论述，以中原地区为研究对象，范围大致界定在先秦汉唐时期的中原地区。

从先秦时期开始，中原地区的地位已经受到政治家的高度重视。范雎云："今夫韩、魏，中国之处而天下之枢也，王其欲霸，必亲中国以为天下枢，以威楚、赵。"① 韩、魏两国地处中原腹地，范雎把它看作制御四方的中心，建议秦王先占据这个地区，进而统一中国。

汉唐时期，中原地区仍然是国家的统治中心，中原地区的农业生产更是历代皇朝的政治中心。所谓"得中原者得天下"，指的便是统治者能否得到中原地区人民的支持，只有在中原地区稳定、繁荣的条件下，一个皇朝才能稳定发展、才能繁荣昌盛。因此，研究历史时期中原地区的农业问题是中国古代史学科领域中具有重要价值的学术课题。

近年来，随着国家对农业生产的日益重视，学术界对历史上的农业问题的研究也不断走向深入，新的认识和新的成果不断出现，为进一步研究该问题奠定了基础。从现有的研究成果来看，古代的农业问题主要侧重于农业生产方面。如：杨乙丹的《魏晋南北朝时期农业科技文化的交流及其思考》（《古今农业》2006 年第 2 期）论述了南北各地农业科技文化的交流主要表现在生产工具、作物品种方面，以及经济重心的南移。谷小勇、张波的《社会战乱对汉唐间农业税制嬗变影响的分析》（《北京理工大学学报》社会科学版，2006 年第 6 期）论述了课税方式人丁化及征收实物问题。秦冬梅的《试论魏晋南北朝时期的气候异常与农业生产》（《中国农史》2003 年第 1 期）论述了气候异常对农业生产造成的极大损害，认为气候异常带来的粮食歉收是这个时期社会动乱的主要原因。叶依能的《南北朝农政概述》（《古今农业》1998 年第 4 期）论述了南北各国统治者所采取的若干发展农业生产的政策和措施。

① （汉）司马迁：《史记》卷 79《范雎列传》，中华书局 1959 年版，第 2409 页。

　　总的来说，关于农业方面的成果相对较多，区域农业的研究也有一定的成果出现，所涉及的区域广大，也较为分散。中原地区的农业问题也有所涉及，薛瑞泽、许智根的《论汉唐间河洛地区小农土地私有制的兴衰》（《华北水利水电学院学报》社会科学版，1999 年第 2 期）；薛瑞泽的《汉唐间河洛地区的农业开发》（《华北水利水电学院学报》社会科学版，2000 年第 3 期）等文章，为研究中原地区的农业问题提供了很好的借鉴作用。

　　在不同的历史时期，中原地区的范围略有差异，对中原地区的称谓名称也不尽相同。秦汉、隋唐定都长安，多称中原为山东，即位于崤山以东的中原郡县，其范围北至燕山，南到淮河，东到大海。大致包括今河南、山东、河北三省，还有山西南部，安徽、江苏两省的北部。中原地区土地肥沃、气候适宜，自然条件优越，农业发达，是中华文明的重要发源地。中原地区人口稠密、物产丰富，是汉唐时期粮食生产的重要地区，是封建王朝赋税的主要来源区，也是农民起义爆发最频繁地区。

　　秦汉、汉唐时期的中原地区是中国历代封建王朝的统治中心区域，也是封建统治者征收赋税徭役的重点地区，这一地区的农民所受到的封建剥削也最为沉重，中原地区也就成了汉唐时期农民起义的主要爆发点。陈胜、吴广起义、黄巾起义、隋末农民起义、唐末农民起义基本上是以中原地区为活动中心，不仅沉重地打击了封建统治政权，也有力地推动了中国封建社会的发展。关于农民起义的原因，不外乎封建政治黑暗、统治者残暴、自然灾害频繁、农民负担沉重，无法生存的广大民众被迫走上了反抗的道路。

　　农村基层组织是研究古代农业问题的重要组成部分，封建国家的政策，只是一个方针问题，很多具体政策通常是由地方政权、村社等基层组织来执行，而政策执行的好坏对农民的生产、生活活动有着重要影响，甚至关系到封建王朝在全国的统治地位。将基层组织作为汉唐时期中原地区的农业生产组成部分，不仅具有重要的学术价值，也具有重要的现实意义。

　　本书的内容主要包括农民的生产与生活方式；村社组织的建设及其运作；农业发展与生产方式的演变。本书略以时代为序，从纵横两个方面对该问题展开论述。本书采用的研究方法及框架是：（1）部分研究与整体研究相结合。中国自古就是由多民族组成的国家，中华民族的形成经过了漫长的融合发展，其核心便是中原地区。中原地区地理位置优越、气候温和，农业生产成为中原地区居民获取生活资料的主要手段。所以，研究秦汉、汉唐时期中原地区的农业问题，必须将其置于各个历史时期的全国大范围之内。（2）分类研究与综合研究相结合。本书将以农业发展为主线，系统地研究农民的生产、生活方式，农业技术的改进以及村社的基本组成形式，从而使研究得以深入，在更高层次上、更高领域内发现问题并解决问题。在研究方法上，本书将在汲取学术界现有成果的基础上，充分发掘文献资料，广泛利用考古资料，注重多种学科方法的有机结合，自觉借鉴相关学科理论、方法和成果，对秦汉、汉唐时期的农业问题进行整体把握，从而将研究引向深入。

第一章　中原地区的自然条件

中华民族的古代文明是在原始农业的基础上逐步发展而来，而农业起源于何时并没有当时的文字记载，现代的人们只能从商周以降的文献的描述和考古发掘出土的遗迹遗物中探寻其轨迹。有关中华文明的起源问题，在先秦、秦汉文献中多有描述，《周易·系辞下》云：

> 古者包牺氏之王天下也，仰则观象于天，俯则观法于地，观鸟兽之文，与地之宜，近取诸身，远取诸物，于是始作八卦，以通神明之德，以类万物之情。作结绳而为罔罟，以佃以渔，盖取诸离。包牺氏没，神农氏作，斫木为耜，揉木为耒，耒耨之利，以教天下，盖取诸益。日中为市，致天下之民，聚天下之货，交易而退，各得其所，盖取诸噬嗑。神农氏没，黄帝、尧、舜氏作，通其变，使民不倦；神而化之，使民宜之。易穷则变，变则通，通则久。是以自天祐之，吉无不利。黄帝、尧、舜垂衣裳而天下治，盖取诸乾、坤。刳木为舟，剡木为楫。舟楫之利，以济不通，致远以利天下，盖取诸涣。服牛乘马，引重致远，以利天下，盖取诸随。重门击柝，以待暴客，盖取诸豫。断木为杵，掘地为臼，臼杵之利，万民以济，盖取诸小过。弦木为弧，剡木为矢，弧矢之利，以威天下，盖取诸睽。上古穴居而野处，后世圣人易之以宫室，上栋下宇，以待风雨，盖取诸大壮。古之葬者厚衣之以薪，葬之中野，不封不树，丧期无数，后世圣人易之以棺椁，盖取诸大过。上古结绳而治，后世圣人易之以书契，百官以治，万民以察，盖取诸夬。[①]

早期文献中，多将有益于人类生产、生活的发明创造归功于某些先贤圣王，自然有其历史局限性，这显然不可能是某一位英雄人物或者神仙的恩赐。

---

① （唐）孔颖达：《周易正义》卷8《系辞下》，北京大学出版社2000年版，第350—356页。

以农耕文化为基础的中华文明形成于遥远的石器时代，是无数先民在与自然斗争中集体创造出来的，每一项发明创造都不可能是一蹴而就的，而是一代又一代的人们长期不懈努力的结果。由于远古时代文字尚未出现，各种发明创造在口口相传中被浓缩为绚丽多彩的神话故事，最终归功于特定的贤王圣君，在《世本》中有较多记述。比较典型的有盘古开天辟地、燧人氏钻木取火、有巢氏建房子、伏羲画八卦、女娲抟土造人、神农制耒耜、黄帝造舟车、嫘祖养蚕缫丝、蚩尤作兵、仓颉造字、鲧筑城池等。这些远古时期先贤圣王，实际上代表的是原始社会采集渔猎经济从低级向高级发展的几个阶段，反映了原始农业出现和发展的艰难历程。

在人类历史的早期，人们征服自然和改造自然的能力十分低下，只能活动于生活资料天然丰足的地方才能生存。在百万年前的旧石器时代，中原地区就留下了原始人活动的痕迹，新石器时期的文化遗址更是星罗棋布，优越的自然环境是中原地区成为中华文明的重要起源地的基础条件。

第一节　地貌与土壤

中原地区的地貌整体特征是西高东低，呈阶梯状下降趋势，由山地、丘陵过渡到平原。中原地区西部的伏牛山系和西北部的太行山系，是中原地区和关中平原、山西高原的分界线；南部东西向的桐柏山系和大别山系，是中原地区和长江流域的分界线；北部的燕山山脉，是中原地区和蒙古高原的分界线；东部是齐鲁高地和皖北、苏北的平原地带。中原地区是三面环山、一面面海、以低丘陵和平原为主的自然地貌。

一、山地和丘陵地带的地貌和土壤

豫西山地是中原与关中的天然分界线，最高的山峰为灵宝市境内的老鸦岔。老鸦岔"海拔为 2413.8m，为河南最高峰，地势西部、中部较高，向东北至东南呈扇状降低，山脊与河谷相间，洛河、伊河、沙河、白河、北汝河、老灌河、湍河、颍河等均发源于本区"。自然地貌显示，"豫西山地是秦岭山脉的东延部分，山体高峻雄伟，是我国暖温带与北亚热带在河南省的地理分界。秦岭东延分成数支，最北的支脉为小秦岭，延伸到灵宝南中断。往南为崤山，处于涧河、洛河之间，由西南向东北延伸160余km，再南为熊耳山，界于洛河、伊河之间，由西南向东北延伸150余km，到洛阳市龙门"①。豫西山地之中的崤山、函谷关地势险峻，是关中与中原之间的通道，也是历史上的兵家必争之地，所以中国古代将崤山、函谷关看作中原的西部边缘。

豫西山地被看作古代中原地区的西部边缘，自此向东北和东南主要山峰的海拔多在1500米以上，较高的山脉有栾川县境内的老君山、鲁山境内的白云山等，海拔在2000米以上，其余的大都为1000多米的山脉；中部为低山和丘陵地带，低山的海拔在500至1000米之间，中间遍布200米至500米的缓坡丘陵；东部为海拔200米以下的平原。中原地区的山地、丘陵大都为交错性分布，整体呈现出平缓过渡状态。这一区域内是以黄土为主的地形地貌，"由于黄土极易受流水侵蚀，在黄土堆积除形成黄土塬、墚外，所形成的支离破碎的黄土丘陵十分明显。其间大小沟壑纵横交错、黄土堆积面切割得破烂不堪"②。西部山地、丘陵地区的土壤大都为沙质黄土，但也不完全一样。

郑州以西的崤山、熊耳山、邙山一带，"主要为红黄色、棕黄色、褐黄色黄土类亚黏土夹古土壤层3~12层，在古土层下多有钙质结核聚集，为洪积成因"。汝州北汝河沿岸、鲁山西部，"多为紫红色黏土砾石夹大量安山岩砾块，并混杂有棕红色亚黏土及细砂"。嵩山一带，"主要为冲积洪积的黄土状物质，构成黄河二、三级阶地和黄土塬。可分为上下两部。下部为早期黄土。在塬区与离石黄土为侵蚀接触。岩性以黄土状物质为主夹2~3层古土壤层，底部有砂、沙砾石层。上部为马兰黄土，灰黄色，结构松散，垂直节理发育，以风积为主，也有坡积和洪积"。黄河、沙河、颍河等河道及其支流两岸，"河床两侧主要由粉细砂或卵石以及成片状的亚砂土组成漫滩相，在漫滩以上断续的一级阶地，则由松散的黄土类亚砂土和黄土类亚黏土互层组成，多夹有明显层理的砂和砂砾石层"③。沙质黄土型地貌土壤，土质松软易于耕作，纵横交错的沟壑和溪流既便于雨季的田间排水，又有利于人们取得日常生产生

①　魏克循：《河南土壤地理》，河南科学技术出版社1995年版，第9页。
②　河南省土壤普查办公室编著：《河南土壤》，中国农业出版社2004年版，第19页。
③　河南省土壤普查办公室编著：《河南土壤》，中国农业出版社2004年版，第26页。

活的用水，也就成了史前人们重要活动区域。中华民族的早期文化遗存在这一区域有着广泛分布，比较典型的有舞阳县境内的贾湖遗址、渑池县境内仰韶文化遗址、新郑市境内的裴李岗文化遗址、登封市境内的王城岗遗址等，这些遗址中均有诸多与早期农业相关的遗物出土，说明中原地区在史前社会已有发达的农业文明。

豫北山地和丘陵是山西高原和华北平原的分界线，是太行山脉由河北、山西两省交界地带向南并转向西南河南、山西两省边缘地带的延伸，辉县市以北大致为南北走向，辉县市以西大致为东北西南走向。豫北山地的山峰林立，"中山集中分布在山脉的主脊地带，许多突出的山峰海拔在1500m以上。其中位于西北端的鳌背山主峰海拔1929.6m，为省内太行山脉的最高峰。由于走向大断裂十分发育，垂直分异显著，沿断代山坡陡峻，陡崖峭壁林立，加之河流横切，山体形成许多深切峡谷，呈现为高峻雄伟的断块中山地貌特征"①。豫北山地为断块构造的中山地形，山高坡陡，岩石裸露，可耕土地面积很少。中山外围的低山丘陵区有许多山间盆地和宽阔的河谷，多为河流泥沙沉积而成，土壤中腐殖质含量丰富，土质松软，易于耕作，是豫北山地中的重要农业生产区。

二、黄淮平原各区域的土壤特点

黄淮平原是中原地区的农业生产核心区域，西起豫西山地，自西向东缓慢倾斜，与华东平原接壤；南至大别山北麓，淮河以南的地势自南向北缓慢倾斜；北与华北平原相连。黄淮平原上，黄河、淮河两大河自西向东流过，对这一区域内的地形地貌产生了重大影响。

黄河流域地形复杂，极易发生洪涝灾害，主要是因为黄河发源于青藏高原，中游流经面积高达58万平方公里的黄土高原，河水中泥沙含量太高所致。刘天和云："河水至浊，下流束隘停阻则淤；中道水散流缓则淤；河流委曲则淤；伏秋暴涨骤退则淤，一也。从西北极高之地，建瓴而下，流极湍悍，堤防不能御，二也。易淤故河底常高，今于开封境测其中流，冬春深仅丈余，夏秋亦不过两丈余，水行地上，无长江之渊深，三也（滨河郡邑护城堤外之

---

①　董中强：《河南农业气候》，河南科学技术出版社1991年版，第6页。

地渐淤高平，自堤下视城中如井然）。傍无湖陂之停潴，四也。孟津而下，地极平衍，无群山之束隘，五也。中州南北悉河故道，土杂泥沙，善崩易决，六也。"黄河在孟津一下流入平原地带，河道逐渐宽阔，水流速度降低，所携带的泥沙逐渐沉积下来，"数年之后，河底两岸，悉以渐而高。或遇骤涨，虽河亦自不容于不徙矣。此则黄河善决迁徙不常之情状也"[1]。由于没有群山峡谷的束缚，黄河在夏秋暴雨较大的年份经常在河北、河南、皖北、苏北频繁地迁徙改道，改变着这一区域内的地形地貌和土壤结构。

豫东平原的地形地貌主要受黄河泥沙的影响，"水灾是黄河的主要灾害。黄河的洪水特别大，常常造成严重的漫溢和决口。据历史记载，黄河下游（河南、河北、山东）在三千多年中发生泛滥、决口一千五百多次，重要的改道二十六次，其中大的改道九次。改道最北的经海河流入天津以东的大沽口，最南的经淮河流入长江。因此海河流域、淮河流域、长江下游二十五万平方公里的广大地区上，以及八千万人口生命财产的安全，经常受到黄河水灾的威胁。黄河每次泛滥、决口和改道，都造成人民生命财产的惨重损失，常常是整个村镇甚至整个城市的人口和财产都大部或全部淹没"[2]。文中所说的"八千万人口"指的是新中国成立初期20世纪50年代数字，大概是作者为了让读者更直观地了解黄河的危害。

黄土高原是松软的沙质土壤，这一区域自然植被脆弱并且屡遭破坏，降雨又多集中在夏秋季节，水土流失十分严重，流经这一区域的黄河支流将携带的大量泥沙汇入其中，致使下游河段河床不断抬高而引起决口改道。"黄泛时，各地流速不同，沉积物亦各异。一般说，在近股状洪流地带以砂土为主，随离股状洪流距离的增加，沉积物就由砂土逐渐变为粉砂土，再变为黏土。但由于股状洪流的多次变动，这种带状沉积规律在很大程度上受到了破坏，并出现片状砂、片状黏的复杂分布情况。"[3] 豫东平原总体上属于冲积平原，土壤主要为"黄褐色、棕黄色含钙质结核亚砂土、亚黏土及砂、砂砾石层"。土壤可分为冲积、风积两大类型：紧邻山岗附近为河流携带的泥沙冲击沉积

---

① （明）刘天和撰，卢勇著：《问水集校注》卷1《统论黄河迁徙不常之由》，南京大学出版社2016年版，第1页。

② 黄河水利委员会西北工程局编：《叫黄河为人民服务》，陕西人民出版社1956年版，第2—3页。

③ 河南省土壤普查办公室编著：《河南土壤》，中国农业出版社2004年版，第21页。

而成，为"黄褐色亚砂土及砂层，底部有砂砾石层，中夹亚黏土透镜体，向东延展为黄色、淡黄色的亚砂土、粉细砂、中细砂层、夹亚黏土透镜体"。黄河故道附近多为风积土壤，为"淡黄色、黄白色细砂、粉细砂组成的沙丘"[1]。洪涝灾害之后沉积下来的泥沙改变着中部原野的地形地貌，但也为人们留下了松软肥沃的土地，为中原地区的农业发展奠定了基础。

淮河以南至大别山北麓为波状平原，区内为"冲积河谷带状平原和洪积倾斜平原。前者地形平坦，土层深厚，水源丰富，土质肥沃，是河南省良好的水田基地。后者多垄岗地形，土质粘重，地势高亢，且水源缺乏，故目前多以旱作为主，生产水平较低"[2]。淮河上中游的南岸土壤，"岩性为灰绿色黏土、亚黏土、泥质砂、砂砾石及砂层。黏土、亚黏土具斜裂隙，裂隙面光滑，有油脂光泽"。垄岗地带的土壤，"多为棕红色、棕褐色黏土、亚黏土、黏土碎石夹泥质砂砾透镜体、亚黏土含铁锰结核，以冰碛冰水沉积为主"。近代河流两侧的土壤，"岩性多为淡黄色、黄色、黄褐色亚砂土，松散，孔隙发育，富含近代淡水螺壳残骸"。岗丘间河床两侧的土壤，"多以漫滩相和超漫滩相砂、砂砾石和亚砂土组成，局部呈二元结构"[3]。

三、华北平原的土壤结构

黄河以北的华北平原，也是中原地区的重要组成部分，西部与山西高地大致以太行山为界线，北部与蒙古高原大致以燕山山脉为界。太行山是黄土高原的东部边缘，北高南低，大部分在海拔1000米以上，为北起北京市的西部山地，向南延伸至河南、山西交界的王屋山，跨越河南、河北、山西、北京四个省市，绵延400多公里。燕山西起张家口的万全和怀安的洋河，向东延伸至山海关，绵延400多公里。燕山、太行山的"海拔多在2000米以下，超过2000米的不多，且呈孤峰状分布"[4]。山谷之中有数通往山西高地和蒙古高原的河谷通道，地势险峻，是中原地区的天然屏障。

华北平原在地质时代是汪洋大海，是河流携带的泥沙长期沉积而成。宋

①　河南省土壤普查办公室编著：《河南土壤》，中国农业出版社2004年版，第25页。
②　魏克循：《河南土壤地理》，河南科学技术出版社1995年版，第11页。
③　河南省土壤普查办公室编著：《河南土壤》，中国农业出版社2004年版，第26页。
④　河北省地理研究所《河北农业地理》编写组：《河北农业地理》，河北人民出版社1980年版，第3页。

人沈括云:"予奉使河北,遵太行山而北,山崖之间往往衔螺蚌壳及石子如鸟卵者,横亘石壁如带。此乃昔之海滨,今东距海已近千里。所谓大陆者,皆浊泥所湮耳。尧殛鲧于羽山,旧说在东海中,今乃在平陆。凡大河、漳水、滹沱、涿水、桑干之类,悉是浊流。今关陕以西,水行地中,不减百余尺,其泥岁东流,皆为大陆之土,此理必然。"① 华北平原周边的地形显示,"丘陵主要分布在燕山南侧和太行山东侧,切割破碎,黄土分布普遍,地表水易流失。"② 黄河携带的泥沙和燕山、太行山流失的水土,在经过漫长的沉积过程之后,形成了广袤的华北平原,地面上的土壤是河流携带的泥沙冲积而成的,这种土壤称为"次生黄土"③,土壤中腐殖质含量高,土地肥沃,宜于耕种。

华北平原的农业种植区有少部分在低山和丘陵的坡地上,大部分集中在平原地带,整个平原又分为山麓平原、冲积平原和滨海平原。山麓平原为太行山、燕山山前冲积扇联合而成,"地面平坦,总坡降1/1000—1/2000,径流畅通,水土条件较好"。"近山一带的坡度较大,有水土流失与干旱问题,也易受山洪威胁。山麓平原与冲积平原相接地带有一系列大型交接洼地分布"。冲积平原是由境内的河流冲积而成,"地势低平,海拔多在40米以下大部地区坡度在1/4000—1/6000之间,地表有平缓起伏、缓岗、微倾斜平地与洼地较多,地势低洼"。冲积平原地带有诸多河流交汇,"泄水河道少,地表径流排泄不畅,有季节性的不同程度的积水,造成洪沥涝灾害"。海滨平原的地貌特征是:"海拔低,地势平,坡降1/5000—1/10000,洼地多,以七里海和南大港为最大。区内地表沉积物以沙质粘土为主。"④ 华北平原适宜农作物种植,也是汉唐时期重要农业生产区域。

土壤是地球表面由矿物质颗粒、有机物的腐殖质、微生物、水分、空气等混合组成的相对松软的一层物质,在阳光照射和风雨侵蚀下能够释放出供植物生长所需要营养元素。矿物质和腐殖质组成的固体颗粒是土壤的主体,

---

① (宋)沈括撰,张富祥译注:《梦溪笔谈》卷24《海陆变迁》,中华书局2009年版,第264—265页。

② 河北省地理研究所《河北农业地理》编写组:《河北农业地理》,河北人民出版社1980年版,第3页。

③ 张雨天:《河北省自然经济地理简述》,河北人民出版社1957年版,第5页。

④ 河北省地理研究所《河北农业地理》编写组:《河北农业地理》,河北人民出版社1980年版,第3—4页。

腐殖质在各种微生物的分解下释放出氮、磷、钾等是植物生长必不可少的微量元素，也是衡量土壤肥力的主要依据。中原地区的土壤大都是沙质黄土，疏松的土质易于耕作，并且具有良好的透气性，河流泥沙长期沉积而成的土壤富含丰富的腐殖质，能够为农作物的生长提供充足的养分，这是中原地区成为历史上重要农耕区必不可少的条件之一。

第二节 河流水系

水是生命之源，所有生物都离不开水的滋养，人类的生产生活与河流有着十分密切的关系。中华民族的祖先在中原地区繁衍生息，创造出灿烂的农耕文明，与这一区域内的河流密布、水系发达有着重要关系。中原地区河流众多，分属海河、黄河、淮河三大水系，形成了从横交错的水系网络，大多数河道的流域面积超过 100 平方公里，丰富的水利资源为中国古代的农业生产提供有利条件。

一、黄河中下游的河流水系

黄河发源于青藏高原的巴彦喀拉山北麓，流经青海、甘肃、宁夏、内蒙古、陕西、山西等地以后，在陕西潼关进入河南灵宝市境内，从河南北部穿过流入山东境内，在山东东营流入渤海。黄河出孟津以后河床渐宽、水势迟缓，大量的泥沙沉积于河床之上，逐渐成为高出地面的悬河。黄河的西面是辽阔的华北平原，南面为广袤的豫东平原，两岸堤坝较高，几乎没有自然河道汇入其中。

黄河在中原地区的南岸支流主要是豫西山区的洛河、伊河、瀍水、涧水、谷水、甘水等。洛水又称雒水，是这几条河道中最长的河流，《水经》云："洛水出京兆上洛县讙举山，东北过卢氏县南，又东北过蠡城邑之南，又东过阳市邑南，又东北过于父邑之南，又东北过宜阳县南，又东北出散关南，又东北过河南县南，又东过洛阳县南，伊水从西来注之。"郦道元注云："《地理志》曰：洛出冢岭山。《山海经》曰：出上洛西山。又曰：讙举之山，洛水出焉，东与丹水合，水出西北竹山，东南流注于洛。"又云："洛阳，周公所营洛邑也。故《洛诰》曰：我卜瀍水东，亦惟洛食。其城方七百二十丈，南系于洛水，北因于郏山，以为天下之凑。"① 洛河在水文上称为南洛河，发源于陕西境内的华山南麓箭峪岭侧木岔沟，流入河南卢氏县境内以后，豫西山地的许多河流汇流其中，在洛阳与伊水交汇。

伊河古称伊水，《水经》云："伊水出南阳鲁阳县西蔓渠山，东北过郭落山，又东北过陆浑县南，又东北过新城县南，又东北过伊阙中，又东北至洛阳县南，北入于洛。"郦道元注云："《山海经》曰：蔓渠之山，伊水出焉。《淮南子》曰：伊水出上魏山。《地理志》曰：出熊耳山。即麓大同，陵峦互别耳。伊水自熊耳东北迳栾川亭北，蕤水出蕤山，北流际其城东而北入伊水。"② 伊水发源于豫西的熊耳山，大致为东北流向，沿途有许多河流汇入，也是豫西山地的重要河流。

发源于洛阳附近且比较大的河流有瀍水和涧水，瀍水的发源地谷城县在洛阳市西北，是春秋时期的周邑，西汉置谷城县，因临近谷水而得名。涧水的发源地在新安县的白石山，亦在洛阳市的西北。豫西山地较大的河流还有谷水和甘水，谷水、甘水的发源地距洛阳不是太远，也属于洛水的重要支流。

伊水、洛水及其大小支流流淌于豫西山地、峡谷之中，宽阔的山谷河道也能够保障雨水过多季节、年份的泄洪排涝，这些河道为周边黄土台地提供了丰富的水利资源。伊水、洛水在洛阳附近交汇以后称为伊洛河，流经偃师、巩义等地汇入黄河，所流经过的地带也就是著名的伊洛平原。伊洛平原是豫西山地中的一个盆地，现代水文资料显示："周边为黄土丘陵，裂隙发育，局部有砂砾石透明体和多层钙结合层，赋存有上层滞水。山前倾斜平原为中更新世冲洪积扇群构成，含水层厚度 5~25m，埋深 40~60m，单位涌水量 5~10m³/（h·m）；河谷平原含水层的变化规律是向两侧变细变薄，埋深变大，纵向的变化是由上游至下游由卵砾石、砂砾石变为砂含砾石、砂，厚度由薄变厚，含水层厚 4~40m，单位涌水量 30~100m³（h·m），渗透系数 20~33.6m/d。"③ 伊洛盆地四面环山、土地肥沃、水利资源丰富、排水系统畅通，

---

① （北魏）郦道元：《水经注》卷 15《洛水》，中华书局 2007 年版，第 363—369 页。

② （北魏）郦道元：《水经注》卷 15《洛水》，中华书局 2007 年版，第 373 页。

③ 宁立波等编著：《河南省地下水中氟的分布及形成机理研究》，地质出版社 2015 年版，第 52 页。

因而成为中国古代农业文明的形成和发展的重要区域。

黄河北岸的支流主要是沁水和清水。沁水今名沁河，发源于今山西省平遥县，南流出山进入平原地带。《水经》云："沁水出上党涅县谒戾山，南过谷远县东，又南过猗氏县东，又南过阳阿县东，又南出山，过沁水县北，又东过野王县北，又东过州县北，又东过怀县之北，又东过武德县南，又东南至荥阳县北，东入于河。"丹水是沁水的最大支流，郦道元注云："《山海经》曰：沁水之东有林焉，名曰丹林，丹水出焉。即斯水矣。"[1] 丹水发源于今山西省高平市的丹朱岭，沿途有多条河流汇入，南流出山入平原地带。沁水、丹水均发源于山西南部的太行山中，在野王（今河南沁阳）合流，东流经过怀县、武德县（治所在今武陟县东南），在武德东南注入黄河。沁河水系是河内郡的主要水源，晋代司马孚曾在这里修建水利工程，灌溉农田，促进了当地的农业生产。

清水发源于今山西陵川县的东南山区，由诸多泉水汇聚而成，此地在两汉、南北朝时期属获嘉县。清水南流进入平原以后，流经获嘉、汲县（今河南卫辉市）境内后注入黄河，沿途有诸多河流汇入其中。《水经》云："清水出河内修武县之北黑山，东北过获嘉县北，又东过汲县北，又东入于河。"郦道元注云："黑山在县北白鹿山东，清水所出也。上承诸陂散泉，积以成川。南流西南屈，瀑布乘岩，悬河注壑二十余丈，雷赴之声，震动山谷。左右石壁层深，兽迹不交，隍中散水雾合，视不见底。……其水历涧飞流，清冷洞观，谓之清水矣。"[2] 清水是汉唐时期的黄河北岸支流，由于黄河改道和河床太高，现在已无法流入黄河，在卫辉转为东北流向，在淇县南与淇水合流，成为漳卫河的上游。

二、淮河中上游的河流水系

淮河处于长江和黄河之间，流域范围西起豫西山地，东至大海，北屏黄河南岸大堤和沂蒙山脉与黄河流域紧邻，南以桐柏山、大别山、皖山与长江流域分界。"淮河流域以废黄河为界，分为淮河和沂沭泗两大水系。淮河水系集水面积 18.9 万 km²，约占流域总面积的 70%。淮河干流发源于河南桐柏县

---

① （北魏）郦道元：《水经注》卷 9《沁水》，中华书局 2007 年版，第 228—231 页。

② （北魏）郦道元：《水经注》卷 9《清水》，中华书局 2007 年版，第 223—227 页。

的桐柏山主峰胎簪山，流经河南、安徽至江苏扬州三江营入长江，全长1000km，总落差196m，平均比降为2‰。"[1] 淮河发源于桐柏山，干流大致为东西走向，现在的入海口在江苏滨海县境内。最大的支流为沙颍河，古称颍水，源远流长，超过桐柏山的正源。沂沭泗流域已远离中原地区，本书不做梳理，仅对淮河上中游水系略作简述。

流经中原地区的淮河支流主要分布在上游和中游，现代水文资料显示："从淮源到豫皖两省交界的洪河口为上游，流域面积2.9万 km^2，长360km，两岸山丘起伏，河水穿行于丘陵和岗谷之间。落差174m，比降为5‰。河床宽浅，大部分河段无堤防，沿途汇入的支流有浉河、小潢河、竹竿何、寨河、白露河和洪河等。"淮河上游的支流主要分布在豫南地区，大都源短流促，流域面积较小；发源于伏牛山区的洪河源远流长，流域面积较大。"淮河从洪河口到洪泽湖，统称为中游，流域面积13万 km^2，长490km，落差16m，比降为0.3‰。"淮河中游主要流经安徽中部，沿途经过峡山、涂山、浮山三个峡口，风景秀丽、地势险要，被誉为"淮河三峡"。汇入淮河中游的支流大都流经豫东平原，"流域面积较大的淮河支流，有承泄西部伏牛山区洪水的沙颍河，有黄河南岸大堤和废黄河以南的平原河道，主要有西淝河、涡河、沱河、汴河和濉河来会"[2]。流经豫东平原的淮河支流大都坡度平缓，泥沙的沉积极易导致河床淤塞和河流改道，雨水较大年份极易发生大面积的洪涝灾害，对豫东平原的地形地貌影响较大。数千年间，淮河中上游的河流水系变化较大，汉唐时期的河流名称、流向也多有改变。

淮河古称淮水，发源于桐柏县的太白顶，汉代称为胎簪山，是大复山的一个山峰。郦道元《水经注》云："《风俗通》曰：南阳平氏县桐柏，大复山在东南，淮水所出也。淮，均也。"又云："淮水与醴水同源俱导，西流为醴，东流为淮。潜流地下三十里许，东出桐柏之大复山南，谓之阳口，水南即复阳县也。阚骃言：复阳县，胡阳之乐乡也。元帝元延二年置，在桐柏大复山之阳，故曰复阳也。"[3] 平氏县为西汉所置，属南阳郡："平氏，《禹贡》桐柏

---

① 水利部淮河水利委员会《淮河水利简史》编写组：《淮河水利简史》，水利水电出版社1990年版，第2页。

② 水利部淮河水利委员会《淮河水利简史》编写组：《淮河水利简史》，水利水电出版社1990年版，第2—3页。

③ （北魏）郦道元：《水经注》卷30《淮水》，中华书局2007年版，第702页。

大復山在东南，淮水所出，东南至淮（陵）〔浦〕入海，过郡四，行三千二百四十里，青州川。莽曰平善。"① 平氏县城故址在今桐柏县城西约 45 公里的平氏镇，復阳县大概在梁朝改置为桐柏县，"两汉復阳县当在今桐柏县西鸿仪河乡一带"。"淮河上游在今桐柏县境有两分支流，一条出今太白顶，另一条出县东北。"② 河源的认定一般依据海拔高度和到入海口的距离，在两条支流中，太白顶上的淮井海拔高且距东海最远，故以太白顶为淮河源头。淮河东流经过河南、安徽、江苏等地，在淮浦县（今江苏省涟水县）入海。由于数千年的泥沙沉积，当年的淮浦县城已远离大海，淮河的入海口已延伸到滨海县以东的海岸线上。淮河支流众多，中上游多为发源于豫西山地、桐柏山、大别山等地的河流，较大的支流有汝水、决水、沘水、泄水、颍水、肥水、涡水、睢水等。

汝水发源于豫西山地，是淮河的重要支流。《水经》云："汝水出河南梁县勉乡西天息山，东南过其县北，又东南过颍川郏县南，又东南过定陵县北，又东南过郾县北，又东南过汝南上蔡县西，又东南过平舆县南，又东至原鹿县，南入于淮。"郦道元注云："汝水西出鲁阳县之大盂山蒙柏谷，岩鄣深高，山岫邃密，石径崎岖，人迹裁交，西即卢氏界也。"③ 按照现在的行政区划，汝水的源头当在嵩县车村镇栗树街村北跑马岭（天息山），流经汝阳、汝州、郏县、襄城县、漯河市、西平、上蔡、汝南、平舆、新蔡等地，在淮滨汇入淮河。

颍河古称颍水，发源于今登封市少室山，东南流入淮南，沿途有多条河流汇入。洧水是颍河的主要支流，发源于今登封市大冶镇的马领山。溱水是洧水的支流，发源于新郑市西北平地（一说发源于新密市白寨），在新郑境内注入洧水。二水合流以后，东南流经长葛、鄢陵、扶沟，在西华汇入颍河。溵河现名清溵河，发源于新密市大騩山（今名大隗山），东南流经长葛、许昌、鄢陵等地，在西华注入颍河。蒗渠水是颍河的一条流域面积最大的支流，《水经》云："渠出荥阳北河，东南过中牟县之北，又东南至浚仪县，又屈南至扶沟县北，其一者，东南过陈县北，又东南至汝南新阳县北，又东南过山

① （汉）班固：《汉书》卷 28 上《地理志上》，中华书局 1962 年版，第 1564 页。
② 尹俊敏：《商周復国与两汉復阳县（侯国）》，《南都学坛》2000 年第 5 期。
③ （北魏）郦道元：《水经注》卷 21《汝水》，中华书局 2007 年版，第 497 页。

桑县北，又东南过龙亢县南，又东南过义成县西，南入于淮。"郦道元注云：
"渠水自河与济乱流，东迳荥泽北，东南分济，历中牟县之圃田泽，北与阳武
分水。"① 蒗渠在其他典籍中又写作"狼汤渠"，《汉书·地理志》云："荥阳，
卞水、冯池皆在其西南。有狼汤渠，首受泲，东南至陈入颍，过郡四，行七
百八十里。"② 蒗渠水发源于荥阳，是黄河与济水溢出河道的水流汇聚而成，
流经今郑州、中牟、开封、扶沟，在扶沟东分为二支，一直东南流为涡水
（今涡河），经河南郸城、安徽利辛，在安徽怀远入淮。一支南流为梁水，在
项县（今河南沈丘）入颍。

　　蒗荡渠水在豫东平原分出多条河道，主要有阴沟水、汳水、获水等。阴
沟水、汳水、获水流经豫东平原北部，汳水、获水东流汇入淮河流域东部的
泗水。③ 阴沟水在阳武从渠水中分出，在开封一带分为数支，一支东流至淮阳
一带为涡水（涡河）。一支东南流至睢阳为睢水，《水经》云："睢水出梁郡
鄢县，东过睢阳县南，又东过相县南，屈从城北东流，当萧县南，入于陂。"
郦道元注云："睢水出陈留县西蒗荡渠，东北流，《地理志》曰：睢水首受陈
留浚仪狼汤水也。《经》言出鄢，非也。"又云："睢水又东南流，迳下相县
故城南，高祖十二年，封庄侯冷耳为侯国。应劭曰：相水出沛国相县，故此
加下也。然则相又是睢水之别名也。东南流入于泗，谓之睢口，《经》止萧
县，非也。"④ 阴沟水是从蒗荡渠中分出的河流，在东流过程又分为数道河流，
在东流或东南流的过程中与当地河流汇合后又有新的名称，河道流经的区域
在很大程度上受到了黄河汛期的影响。

　　中原地区的淮河流域，南侧支流多发源于桐柏山、大别山，北侧支流发
源于豫西山地，或由黄河水在荥阳一带溢出而形成，小部分发源于黄河大堤
以南的平坡地带，自西北向东南流入淮河。淮河中上游地区的雨水集中在夏、
秋两季，各支流的河道易在这两个季节出现暴涨暴落，上游河道多在山谷之
间，周边松软的黄土在雨水的冲刷之下流入山涧之中，河水进入中下游的平

　　① （北魏）郦道元：《水经注》卷22《颍水、洧水、潩水、㶏水、渠沙水》，中华书局2007年
版，第722—537页。
　　② （汉）班固：《汉书》卷28上《地理志上》，中华书局1962年版，第1555页。
　　③ （北魏）郦道元：《水经注》卷23《阴沟水、汳水、获水》，中华书局2007年版，第550—
562页。
　　④ （北魏）郦道元：《水经注》卷24《睢水》，中华书局2007年版，第566—572页。

原地区之后，水势渐缓，大量泥沙淤塞河床，造成洪水四溢，以致水系紊乱和频繁改道。随着历史的变迁，河流的淤塞和改道等因素的影响，原有的地形地貌也在不断改变，河流的名称也多有变化。

三、海河南部的河流水系

海河水系遍布华北平原，由北运河、永定河、大清河、子牙河、南运河五大支流组成，在天津附近合而为一，经干流入海。海河干流指天津市三岔河至大沽口一段，曲折迂回，又名沽河，长约76公里。海河水系呈扇状形态，流域范围广阔，"西起山西高原，北到内蒙古高原，东临渤海，南抵黄河北堤"。海河流域的植被覆盖率不高，不同区域也有差异，流域的中部，"永定河、滹沱河及浊漳河上游，山势陡峻，盆地内黄土广布，这里除高山地区有零散的森林分布外，植被覆盖率较小，再加暴雨集中，水土流失严重，成为海河流域几个主要的泥沙源地"。流域的南部，"大清河及滏阳河上游地区为太行山迎风坡，山高坡陡，降雨丰沛，原来森林茂盛，植被覆盖率高"。流域的北部，"潮白、蓟运河中、上游在燕山迎风坡，降雨较多，黄土分布少。海拔1000米以上的山地有成片森林，1000米以下地区为次生林和灌丛草坡，植被生长情况较好，其中长城以北的植被覆盖度大于长城以南，下游燕山丘陵坡地区多灌草丛，植被较差"[1]。海河水系各支流的源头均在山地高原，是一个植被比较脆弱的区域，历史上水土流失严重，不断地改变着华北平原的地形地貌。

在本书的研究内容中，海河水系中属于中原地区的河流主要是现在漳卫河河系。卫河发源于太行山，流域范围包括河南的焦作东部、新乡、安阳等地，在河北南部与漳河合流，东北流向海河。汉唐时期，漳卫河流域南部河流的名称与现代不多有不同，按照《水经》和《水经注》的记述，主要有清水、淇水、荡水、洹水、浊漳水、清漳水等，这些河流均发源于太行山，南流或东流进入平原地带。汉唐时期，清水、沁水河系注入黄河，属于黄河水系。淇水、荡水、洹水、浊漳水、清漳水等河系流经豫北平原进入河北平原，最终流入渤海，属于海河水系。

---

① 河北省地方志编撰委员会：《河北地方志》第3卷《自然地理》，河北科学技术出版社1993年版，第184—186页。

淇河古称淇水，发源于山西省陵川县方脑岭棋子山。《水经》云："淇水出河内隆虑县西大号山，东过内黄县南，为白沟。"郦道元注云："《山海经》曰：淇水出沮洳山。水出山侧，颓波崩注，冲击横山。山上合下开，可减六七十步，巨石磊砢，交积隍涧，倾澜漭荡，势同雷转，激水散氛，暖若雾合。又东北，沾水注之，水出壶关县沾台下，石壁崇高，昂藏隐天，泉流发源于西北隅，与金谷水合，金谷即沾台之西溪也。东北会沾水，又东流注淇水。"①隆虑县即今林州市，淇水源出林州西部的太行山区，由多条溪水汇流而成，沾水是淇水上游最大支流，在今林州市临淇镇境内汇入淇水，东南流入内黄县境内后称为白沟。

内黄县境内有一个较大的湖泊名黄泽，可以看作白沟水流量的调节水库。黄泽湖水源于荡水，《水经》云："荡水出河内荡阴县西山东，又东北至内黄县，入于黄泽。"郦道元注云："荡水出县西石尚山，泉流经其县故城南，县因水以取名也。"②荡阴县即今汤阴县，白沟从黄泽东部穿过，在内黄县东北与洹水合流。洹水即今安阳河，发源于山西长子县的太行山区，东流出山进入豫北平原。《水经》云："洹水出上党泫氏县，东过隆虑县北，又东北出山，过邺县南，又东过内黄县北，东入于白沟。"郦道元注云："水出洹山，山在长子县。""洹水出山，东迳殷墟北。"洹水在邺县境内分流，一支北流注入漳河，一支南流进入内黄，"迳内黄县北东流，注于白沟"③。洹水是豫北平原的重要水源，在当地农业生产和居民生活中有着重要地位。

白沟水东北流出内黄进入河北平原南部，流经魏县、馆陶进入清河郡（治所在今河北临清）后改称清河，东北流入渤海。

汉唐时期，漳河河系是华北平原的又一重要水系，有浊漳水、清漳水两个源头。《水经》云："浊漳水出上党长子县西发鸠山。"郦道元注云："漳水出鹿谷山，与发鸠连麓而在南。《淮南子》谓之发苞山，故异名互见也。左则阳泉水注之，右则缴盖水入焉。"《水经》又云："清漳水出上党沾县西北少山大要谷，南过县西，又从县南屈，东过涉县西，屈从县南，东至武安县南黍窑邑，入于浊漳。"郦道元注云："《淮南子》曰：清漳出谒戾山。高诱云：

①　（北魏）郦道元：《水经注》卷9《淇水》，中华书局2007年版，第234—243页。
②　（北魏）郦道元：《水经注》卷9《荡水》，中华书局2007年版，第243—244页。
③　（北魏）郦道元：《水经注》卷9《洹水》，中华书局2007年版，第244—246页。

山在沾县。今清漳出沾县故城东北，俗谓之沾山。"① 浊漳水是漳河的源头之一，发源于山西省长子县石哲镇的发鸠山，由多条山间溪流汇聚而成，东北流入武安县；清漳水的东源发源于今山西省昔阳县西寨乡的沾岭山，也是由多条山涧溪流汇聚而成，东南流入武安县。浊漳水、清漳水在武安县的黍窖邑合流，流入平原地带，东北穿越河北平原，沿途有发源于太行山的诸多河流汇入，最终流入渤海。

隋代以白沟为基础开挖大运河北段永济渠，渠水自沁河口向北直通涿郡（今北京市西南及河北、天津之一部分），黄河以北的诸多河道相互贯通，加之后来的河道淤塞，导致许多河流改道和华北地形地貌的变化。清水、淇水、洹水等相继合流为卫河，在河北馆陶与漳水汇合称漳卫河，经山东临清入南运河至天津入海，构成海河水系的南部支流。"海河水系支流众多，各支流河床上宽下窄，进入平原后，又因纵坡减缓，河床淤塞，河道泄洪能力大减，多筑有堤防以防止泛滥，河床越淤越高，久而久之，高出两岸地面，形成'悬河'。而河道之间却形成封闭型的河间洼地。每逢雨季，地表水无出路，常积而成沥，因沥而涝，因涝而碱。洪水季节，河堤也易溃决。"② 由于漳卫河的支流大都发源于太行山区，为华北平原的农业生产提供了丰富的水利资源。但是，各支流的源头区域多为松软的黄土地貌，植被脆弱，每到雨季就会水土流失严重，易发洪涝灾害。河流进入平原以后大量泥沙沉积，在改变了自然地貌的同时，也为这一区域的居民提供了肥沃的土地，奠定华北平原古代农业发达的基础。

第三节　气候条件

农业生产与气候的关系十分密切，气候也是环境的重要组成部分，是地形地势、太阳辐射、大气环流等自然因素相互作用下形成的天气状况，对农业生产和人们的日常生活有着直接影响。农作物生长离不开阳光照射、

---

① （北魏）郦道元：《水经注》卷10《浊漳水、清漳水》，中华书局2007年版，第254—272页。
② 河北省地方志编撰委员会：《河北地方志》第3卷《自然地理》，河北科学技术出版社1993年版，第189页。

适宜温度和水等基本条件，这三个基本条件称为农业生产的三要素。在自然环境下，植物的生长时刻经受着光照、降雨、温度、湿度等气候条件的影响，对于空气、光照、水分、热能的要求同等重要，每一自然因子都是其他因子无法代替的，当某一种因子过多或过少的情况下就会成为自然灾害。

中原地处北亚热带向暖温带过渡地区，太阳辐射差异较大，季风、大气环流的影响十分明显，兼有亚热带和暖温带的气候特征。总体情况是四季分明，降雨不均，春季干旱多风，夏季炎热多雨，秋季天气晴朗，冬季寒冷雨雪偏少。中原地区自然地貌差异较大，既有山地、峡谷，也有丘陵、平原，不同地形地貌呈现出不同的气候特征，不仅山地与平原气候差异较大，南北气候也差异明显。

一、中原地区的日照时长

农业气候资源中，植物所需要的光包括光质、光时和光量等。太阳光能是植物生长的主要能量来源，也是植物进行光合作用必不可少的外部因素。农作物体内含有大量的有机物，是植物体内的叶绿素把吸收来的水、二氧化碳等成分通过光合作用制造出来的，光合作用最初合成的碳水化合物是葡萄糖，在综合加工成为淀粉、蛋白质、脂肪等物质。植物的光合作用只有在日光照射下才能进行，农作物在其他条件得到满足的情况下，光照条件越好，农作物长势就旺盛，根茎粗壮，合成的有机物质量就越高，单位产量也就相应越高。在缺少阳光照射的情况下，农作物就会出现生长不良，根茎纤弱，容易倒伏，籽实瘦小、品质较差，单位产量也不高，所以日照的长短对农业生产有着重要影响。

地球上不同区域的日照时间长短不一，日照时数的多少既与所在纬度有关，也受云雾等遮蔽因素的影响。在理论上，中原地区"全年可得日照时数（日照累计数）为4428.1~4432.3小时，而实际日照时数因地理环境和云雾的影响而不同"。中原地处中纬度地带，南部的信阳在北纬33°08′，北部的安阳在北纬36°07′，南北相差虽然三个纬度，但可得日照时数相差较多。中原地区的南部处于北亚热带区域，每年云雾天气较多，实际日照时数在"2000~2400小时"；黄河以北云雾天气相应较少，晴朗天气较多，实际日照时数在"2400~

2600 小时";西南山地受自然环境的影响,实际日照时数大约在"2000 小时"[1]。仅就中原地区而论,北部的日照时间要长于南部地区,这是中国古代农业文明首先在黄河中下游地区起源发展的重要因素。

二、太阳辐射与气温差异

农业气象条件中,通常用温度表示农作物生长所需要的能量,温度的高低决定于太阳辐射能量的强弱。太阳是一个炙热的火球,以电磁波的形式向外传送能量,这种能量传递称为太阳辐射。太阳是一个巨大的辐射源,以辐射的方式将能量传送到地球表面,由于不同地区、不同时刻接收太阳辐射能量的差异,导致了地球表面温度的不同。

地球表面吸收太阳辐射能量的多少,也决定于太阳光线的入射角,"入射角是太阳赤纬角、地球纬度、太阳时角、该平面的倾斜角和方位角的函数"[2],入射角越小获取太阳辐射能量的就越多,气温就越高。太阳赤纬角指的是地球赤道平面与太阳和地球中心连线的夹角,是地球绕太阳运行时形成的夹角,随时间而变化。太阳时角是单位时间地球自转的角度,正午为 0,上午时角为负值,距正午时间越早时角的负数值越大;下午时角为正值,随着时间的推移时角数值越大。太阳高度角是太阳光线与地平面的夹角,当高度角为 90° 时,太阳光线大致垂直照射到地球表面,辐射强度最大;随着太阳角的减小,太阳辐射强度逐渐降低,这也是早上和晚上的气温低于中午的原因。

地球纬度是指在地表某一位置作法线,该法线与赤道平角的线面角,其数值在 0—90° 之间。太阳方位角指的是太阳所在的方位,也就太阳光线在地平面上的投影与所在经线的夹角,可以近似地看作竖立在地面上的直线在阳光下的投影与正南方向的夹角。地表接受面的方位角指的是接受法线在地面上的投影与正南方的夹角,大致与太阳方位角的计算方法相同。太阳方位角和接受方位角均与地表所处的纬度相关,距赤道越远纬度越大,夹角越小,接受太阳辐射能量就越少,地表温度就越低,这也是越接近地球的两极温度越低的原因。

和地形相关的主要是接受面倾斜角,接受面倾斜角指的是接受面的平面

---

① 时子明:《河南自然条件与自然资源》,河南科学技术出版社 1983 年版,第 49—50 页。
② 刘建国主编:《可再生能源导论》,中国轻工业出版社 2017 年版,第 9 页。

与水平面的夹角。平原地带的倾斜角大致相同，在纬度相差不是太大的情况下，地表温度差别不是十分明显。山地、丘陵地区，接受面倾斜角相差较多，与之相应的接受面方位角也随之发生较大变化。在北半球，朝阳一面的倾斜角能够接受更多的太阳辐射能量，地表温度就高；背阳一面的倾斜角导致了地表接受太阳辐射能量较少，地表温度就低。

在影响地表温度的诸多条件中，太阳辐射的强弱与纬度的关系十分明显。地处中原南部的信阳等地太阳辐射年总量超过 $5000MJ/m^2$，向北依次递减，豫北的安阳等地则低于 $4500MJ/m^2$，"两地相差四个纬距，信阳年总辐射量比安阳偏多 $517.6MJ/m^2$"。中原各地的月辐射总量是变化的，"6 月最大，12 月最小。这是由于一年中太阳高度最大时刻夏至在 6 月，最小时刻冬至在 12 月之故。但是豫北安阳、鹤壁最大值出现在 5 月，而豫南信阳、固始最小值出现在 1 月。这与当地天气特点有关。如安阳 5 月多晴朗天气，日照时间为全年最多时期；信阳等地 1 月比 12 月多雨雪天气，阴雨寡照，造成辐射量最小"[1]。另外，山地和平原的太阳辐射年总量也不一样，豫西山地的栾川、卢氏等地约 $4800MJ/m^2$，豫西北的焦作、济源等地低于 $4300MJ/m^2$。温度在较大程度上也受海拔、地形等因素的影响，这是豫西山地、豫北太行山地气温低于平原地带的原因。

由于地球每天处于自转当中，同一地区的同一天内，地表接受太阳辐射的能量也不一样。白天，在阳光的照射下，地表能够吸收太阳的热能温度就会升高；夜间，这一区域得不到太阳的照射而不能获得热能温度就会降低。正常天气情况下，由于一天之中地表和太阳的向背，也就出现了白昼温度高、夜间温度低的不断变化。

地表接受太阳辐射能量的多少，首先决定于二者之间的距离。地球在围绕太阳公转的过程中，由于引力的作用而形成了椭圆形的运行轨迹，而且地球南半球和北半球在一年中面向太阳的角度也在不停地变化，所以地球转到不同位置时和太阳之间距离也不同。地球距太阳越近，接受到的太阳辐射能量就越高，地表温度就越高，也就到了夏季；距离太阳越远，接受太阳辐射能量就越少，地表温度就越低，也就到了冬季。先民根据气温的变化将一年的十二个月划分为四季，又称为四时。《尔雅》云："穹苍，苍天也。春为苍

---

① 董中强：《河南农业气候》，河南科学技术出版社 1991 年版，第 32 页。

天，夏为昊天，秋为旻天，冬为上天。四时。春为青阳，夏为朱明，秋为白藏，冬为玄英。四气和谓之玉烛。春为发生，夏为长嬴，秋为收成，冬为安宁。四时和为通正，谓之景风。甘雨时降，万物以嘉，谓之醴泉。祥。"郭璞注云：春天"气清而温阳"，夏天"气赤而光明"，秋天"气白而收藏"，冬天"气黑而清英"[1]。地球在围绕太阳公转的过程中，因距离太阳距离的不同和面对角度的不同，也就出现了一年之中气温的变化，先民根据这些变化制定了农历春夏秋冬四季和安排农事的二十四节气。

农业四季的划分依据主要是气温，春暖秋凉、冬冷夏热是各个季节的最明显特征。中国古代划分节气主要是服务农时，"气候学上，目前普遍采用候（5 天为一候，每月 6 候）平均气温作为划分季节的依据。规定候平均气温低于 10℃ 为冬季，高于 22℃ 为夏季，介于 10—22℃ 之间为春季或秋季"[2]。中原各地的四季来临时间不一样，每个季节的长短也不一样。现代气候资料显示，中原地区的年平均气温在 13—15℃，呈现自南向北递减趋势。豫西山地和太行山地地势较高，年平均气温在 13℃ 以下。一月份最冷，淮河以南平均气温2℃ 左右，黄河以北零下 2℃ 左右；7 月份最热，豫西山地、太行山地平均气温在 26℃ 左右，中原地区南北相差不明显，约在 27—28℃。农作物的生长需要适宜的温度，"日平均气温稳定在 10℃ 以上的作物旺盛生长期，自北向南分别为 210 天至 230 天"。稳定在 10℃ 以上的活动积温，淮河以南"可达4900℃ 以上"，豫西山地、中原地区北部边缘地带"不足 4500℃"，其余地区在"4500~4900℃ 之间"[3]。根据胡厚宣先生研究，在先秦时期，黄河中下游地区的气温高于现在：

　　古今气候，时有变迁，此已为近代中西学者所公认之事实。在史前时代，因年代较长，故其气候变迁之迹，颇为巨烈而明显。至历史时代，虽在三四千年之间，为期甚暂，但其气候仍在刻刻变化，因时而不同。此在欧美各地皆然。中国自亦不能例外。
　　殷代约当距今三千一百年至三千七百年之顷，其气候不与今日相同，可由四方面证之。一曰古今气候，时有变迁，殷代约当我国历史时代之

① （宋）邢昺：《尔雅注疏》卷 6《释天》注引，北京大学出版社 2000 年版，第 182—185 页。
② 董中强：《河南农业气候》，河南科学技术出版社 1991 年版，第 37 页。
③ 时子明：《河南自然条件与自然资源》，河南科学技术出版社 1983 年版，第 60 页。

初期，为时不为太近，故其气候，必不与今日相同。二日在同时之欧洲，其气候较今日为热，中国与欧洲同处于一大陆之上，自亦不能例外。三曰由我国旧籍观之，古代北方川流特多，湖泽广布，地势卑洳，水潦汪然，故人民不能不择丘陵而居之。又多稻多竹，蚕桑之业，尤为发达。则其时气候比较今日为热。四曰由殷墟发掘及卜辞观之，殷代终年可以降雨，冬季虽间亦降雪，但不大不纯，或雨雪杂下，或仅于夜间天气较凉之时降之。多有联雨，近于今之江南。其农产栽种之时期，有早至一二月者，其晚稼收获之期，有晚至十二、三月者，黍与稻，每年皆可栽植两季。有最多最普遍之农产为稻米。最多最普遍之牲畜为水牛。又多兕象，獏獐竹鼠野猪等南方热带之动物。森林草原广布于黄河流域之地，麋鹿兕象犬豕虎狼佳雉之类，驱驰出没于其间。凡此亦皆殷代气候远较今日为热之证也。[①]

西周以前，黄河流域是中华民族繁衍生息的重要区域，气候比现在温暖是学术界的共识。根据胡厚宣先生的研究，当时黄河流域的温暖程度与现在的江南地区相当，非常有利于农耕文明的发展。

在其他自然条件近似的情况下，气温对农作物的生长影响很大。根据农作物旺盛生长期的热量条件分析，中原地区各地，"不但适宜多种杂粮作物的生长，而且绝大部分地区对棉花、水稻等喜温作物的栽培也十分有利"[②]。上古时期，黄河中下游地区的温度，有利于多种农作物的生长，并有了五谷之说，促进了古代农耕文明的发展。

三、降水

中原地区的降水量主要受东亚环流季节变化的影响，冬季在蒙古高压的控制下，以偏北干冷气流为主，寒冷、干燥、少雨雪。夏季海洋高压渐强，海洋季风逐渐影响到中原各地，东南季风雨带向北逐步推进，降雨逐渐增多；盛夏时节，受太平洋副热带高压影响，中原地区夏季风盛行，在冷暖气流的交汇作用下，降雨增多，雨量强度增大，为雨季盛行期。

① 胡厚宣：《气候变迁与殷代气候之检讨》，《中国文化研究汇刊》第4卷（1944年），第60—61页。
② 时子明：《河南自然条件与自然资源》，河南科学技术出版社1983年版，第60页。

远古时期，中原地区的降水量是比较大的，这可以从洪水神话故事中略窥一二。《尚书·尧典》云："咨！四岳，汤汤洪水方割，荡荡怀山襄陵，浩浩滔天。下民其咨，有能俾乂？"由于《尧典》文字简洁，含义深奥，孔安国为其作传曰："汤汤，流貌。洪，大。割，害也。言大水方为害。荡荡，言水奔突有所涤除。怀，包。襄，上也。包山上陵，浩浩盛大，若漫天。俾，使。乂，治也。言民咨嗟忧愁，病水困苦，故问四岳，有能治者将使之。"孔颖达在孔安国的传文基础上进一步注疏云："汤汤，波动之状，故为'流貌'。'洪，大'，《释诂》文。刀害为割，故'割'为害也。'言大水方方为害'，谓其徧害四方也。荡荡，广平之貌，'言水势奔突有所涤除'，谓平地之水，除地上之物，为水漂流，无所复见，荡荡然惟有水尔。怀，藏，包裹之义，故'怀'为包也。《释言》以'襄'为驾，驾乘牛马皆车在其上，故'襄'为上也。'包山'谓绕其傍，'上陵'谓乘其上，平地已皆荡荡，又复绕山上陵。故为盛大之势，总言浩浩盛大若漫天然也。天者无上之物，漫者加陵之辞，甚其盛大，故云'若漫天'也。"① 通过孔安国的传文和孔颖达的注疏可以看出，《尧典》所描述的当时中原地区的洪灾非常严重，民众深受其害，治理洪水成为当务之急。《山海经·海内经》云："洪水滔天。鲧窃帝之息壤以堙洪水，不待帝命。帝令祝融杀鲧于羽郊。鲧复生禹。帝乃命禹卒布土以定九州。"郭璞注云："息壤者言土自长息无限，故可以塞洪水也。"② 大禹治水在《孟子·滕文公上》《庄子·秋水》《管子·山权数》《淮南子·齐俗训》《史记·五帝本纪》等早期文献中多有描述，是历史事件在口口相传的过程中逐渐神话，成为人们祭拜和信仰的始祖神祇。大禹治水是远古洪水神话故事的经典案例，滔滔洪水在一定程度上反映出降水量的过于庞大引发了大范围的山洪暴发。

神话传说和早期文献中关于夏代中原地区的气候湿润多雨的描述，在考古发掘出的遗址中已得到旁证。譬如，夏代早期文化遗址登封市告成镇王城岗，"发掘出土了大量用于生产的石铲、石斧、石刀、骨箭头、蚌箭头、蚌刀、蚌镰等，其中蚌刀、蚌镰是由很大的蚌壳才能做成，而现在的颍河象能做蚌刀、蚌镰的河蚌，早已不复存在了。亦可说明当时的湿润多雨，河流

① （唐）孔颖达：《尚书正义》卷2《尧典》，北京大学出版社2000年版，第47—51页。
② 袁珂：《山海经校注》卷13《海内经》，上海古籍出版社1980年版，第472页。

的枯水流量远较现今为大，而且附近还有湖泊，才能生长有较多而且体大的河蚌。"① 王城岗的城垣遗址有十分明显的洪水冲刷痕迹，这种情况在中原地区的其他遗址中比较常见，说明当时的暴雨、洪水较为频繁，有着湿润多雨的气候特征。

① 王邨：《中原地区历史旱涝气候研究和预测》，气象出版社 1992 年版，第 62 页。

第二章 农业文明的肇兴

中国早期农业产生于石器时代，最发达的农业文明发源于黄河流域的中原地区，与这一区域内的气候、土壤、水文等自然条件有着密切关系。早期农业的相关资料缺乏文献记载，但史前聚落遗址在一定程度上能够反映出当时的农业分布，王妙发先生研究认为：

> 公元前七千纪之前，农业定居聚落可能已经在黄河中下游中等高度的山麓地带开始出现。到前七千纪末时，采集与锄耕相结合的定居农业聚落非常稀疏却相对集中地分布在秦岭、豫西、鲁中、太行山东麓、燕山南麓中等高度山地的山麓地带；
>
> 前五千纪初开始的仰韶时期，农业定居聚落的分布已经到达了黄河流域的绝大部分地方。大致是以前仰韶期的几个山麓地带为基础，逐渐（一般是沿河流）向四周海拔较低的地区扩展。华北平原西部、南部的一些相对较高的岗丘上也有了仰韶聚落的分布，而平原的北、中部仍是一片空旷。向西则到达了黄河上游。这个现象，同曾经流行一时的"中国文化西来说"的方向相反；
>
> 前三千纪初开始的龙山时期，较明显的是华北平原的南部、中部、西部，岗丘聚落有了较普遍的分布，地域较前为广。但华北平原北部仍为一片空旷，黄河此时应已经相对稳定地注入渤海。①

王妙发先生的研究表明，石器时代的聚落遗址在黄河中下游的中原地区有着广泛分布，这也意味着有众多的先民在这里休养生息。人们的生存离不开物质资料，也说明了史前时期这一区域内的原始农业已经广泛存在。

---

① 王妙发：《黄河流域的史前聚落》，《历史地理》第六辑，上海人民出版社1988年版，第92页。

　　农业产生之前，先民的生活方式是"茹草饮水，采树木之实，食蠃蚘之肉"①。水、草、果、实、蠃、蚘等是自然生成之物，早期的人类通过采集这些野生植物的果实、种子和猎取动物、鱼虾等自然之物维持生计，也就是通常所说的采集渔猎经济模式。采集渔猎所获取的生活资料来源于自然界，"是人类经济生活中最古老的类型，可以说是一切经济类型的先驱，它几乎伴随人类度过了人类历史95%以上的时间。当今世界上一切民族的前生都经历过这一类型，有的民族至今还执行这一类型的经济生活"。狩猎、采集经济的特点是人们"不直接改变既成的生态环境，也不打乱原有生物互相关联的生存链，人类仅在其伴生生物的正常生息间获取生产和生活资料"②。旧石器时代，人类的生产能力和生活能力都相对低下，食肉动物、疾病等因素严重制约着人类数量的增长，所以人类能够和所处地区的采集猎取对象保持相应的平衡。随着社会的发展，"人民众多，禽兽不足。于是神农因天之时，分地之利，制耒耜，教民农作"③。汉朝学者将农业的出现归功于神农，这自然是揣测而来，因为农业是在采集和渔猎经济基础上发展而来，主要由种植业和养殖业组成。

　　中国的农业起源于何时，历史学界和考古学界并没有统一的认识，应该是经历了一个漫长的渐进式发展过程。张之恒先生认为："根据现有的考古学、民族学和古文献资料，可把中国原始农业的产生和发展划分为三个阶段：一、火耕农业（或称'刀耕农业'）阶段；二、锄耕农业阶段；三、发达的锄耕农业或犁耕农业阶段。"④按照张之恒先生的说法，这三个阶段有着明显特征，火耕农业不需要使用工具翻耕土地，只是将野外的树木砍倒后与野草一块烧光，用竹棒、木棒在土地上挖穴播种，这一阶段没有石锛、石耜、石锄等翻土和种耕工具，竹、木工具和一般的竹、木棒没有明显区别且极易腐烂，所以在考古中很难见到。锄耕农业出现于新石器时代，裴李岗文化时期属于锄耕农业的前期，磨制的石器、骨器工具被广泛使用于农业生产之中；仰韶文化起称为后期，石质、骨质、陶质生产工具无论是形制和打磨技术都有明显进步，出现了穿孔的石斧、石锄、石刀、陶刀等工具，穿孔的农具可

① 张双棣：《淮南子校释》卷19《修务训》，北京大学出版社1997年版，第1939页。
② 杨庭硕等：《民族、文化与生境》，贵州人民出版社1992年版，第91—92页。
③ （清）陈立：《白虎通疏证》卷2《号》，中华书局1994年版，第51页。
④ 张之恒：《中国原始农业的产生和发展》，《农业考古》1984年第2期。

以安柄使用，有助于提高劳动效率，随着农业生产的发展，家畜饲养也有所发展。从龙山文化时期开始，原始农业进入犁耕农业阶段，犁耕可以利用畜力，耕地深、翻地快，有助于开垦荒地和扩大种植面积。

表 2-1　中国原始农业的分期

地区 距今年代　　分期		华南地区	长江流域	黄河流域
4500	发达锄耕或犁耕农业	山脊文化 园山文化 石峡文化 昙石山文化	青龙泉三期文化 屈家岭文化 良渚文化	齐家文化 大汶口文化晚期 各种龙山文化
6000	锄耕（耜耕）农业 后期	金兰寺下层文化	北阴阳营下层文化 薛家岗文化早期 大溪文化 马家浜文化中、晚期	大汶口文化早、中期 仰韶文化
8000	前期	大坌坑文化 甑皮岩文化	马家浜文化早期 河姆渡文化	老官台文化 磁山—裴李岗文化
10000	火耕农业	潮安石尾山 翁源青圹 万年仙人洞		

　　石器时代的农业生产工具简陋，黄河中下游地区的自然条件比较适应这种原始生产力的水平。"从地质构造上讲，中原地区是以华北陆台为基础的，华北区最特殊和最重要的地理特征是黄土及黄土状物质的广泛分布，其中黄河中游地区是我国黄土分布最为集中的地区，地理上称为黄土高原，时代属于更新世中晚期，这就是历史上所说的第四纪黄土。黄土土质疏松，肥力高，适种性广，非常有利于农业的发展，这就给我国造成了丰富的物质资源和土壤资源。而气候因素在我国自然景观的形成发展及其利用改造过程中起着十分重要的作用，它对我国农业的产生和发展提供了良好的基础。"① 黄河中下游的大部分区域为冲积平原，是黄土高原的泥沙长期沉积而成，土质疏松便于石器工具的耕作，是中原农耕文明产生的自然基础。

---

① 王吉怀：《从裴李岗文化的生产工具看中原地区早期农业》，《农业考古》1985 年第 2 期。

第一节　石器时代的原始农业

原始农业的形成经历了一个十分漫长的过程，一些学者认为起源于距今一万年左右的新石器时代。王在德先生认为，"我国农业历史悠久，既是农业起源地之一，又是人类起源地。我国农业起源的时间可能早于一万年，应在旧石器时代晚期或中石器时代遗址中寻找。从农业技术发展和我国上古传说来看，都应在较早的时期才能更好的解释。正如现在已发现的磁山、裴李岗遗址和河姆渡遗址就可断定还有更早的农业文化存在一样"①。石器时代是考古学家假定的远古时间区段，有旧石器时期和新石器时期之分，有些学者认为旧石器向新石器时期发展经历了一个漫长过程，于是把这一转变交替阶段称为中石器时代。中石器时代大致为冰后期的全新世初期，人们在这一阶段已经开始使用打制石器进行采集和渔猎。

一、旧石器时代的生产工具与采集农业

人类在世界上出现很早，并不是有了人类就有了农业，最初的人类是凭借双手从自然界采集现成的食物，这种生活方式称之为采集经济。随着社会的发展，人类开始使用石块、木棒等原始工具用于采集活动，在逐步认识原始工具给日常生活带来便利之后，开始制作简单石质工具用于采集活动，人类社会步入漫长的旧石器时代。人类最初制作的工具是粗糙的打制石器和简单的木棒等，木棒可能是猿人时代最为常用的工具之一，虽然在旧石器的遗址中没有发现，但也不能完全否认木棒的存在，只是因为木质工具容易腐朽消失而已。在距今170万年前的云南元谋猿人遗址、距今大约80万年的陕西蓝田猿人遗址、距今大约50万年的北京猿人遗址均发现石质工具，并且数量很多，大致可分为砍砸器、刮削器、尖状器等。在这些猿人遗址中也发现了一些动物化石，其形状有尖状形、刀形、锥形等，这大概是猿人时代制作的骨器。

---

① 王在德：《试论我国原始农业起源与发展》，《农业考古》1991年第1期。

　　许昌灵井遗址文化层堆积深厚，由旧石器时代延续到商周时期。2014 年发掘的地层剖面分为 11 层，"第 4 层及以上地层，为新石器仰韶文化至商周文化；第 5 层至第 11 层为旧石器时代文化层。其中第 5 层为细石器文化层，该层物质为橘黄色粉细砂。这套地层可能和华北黄土区 S1（黄土地区古土壤，为末次间冰期的沉淀物，时代距今 12.8 万~7.5 万年）属于同期异相沉淀物"。第 11 层出土了许多已经灭绝的动物化石，大部分为典型的更新世类型，"灵井动物群的时代应与许家窑动物群的时代相似，为晚更新世早期。许家窑动物群的铀系年龄为 100~120ka，由此推断灵井动物群的绝对年龄在 100ka 左右（距今 10 万年左右）"。该文化层出土遗物丰富，石器有"刮削器、尖状器、雕刻器、锯齿刃器、钻器、琢背小刀等"。石器以打制为主，加工粗放，有少量石器修理精细，刃口经过反复修理，显示出较高技术。骨器有"骨刮削器、骨尖状器、骨尖刃器和骨雕刻器"。骨器多以大型食草动物的胫骨、掌骨为主，制作方法以锤击法为主，在骨料的边缘之处制成刃口。[1]

　　灵井遗址的低层文化层距今有大约 10 万年的历史，发现的石制品保存相当完好，几乎没有风化和被腐蚀，动物化石、骨器仅少数有轻微磨损。遗址中发现大量的大型动物骨骼化石，说明猎捕动物是当时人们食物的主要来源之一，狩猎活动是人们重要的谋生手段。

　　2010 年至 2011 年，在内蒙古鄂尔多斯市乌兰木伦遗址发现了大量石器和骨器，其中的一些工具显示出装柄痕迹。"在加工工具时对毛坯中的必要部位特别是相对称的部位给予特殊修理，可能反映出工具制作中修柄意识与工具使用中装柄现象的流行，折射出当时生活中对复合工具的强烈需求。修柄工具多见于带尖类工具，发现了比较原始的石镞。"乌兰木伦遗址文化层深厚，文化层多达十四层。根据放射性碳十四和光释光测年数据，"遗址的年代为距今 7 万~3 万年，属于旧石器时代中期"[2]。在中原地区的旧石器遗址中，也不断有石镞出土。山西朔县峙峪遗址，1963 年出土的王氏水牛骨化石，碳十四测年数据为"28945±1370（公元前 26995 年）"至"28135±1330（公元前26185 年）"[3]，峙峪遗址距今约有 3 万年的历史，文化层中也发现有石镞，

①　李占扬：《灵井许昌人遗址 2014 年发掘简报》，《华夏考古》2016 年第 1 期。
②　王志浩：《内蒙古鄂尔多斯市乌兰木伦旧石器时代中期遗址》，《考古》2012 年第 7 期。
③　中国科学院考古研究所实验室：《放射性碳素测定年代报告》（四），《考古》1977 年第 3 期。

是由燧石打制而成，一些部位经过精细加工，尖部周正锋利。在同期的其他文化遗址中也多有石镞的出土，说明这种工具在旧石器晚期具有普遍性。

石镞是比较轻巧的尖状形武器，需要有"弓"的配合使用才能发挥优势，远距离射杀动物等，弓箭的发明提高了人们征服自然的能力。恩格斯说："有了弓箭，猎物便成了日常的食物，而打猎也成了普通的劳动部门之一。弓、弦、箭已经是很复杂的工具，发明这些工具需要长时期积累的经验和较发达的智力，因而也要同时熟悉其他许多发明。""弓箭对于蒙昧时代，正如铁剑对于野蛮时代和火器对于文明时代一样，乃是决定性的武器。"[①]北方的旧石器遗址中，石镞不断被发现，说明石镞"可能是在较早的时候出现的，这与狩猎草原动物的需要有关系"[②]。在旧石器晚期，弓箭的出现增强了人们猎杀飞禽走兽的能力，说明捕猎活动依然是人们获取生活资料的重要手段，这也是采集和渔猎经济盛行的体现。

在旧石器时代晚期遗址中，发现了数量较多的石刀、石磨盘、石镰等，说明早期先民可能使用这些原始工具从事野生谷物的采集和加工。有些石器上保留着加工修理过的痕迹，这应该是先民有意识地对石器工具进行改良，以便在使用之时得心应手，从而达到提到劳动效率的目的。迄今为止，在已经发掘的山西省沁水县下川遗址、河北省阳原县虎头梁等遗址中，出土石器工具有多种类型，因器型不同所选用的石料质地也不一样。

下川文化类遗址位于中条山东段的山西省垣曲、沁水、阳城三县，因首先发现于沁水县中村镇下川村而得名。该遗址地层保存较好，出土的石器丰富多样，"从加工制作、器型大小和所用石料的不同情况，有可归纳为细小石器（细石器）和粗大石器两大类"。制作方法有直接打制和间接打制之分，细小石器多为间接打制而成，粗大石器多为直接打制而成。"细小石器的主要原料是燧石，其中又以黑燧石占绝对多数，灰、白、紫、绿等色次之，其它石料如水晶、脉石英、石英岩、石英砂岩等为数很少。粗大石器多用砂岩、石英岩、石英砂岩、脉石英来制作；燧石的极少。"[③]

2014年，在下川遗址富益河圪梁地点发掘中，QX2014T1的地层堆积自上

---

①　[德]恩格斯：《家庭、私有制和国家的起源》，《马克思恩格斯全集》第21卷，人民出版社2016年版，第33—34页。

②　贾兰坡：《山西峙峪旧石器时代遗址发掘报告》，《考古学报》1972年第1期。

③　王建等：《下川文化——山西下川遗址调查报告》，《考古学报》1978年第3期。

而下分为三层，第一层为耕土层，土质松软，发现有石制品和现代物品。第二层土质较硬，"出土有木炭、赤铁矿、颜料、大量石制品等，并发现火塘3个。文化遗物较多，但向下逐层减少。木炭标本（QX14TI③-1：H3）经贝塔实验室测定，校正后的年代为距今 33440~32700 年（Beta-39133）"①。第三层土质更硬，仅有少量的石制品。这次发掘出土的石器的材料、形制等和之前的基本一致，均为旧石器晚期的遗物。

下川遗址的堆积层跨度在距今 2.6 万年至 1.2 万年之间，距今 "2.3 万~1.2 万年之间的富含有细石器文化遗物的灰色亚黏土层称为下川文化"，"在下川文化的晚期阶段，1.6 万~1.3 万年之间，出现了大量的砾石工业制作的大中型磨盘，磨棒、斧形砍斫器和细石器制作的锯镰和割刀等工具。这些工具都是高级采集经济的文化产物"。"下川文化的后期大概有一千至两千年的时期，天气复暖，高级采集文化向采集农业发展。"② 下川遗址是旧石器时代的文化遗存，展现了人们打制工具、从事食物的采集和加工的劳动场面和生活风貌。

虎头梁遗址距今大约 1 万年，出土的石器主要有锛状器、刮削器、尖状器等，这些石器加工精致、器型稳定，大都具有复合工具的痕迹。锛状形石器是一种打制石器，形制与新石器时代磨制的石锛相似，在下川、孟家泉、籍箕滩、虎头梁等旧石器晚期遗址中均有发现，以河北省阳原县虎头梁遗址群出土的锛状器数量最多且类型最为丰富，在该遗址群出土的各类工具中也具有典型性和代表性。"这些锛状器被分为三角形、梯形和长方形等 3 种类型。石料包括硅质岩、火山角砾岩和石英岩，毛坯主要以石片为主。统计分析表明，锛状器的左、右边角的值非常接近；左、右刃角的值则相差较大。且总是右刃角的值大于左刃角。"③

虎头梁遗址群出土的锛状器有 25 件之多，通过痕迹分析实验发现，"有装柄痕迹的标本共计 11 件，这说明 44% 的锛状器是安装在手柄上作为复合工具使用的"④。根据模拟实验研究得出的结论，石器装柄的材料是木柄和绳子，先把石器安装在木柄上，然后再用绳子捆绑结实，主要分为 "嵌入式" 和

①　杜水生：《山西沁县下川遗址富益河圪梁地点 2014 年 T1 发掘简报》，《考古》2021 年第 4 期。
②　石兴邦：《下川文化的生态特点与粟作农业的起源》，《考古与文物》2004 年第 4 期。
③　朱之勇：《虎头梁遗址中的锛状器》，《北方文物》2008 年第 2 期。
④　张晓凌：《微痕分析确认万年前的复合工具与其功能》，《科学通报》2010 年第 3 期。

"依靠式"两种方式。嵌入式，"即将木柄一端从中间纵向劈裂，将工具楔入裂缝当中，再用麻绳捆绑。也就是说工具的腹面和背面都与木柄接触，而两侧边缘可能同绳子接触"。依靠式，"视工具大小将木柄一端抠掉一小块，再将工具靠在剩下的那一部分，然后用麻绳捆绑。这样，工具与木柄接触的仅有一个面和底端的一部分，另一个面和工具边缘均与绳子接触"①。

　　旧石器时代，锛状器是体型较大的一种石器，直接用手操作并不方便，但在出土的锛状器上因年代久远没有保留下来"柄"。在锛状器和尖状器等石质工具装柄使用本是一些学者根据民族学、类型学的推测，痕迹分析实验使这一推测由假定得到证实。微痕分析实验是用显微镜观察石器工具的磨损部位及其痕迹推测标本的装柄方式，石器的嵌入式装柄主要有纵向嵌入、横向嵌入和斜交嵌入等方式，依靠式则相对单一。无论是哪种形式，都需要用绳子进行捆绑加固，根据绳子缠绕的方式又有平行捆绑和交叉捆绑之别。在石器上安装手柄能够增强石器作用于物体上的力度和提高劳动效率，反映了旧石器晚期先民对于力学原理的认知能力。

　　石镞是又一种比较常见的带柄工具，也是考古遗址中最为常见的一种石器。石镞的体积较小，修理加工的痕迹较为明显，"修理部位主要集中于两侧刃部，部分仅加工一侧边缘或仅加工近尖处，从而形成一个锋利的尖端。常见底部减薄的处理，部分修理出铤，或在近尾部修理成束腰形，方便装柄"。石镞由小型的锋利石片装上柄组成，是一种复合式投射类武器的前端。发现石镞的旧石器遗址时间跨度和空间分布很广泛，"其中内蒙古自治区的乌兰木伦遗址出土石镞标本时代最早，绝对年代约距今60ka~50ka，属于旧时代中期的范畴。在山西也发现年代较早的标本，其中峙峪遗址测年距今28ka左右，而下川遗址也在距今24ka~16ka间。在吉林省和龙大洞遗址，测年结果在距今21ka左右。整体来看，内蒙古地区最先出现石镞，其次在吉林地区和山西部分地区也相继出现。而在陕西、河北出现的时间较晚，在河南地区出现的时间已经接近新旧石器过渡阶段。结合时空跨度，似乎有由西向东、由北向南发展的趋势"②。狩猎也是旧石器时代先民获得生活资料的重要手段，

---

　　① 赵静芳等：《石器捆绑实验与微痕分析报告》，高星、沈辰主编：《石器微痕分析的考古学实验研究》，科学出版社2008年版，第150页。
　　② 徐哲：《华北旧石器时代石镞的发现与研究综述》，《史前研究》1985年第3期。

石镞可能是最为常见的狩猎工具之一。

旧石器晚期，人们已经认识到带柄工具带来的便利，以及在劳动过程中事半功倍的效果，带柄的复合工具是先民制作工具的重大改进，也是这一阶段石器的重要特征。最初的复合工具可能仅仅是将石器、骨器等与其他材质的柄捆绑在一起，制作的方法相对简单，随着历史的演进和技术进步，带柄工具的种类也逐渐增多。古代的复合工具一般为木柄或骨柄，这些有机物质极易腐烂，在历史悠久的旧石器遗址中很难保存下来。依靠现代技术对旧石器上的痕迹进行实验分析，已经证实旧石器晚期已广泛存在带柄的工具，最常见的是锛状器、石镞、石刀等。了解旧石器晚期的复合工具，对于探讨新、旧石器的过渡有着重要意义。

旧石器晚期遗址中，野生动物的骨骼、野生植物的种子颗粒等比较常见，说明人们获得生活资料的手段依然是采集和狩猎。最初的采集农业可能仅是将野生的谷物加以保护管理，待其成熟以后再进行采摘，经过漫长时间的发展，人们对野生谷物的生长规律有了更为广泛的了解，于是便有意识地将采集的谷物种子播撒在土壤之中，让其发芽出土后自然成长，成熟后再进行采集，在经过漫长的发展之后，原始农业逐渐产生。随着工具制作的技术进步，用于耕作的农具日渐增多，采集农业逐渐发展为耕作农业。

采集农业向耕作农业的发展是一个漫长的历史过程，具体的年代很难确定，不同时期的遗址也只能反映出这种趋势。北京门头沟东胡林遗址距今约11000—9000年，属于旧石器向新石器时代过渡的遗址之一，已有明显的新石器文化特征，考古学界将其界定为新石器时期早期。该遗址出土的遗物有"石器、陶器、骨器、蚌器，以及数量较多的石块和崩片、动物骨骼、植物果壳、螺蚌壳等"[1]。石器有磨盘、磨棒，砍砸器、刮削器、尖状器等。骨器的材料动物肢骨，加工精细、磨制光滑，主要有锥、鱼镖和骨柄石刃刀等。

东胡林遗址位于北京市城区以西大约80公里的清水河北岸，这里是黄土高原向华北平原过渡低山丘陵地带。东胡林遗址周边裸露着大量岩石、砾石和碎石屑，有着丰富的石器制作原材料。该遗址出土的石器以打制为主，大多加工简单。值得重视的是出现了小型斧、锛等磨制石器，虽然数量较少，却能反映出石器制作的发展趋势。陶器残片虽然制作粗糙、质地松软，因为

---

① 赵朝洪：《北京门头沟区东胡林史前遗址》，《考古》2006年第7期。

火候不高而呈现出颜色斑驳等现象，仍是器具制作方面的重大进步。

东胡林遗址出土有较多的植物遗存，"有炭化木屑、种子、果核和果实四类"，植物种子最多。从浮选出的植物种子中，"鉴定出了粟和黍两种栽培谷物，以及硬质早熟禾和狗尾草两种杂草"。另外还有狗尾巴草、硬质早熟禾、豇豆属、藜、葡萄属、黄檗属等植物种子。①

在东胡林遗址出土的植物种子中，狗尾巴草、藜、葡萄、黄檗属等野生植物种子占有相当大的比例，说明东胡林的先民处在狩猎和采集农业阶段。浮选出的粟、黍两种谷类植物的完成颗粒，有明显的栽培植物的特征，为探索早期农业中栽培植物的驯化培育时间和过程提供了实物依据，可以分析判断出早期的栽培农业在采集渔猎时代已经出现，并在先民有意识的努力下得以发展，对于研究北方地区谷类作物的起源有着重要意义。

农业主要由作物种植和畜牧养殖组成，原始农业是由采集经济逐渐发展而来。"人们在长期的采集野生植物的过程中，逐渐掌握一些可食植物的生长规律，经过无数次的实践，终于将它们栽培、驯化为农作物，从而发明了农业。"② 在漫长的采集劳动者，人们会逐步积累丰富的植物学知识，比如对植物的发芽、生长、开花、结果等的观察起初是不自觉的，但在长年累月的观察之后可能会形成一种有意识的经验总结。在熟悉植物的生长规律之后，人们尝试用野生植物的种子进行模拟种植，在不断的失败过程中总结经验，终于学会了种植方法，野生植物也就逐步演变为栽培植物，原始农业随之诞生，这是人类经济史上一次重大变革，而这一过程却是漫长而艰辛的。

农业诞生之初，大地上树木成林、荆棘遍布、杂草丛生，并不能种植农作物。为了种植粮食，先民用制作的石斧、石锛等工具砍伐树木、杂草，经过一段时间的晾晒用火焚烧，在清理出来的场地上播下种子等待收获。这种耕作方式称为"刀耕火种"，火烧过的地方土质松软，草木灰也能为农作物提供所需的养分。在没有掌握翻地、施肥等生产技术的情况下，火烧过的土地种植一年、两年之后就需要抛荒停耕，寻找可耕之地砍伐烧荒从事作物种植，刀耕火种是最为原始的农业生产方式。

最初的畜牧养殖应该是伴随着狩猎活动而出现的，随着狩猎工具的改进

---

① 赵志军：《北京东胡林遗址植物遗存浮选结果及分析》，《考古》2020 年第 7 期。

② 陈文华：《中国原始农业的起源和发展》，《农业考古》2005 年第 1 期。

和人们捕捉猎物技术的提高，收获的猎物在满足日常生活需要的情况下会出现剩余，受伤的、幼小的等活着的动物可能暂时留下来以待不时之需。被保留下来的动物中，一些性格温驯且易于饲养的逐渐被人们驯化为家畜，于是便有了原始畜牧业。

迄今发现最早的驯养动物遗骸出现在距今大约 10000 年的河北徐水南庄头遗址，"从探讨家养动物的起源角度看，南庄头遗址出土的狗是目前所知的中国最早的家畜"[①]。另外，在 9000 年前的广西桂林甑皮岩遗址中，又发现了家猪的骨骼遗存，"猪是人类驯养的。可能尚处在驯化的初级阶段；除了猪的年龄较大以外，遗址中猪的数量还不是很多，也表明饲养业可能并不兴旺"[②]。原始畜牧养殖的形成要比野生植物的栽培驯化困难得多，将无拘无束的野生动物驯服饲养即使在现在科学技术发达的现在依然是非常困难。距今万年前后的遗址中出现的家畜，应该是先民经过长期的不懈努力逐步驯化而来，说明先民从事野生动物驯养的时间肯定不会晚于这一时期。

原始农业出现以后，先民才能摆脱单纯依靠自然物品维持生活的局面，日常生活才有比较可靠的保障，逐渐从漂泊不定的流徙生活方式转向定居生活。原始农业出现之始，所使用的主要是简单的木石工具，生产技术和生产能力依然十分低下，劳动收成并不能满足日常需求，采集和渔猎活动依然是人们获得生活资料的重要手段。在距今 9000 多年新石器早期遗址中，植物种子遗存和家畜骨骼的发现，才证实了我国已有可考的农耕文明。

二、裴李岗文化时期的生产工具与农业生产

裴李岗文化是中原地区发现最早的新石器时代文化之一，因首先发掘于新郑裴李岗村而得名。迄今已发现裴李岗文化遗址有一百多处，分布在大致以新郑为中心的黄河中下游地区，东至河南与山东、安徽的交界地带，西至豫西山区，南到大别山一线，北至太行山一带，时间跨度约距今 9000—7000 年。裴李岗文化遗址的面积都不是太大，小的数千平方米，大的数万平方米。裴李岗文化的早期、中期、晚期遗存有着共同的文化特征，具体到某一遗址而言，彼此之间也存在较为明显的差异。

---

① 袁靖、李君：《河北徐水南庄头遗址出土动物遗存研究报告》，《考古学报》2010 年第 3 期。
② 李有恒、韩德芬：《广西桂林甑皮岩遗址动物群》，《古脊椎动物与古人类》1978 年第 4 期。

　　贾湖遗址属于裴李岗文化的前期遗存,位于河南省中部舞阳县北舞渡镇的贾湖村。自 1983 年以来,考古工作者在该遗址先后进行过八次发掘,地层堆积和遗迹可以分为三期,根据多个样本的碳十四测年数据和释光测年数据分析,"第一期的绝对年代约距今 9000~8500 年,第二期为距今 8500~8000 年,第三期为距今 8000~7500 年"。2013 年在贾湖遗址中发掘出土的器具有陶器、石器、骨器和牙制品等,陶器"以红陶为主,但陶色大多不纯正,一器多色的现象普遍。根据质地及陶胎掺和料的不同,可分为泥质、夹砂、夹炭、夹蚌、夹云母等,以夹砂和泥质陶数量最多。器型包括鼎、罐、壶、钵、盆等"。石器比较丰富,"除斧、锛、磨盘、磨棒等生产工具外,还有大量的砺石残块以及石器制作过程中产生的废料等。此外,还出有数量极其丰富的各类绿松石饰品"。骨器有"笛、叉形器、镖、镞、锥、匕、针、棒、牌饰等"。牙制品主要有两大类,象牙雕版,"以象牙制成,表面打磨光滑并有浅浮雕状凸起和钻孔"。牙削,"均由獐牙修磨而成或直接使用"①。

　　贾湖遗址已经过八次发掘,"出土的磨制石器总数达 594 件,其中石镰 46 件,石刀 31 件,石斧 109 件,石锛 23 件,石凿 17 件,石铲 99 件,另有数量众多的石磨盘、石磨棒及磨石等器物"。模拟实验和微痕分析推断,石镰的加工对象"可能是禾本科植物和木材,加工方式应包括切割和刮削"。石刀的功能"主要是加工禾本科植物、木材和兽骨等物质"。石斧的加工对象"应包括木材、兽皮,很可能还有兽骨"。石锛的加工对象"主要是木材,运动方式可能为刮削"。石凿"很可能是对木材进行精细加工的工具",体型较大者使用方法"应是在一手执握,砸击使用";体型较小的一类,"应是作为复合工具使用"。石铲是"先民经常使用的一类工具,主要从事掘土类工作"②。综合来看,各类石器工具的功能都不是单一的,使用方法和加工对象比较复杂,一件器物可以有多种用途。

　　贾湖遗址是淮河流域迄今为止所知最早的新石器文化遗存,文化堆积跨越大约 1500 年,其遗迹遗物与裴李岗遗址的出土物品有着许多共同的特征,属于裴李岗文化的分支,因为其年代略早于裴李岗遗址,这些文化元素也可以看作裴李岗文化的主要源头。

---

① 杨玉璋:《河南舞阳县贾湖遗址 2013 年发掘简报》,《考古》2017 年第 12 期。
② 崔启龙:《河南舞阳贾湖遗址出土石器的微痕分析》,《人类学报》2017 年第 4 期。

裴李岗遗址位于新郑境内的裴李岗村，是中原地区发现最早的裴李岗文化遗存，也是学术界根据其文化特征命名"裴李岗文化"的依据。裴李岗遗址距今约8500~7000年，属于裴李岗文化中期遗存，先后经过数次发掘，均出土有大量的石器、骨器、陶器、植物种子颗粒的遗物，有着独特的文化特征。

1978年发掘出土的石器，"形状有三棱形或不规则的长方形。中部有凸脊，两侧较薄，多数是一侧边缘薄如刃。此类石片，台面一般都比较清楚，但都未经过第二步加工，似为制作石器时从石核上剥落下来的石片，但有的石片边缘较钝，似经刮削使用。细石英核数量较多，多为锥状体，也有台面，中部有凸脊，两侧较薄，锥尖部分有的比较光滑，有的锥尖残断。可以看出此类石片，一部分已用于钻、刮器物"①。2018—2019年发掘中，"墓葬中发现有石磨棒、磨制精致的石铲、镰、小型斧凿等工具。地层、灰坑、灰沟中多见磨盘、磨棒残块、夹云母的片岩砾石石料及残块、各类砂岩砾石石料、带凹窝的石器以及残石镰、石铲等，少量可能为石锤及研磨器等废弃物。发现有磨制的小石珠。水洗后发现有大量的石渣、碎块及少量细石器。另见有少量石叶制成的刮削器。细石器见有少量带细石叶片疤的燧石核，未见有典型细石叶"②。

这些石器均可作为生产工具来使用，尤其是石镰、石铲等器具，对于农业生产有着非常重要的意义。

位于郏县东北安良乡的水泉遗址，出土遗物有石器、陶器、骨器等生产工具，生活用具主要是泥质红陶和夹砂红陶，装饰品有绿松石、坠、残骨笄等。1988年采集的木炭碳十四测年数据有两组：ZK-2344，距今"7100±110年（公元前5150年）"至"6900±110（公元前4950年）"；ZK2345，距今"7270±120年（公元前5320年）"至"7060±120年（公元前5110年）"③。根据出土遗物的测年数据和特征可以看出，水泉遗址属于裴李岗文化。水泉遗址的第三期遗存，"发现有窖穴和陶窑，个别是袋形窖穴，并出现大小坑相套的窖穴。陶窑从残存遗迹看，仍属于横穴窑，其形制与新郑裴李岗的相似。出土的生产工具不多，石镰、石铲仍是有代表性器物"。水泉遗址略晚于裴李

① 李友谋：《裴李岗遗址一九七八年发掘简报》，《考古》1979年第3期。
② 李永强：《河南新郑裴李岗遗址2018—2019年发掘》，《考古学报》2020年第4期。
③ 中国科学院考古研究所实验室：《放射性碳素测定年代报告》（一八），《考古》1991年第7期。

岗遗址，文化内涵已有所不同。"出土的石敲砸器、两侧有缺口石刀、石镰、假圈足陶碗、敛口钵、深腹盆以及彩陶等，与后来仰韶文化的同类器物都很接近或相同，表明两者具有密切的渊源关系。此外，出土的两件陶祖，在裴李岗文化中属首次发现。可能反映出裴李岗的晚期阶段，在社会组织和意识形态上的某些变化。"① 水泉遗址出土的石器工具大都有缺口，这些缺口便于将石器捆绑在木棒上，要比仅有穿孔的石器更容易安装和牢固。带柄工具属于复合农具，要比单一的石器进步许多。在石器、骨器等上面打孔在旧石器时代已经出现，主要见于装饰品上，从各地旧石器遗址中出土有石钻就可以证明这一技术早已存在。

水泉遗址文化堆积分为三期，一期出土的陶器与贾湖遗址近似，二期出土的陶器与裴李岗遗址近似，三期出土的陶器已有仰韶文化的特征。出土的生产工具以磨制石器为主，也有精心打制的刮削器，还有烧制的陶器工具。生活用品多为陶器和骨器，陶器以夹砂红陶为主，多为素面，也有少量的陶器上饰以简单的纹路。饰件以绿松石为主，也有部分是骨质品。文化用品有在龟甲、兽骨、石器上面刻画的符号式原始文字，许多遗址也出土了七孔骨笛等乐器。陶纺轮的出现，说明当时的人们已经开始养蚕缫丝，但技术还比较原始，可以看作纺织业的萌芽时期。裴李岗文化遗址出土的丰富多彩的器具物品，展现出了汉族先民在中原地区定居生活的风貌，他们以原始农业的种植、家畜饲养和手工业制作为主，兼及渔猎、采集的经济生产结构。

裴李岗文化时期的遗址出土的遗物，存留着丰富的原始农业文化元素。贾湖遗址中，"发现了大量稻谷和碳化米，在浮选过程中还发现有保存完好的稻谷，以及大量农业生产工具，如石铲、石镰等"。经初步鉴定，"植物种子中有稻米、豆类、山楂、葡萄等"②。2013年发掘出土的炭化植物遗存也相当丰富，包括"菱属（Trapa）残角和残块，栎属（Quercus）和山核桃（Carya cathayensis）、莲藕（Nelumbo nucifern）、稻（Oryza sativa）、野大豆（Glycine soja）、葡萄属（Vitis sp.）、禾本科未定种属（Poaceae）、藜科（Chenopodiaceae）、苋科（Amaranthaceae）、蓼科（Polygonaceae）、马齿苋科（Potulacaceae）、莎草科（Cyperaceae）、牛筋草（Eleusine indica）、酸模属（Rumex

① 郑乃武：《河南郏县水泉裴李岗遗址》，《考古学报》1995年第1期。
② 张居中：《河南舞阳贾湖遗址2001年春发掘简报》，《考古》2002年第2期。

sp.)、飘拂草（Fimbrystilis dichotoma）、泽漆（Euphorbia helioscopia）、反枝
苋（Amaranthus retroflexus L.）等"①。稻米遗存的发现，证明了水稻种植在
中原南部的淮河流域有着悠久历史，是稻作农业的起源地之一。

在裴李岗遗址出土的石磨盘上，残存了大量的植物淀粉颗粒，研究分析
发现，"其来源至少可分为栎属（Quercus spp.）果实（橡子）、小麦族（Trit-
iceae Dumort.）、粟（Setaria italica）或黍（Panicum miliaceum）或薏苡属
（Coix spp.）、根茎类四大类；此外，还有一部分淀粉粒无法鉴定"。从磨盘上
提取的淀粉粒鉴定分析结果来看，"裴李岗遗址石磨盘的功能具有多样性；橡
子可能是当时先民的重要食物来源，其次是小麦族、粟或黍或薏苡属"②。

水泉遗址中出土的自然遗物，"有少量猪骨和鹿、麂骨，另外在 M29 发现
有很像是小米的朽粒，还有在少数窖穴中发现有一些半炭化的果核"③。小米
颗粒的发现，为研究中原地区的农业结构提供了依据。猪骨的发现说明当时
已经存在畜牧养殖业，鹿骨、麂骨是猎取的野生动物骸，是狩猎活动的体现。

裴李岗文化遗址主要分布在中原地区，已发现和发掘的遗址有数十处，
磨制石器在出土的生产工具中占有较大比例，这也是农业生产发展到一定程
度的标志。裴李岗文化类型的遗址处于中原地带，气候温暖、四季分明、河
流纵横、水资源丰富，相对松软的黄土地宜于耕作，有利于人们居住生活和
从事农业生产。各遗址中发现的诸多房屋、墓葬遗存，也说明了裴李岗文化
时期的先民已经开始了定居生活，定居生活必须有充足的生活资料为前提，
农业生产能够保障人们的这一需求，定居可以看作农业生产发展到一定水平
的体现。

裴李岗时期的先民对生产工具进行改良，使这些工具得以发挥更好的作
用。磨制的石锛、石斧等工具可以砍伐树木杂草，开垦荒地；磨制的石铲等
工具可以用来翻耕土地，改善土壤的物理结构，有助于农作物的生长。"据此
推测，裴李岗文化时期的农业已经跨过了'刀耕火种'阶段，进入了'耜
（铲）耕'阶段。"④ 磨制的石镰、石刀和烧制的陶镰、陶刀大都带有锋利的
锯齿，可用来收割农作物；石磨盘用于谷物加工，脱去外面的糠皮等。裴李

① 杨玉璋：《河南舞阳县贾湖遗址 2013 年发掘简报》，《考古》2017 年第 12 期。
② 张永辉：《裴李岗遗址出土石磨盘表面淀粉粒的鉴定与分析》，《第四纪研究》2011 年第 5 期。
③ 郑乃武：《河南郏县水泉新石器时代遗址发掘简报》，《考古》1992 年第 10 期。
④ 王星光：《裴李岗文化时期的农具与耕作技术》，《许昌师专学报》1995 年第 4 期。

岗文化时期，"开荒—播种—收割—辗谷，四个程序非常清楚，实际上这标志着生产上的四个阶段"。但是，"播种和收割之间的农作物长期生长的阶段没有了，这个阶段在生产工具中没有得到多少反映"。说明"这个时期的人们重视农业，只是表现在他们精于开荒、播种和收割，对于庄稼如何生长，他们则不太过问，纯粹是听天由命，这种生产水平说明了早期农业的原始性"①。刀、矛、镞之类的工具在农业生产中并不能充分使用，这些器具的存在说明人们并没有完全摆脱采集和渔猎等手段获得生活资料的方式。

裴李岗时期，粟的种植在农业生产中有着重要地位，诸多遗址中粟的出土是很好的证明。同时期的河北武安磁山文化遗址中发现了许多粮食窖穴，粟的堆积厚度不等。"粗略估计，在88个粮食窖穴中，堆积厚度为0.5—0.6米的可占60%，有40余个，厚度在1米以上的占25%，约有20个，2米以上的占15%，约有10余个。窖穴底部的平均长度为1.2米，平均宽度为0.7米，依照这些大略估计的数字和所取的平均值计算，88个窖穴的堆积体积约为109立方米，折合重量约十三万八千二百余斤。"② 这些粟的遗物虽然已经朽坏，估计的数量可能也存在误差，仍能说明粟类种植在当时农业生产中有着重要地位。

贾湖、裴李岗、水泉等遗址出土的稻米、豆类等种子颗粒或淀粉颗粒，说明当时不仅种植了粟类等耐旱的谷物，也种植有水稻等农作物，对于了解这一时期的农业生产和种植结构有着重要意义。

三、仰韶文化时期的生产工具与农业生产

仰韶文化是新石器时代的一个重要文化类型，因1921首次发现于河南渑池县仰韶村而得名。仰韶文化主要分布于西起陇山、东至泰山的黄河中下游地区，发现的遗址有五千多处，已经发掘的遗址有近百处，出土的遗物有着共同的文化特征，但不同遗址也存在或多或少的文化差异，因所在区域和年代先后又可以分为多种类型。从其中六类遗址中采集的标本的碳十四测年数据显示，"仰韶文化的绝对年代当为距今6100—4400年左右，它的延续时间约有一千七八百年，或者二千年左右（上述年代如经树轮校正，实际年代可

① 蒋晔：《试论裴李岗文化遗存的几个问题》，《商丘师专学报》1987年第2期。
② 佟伟华：《磁山遗址的原始农业遗存及其相关的问题》，《农业考古》1984年第1期。

能要提早六七百年，仰韶文化的年代应当是距今 7000—5000 年左右）"①。仰韶文化遗址虽然有着地域和先后差异，但其共性特征十分明显，说明当时生活在不同区域内的先民有着密切交往，共同推动这一时期的社会发展。

仰韶文化有着两千年的发展历程，大致可以分为初期、早期、中期、晚期四个阶段。

初期以陕西省宝鸡北首岭遗址为代表，该遗址文化堆积分为上、中、下三层。1977 年发掘中，探方 4 第七层出土的木炭编号 ZK-519 碳十四测年数据为距今 "6465±120（公元前 4515）~6275±120（公元前 4325）"②，这是几组数据中年代最早的标本。北首岭遗址的下层出土有三足罐、平底钵、鼎等陶器，器型为仰韶文化早期，与测年数据相符。有些学者认为，北首岭遗址要早于半坡遗址，绝对年代大约为 "公元前 5100 年至前 4500 年，持续了约 600 年"③。北首岭类型中，典型遗址有宝鸡福临堡遗址、山西翼城枣园遗址、垣曲古城东关一期等，是仰韶文化类型中最早的遗存。

早期以西安半坡遗址为代表，该遗址文化堆积分为五层。在最下层采集几组标本的碳十四测年数据中，编号为 ZK-38 的木炭 "距今 6080±110 年（公元前 4115±110 年）"④，是年代最早的一组标本。半坡遗址出土的遗物主要有石器、陶器和骨器，器型属于仰韶文化。标本的碳十四测年数据略晚于北首岭，此类型的典型遗址主要有临潼姜寨、渭南史家、芮城东庄、洛阳王湾一期、三门峡南交口仰韶文化一期、安阳大司空村、后冈等遗址。

王湾遗址位于洛阳市西郊的涧水右岸台地上，文化堆积层有 3 米，内涵丰富，除上层周代以后的文化堆积外，新石器文化层可以分为三个时期。一期属于仰韶文化、三期属于龙山文化，二期属于仰韶文化向龙山文化的过渡层。王湾一期文化层出土的生产工具以石器为主，有石斧、石锛、石镰、石磨棒等，以打制、磨制为主，也有少量的骨制、陶制工具。生活用品主要是陶器，以泥质红陶为主，也有少量的夹砂灰褐陶等。⑤ 以遗迹、遗物的器型分析，一期文化层属于仰韶早期的半坡类型。

①　巩启明：《试论仰韶文化》，《史前研究》1983 年第 1 期。
②　中国科学院考古研究所实验室：《放射性碳素测定年代报告》（六），《考古》1979 年第 1 期。
③　魏继印：《北首岭遗址仰韶文化早期遗存研究》，《考古》2012 年第 12 期。
④　中国科学院考古研究所实验室：《放射性碳素测定年代报告》（二），《考古》1972 年第 5 期。
⑤　李仰松：《洛阳王湾遗址发掘简报》，《考古》1961 年第 4 期。

　　大司空村、后冈类型的遗址，主要分在豫北、冀南一带，年代分期接近。后冈遗址仰韶文化层出土两组木炭的碳十四测年数据分别为：ZK-76，"距今5500±105年（公元前3535±105年）"①；ZK-134，距今"5680±105年（公元前3730），5520±105（公元前3570）"②。同属于仰韶文化时期的西安半坡遗址，出土遗物的碳十四测年数据有多组：ZK-121的木炭"距今5920±105年（公元前3955±105年）"，ZK-122的木炭"距今5855±105年（公元前33890±105年）"，ZK-38的木炭"距今6080±110年（公元前4115±110年）"，ZK-127的炭化果核"距今5600±105年（公元前3635±105年）"，ZK-121的木炭"距今5920±105年（公元前3955±105年）"③。根据碳十四测年数据分析，后冈遗址的年代略晚于西安半坡遗址，是迄今中原地区发掘的仰韶文化中年代较早的遗址。

　　关于大司空村类型与后冈类型的先后问题，由于大司空村遗址目前尚无仰韶文化层遗物测年数据，以致学术界存在分歧。唐云明先生认为，后冈遗址"虽然从放射性碳素测定的年代来看，它与半坡晚期年代相近，但它在豫北、冀南等地仰韶文化中并不一定是较早类型，至少是比大司空村类型为晚"④。杨锡璋先生认为，"仰韶文化的简单的彩绘陶比繁缛的彩绘陶是早还是晚，单凭直觉的观察，可以得出衰退期或原始期两种截然不同的结论，但某一类简单的彩绘陶与不止一种的龙山文化因素（如袋形灰坑、篮纹和方格纹等）共存，则就可得出其为衰退期的结论。像后冈类型的简单彩绘陶，根据以上的比较，只能得出相反的结论，即它的相对年代早于大司空村类型"⑤。后冈、大司空村两种类型的相对年代尚须进一步的比较研究，石器等工具没有明显差别。

　　后冈遗址位于安阳市高楼村北，洹河南岸的高岗上，总面积约有10万平方米。自1931年以来，先后经过多次发掘，出土有仰韶文化、龙山文化、殷商文化等多个时期的遗迹遗物，还发现了一段龙山文化时期的土围墙。仰韶文化时期的遗迹有房址、墓葬、烧土坑、灰坑等，出土的遗物有陶器、石器、

①　中国科学院考古研究所实验室：《放射性碳素测定年代报告》（二），《考古》1972年第5期。
②　中国科学院考古研究所实验室：《放射性碳素测定年代报告》（三），《考古》1974年第5期。
③　中国科学院考古研究所实验室：《放射性碳素测定年代报告》（二），《考古》1972年第5期。
④　唐云明：《试谈豫北、冀南仰韶文化的类型与分期》，《考古》1977年第4期。
⑤　杨锡璋：《仰韶文化后冈类型和大司空村类型的相对年代》，《考古》1977年第4期。

骨器、蚌器和自然遗物等。陶器主要是细泥红陶、夹砂粗红陶，也有少量的细泥黑陶和夹砂粗灰陶，器型有罐、钵、盆、小口瓶、鼎等生活用品。石器有斧、铲、刀、锛、磨盘、磨棒、弹丸、盘状器、磨石、镞等，"除盘状器和镞是打制的外，余均为磨制"。骨器"都是利用兽类的肢骨制成，计有凿、锥、针等"①。

　　仰韶文化的中期主要是庙底沟类型，因首先发现于陕县庙底沟村而得名，主要分布在河南西部和山西南部，周边地区也有较多发现，是对周边影响和辐射最为强烈的文化分支。典型遗址有陕西岐山王家咀、扶风案板、高陵杨官寨、华县梓里村等遗址，山西垣曲东关三期、夏县辕村、垣曲上亳等遗址，河南仰韶村一期遗存、三门峡南交口仰韶文化二期、郑州大河村一期等遗址。仰韶文化的庙底沟类型有较多遗址得到发掘，有些在年代上早于庙底沟，一般认为时间跨度约当"公元前4000～3300年"②，距今6000—5300年。

　　庙底沟遗址位于三门峡市湖滨区的韩庄村，处于青龙涧河和苍龙涧河之间的黄土塬上二级阶地的前缘。考古工作者对该遗址进行过多次发掘，出土了丰富的遗迹遗物。1957年采集的两组木炭碳十四测年数据为，编号ZK-110，"距今5245±100年（公元前3280±100年）"，编号ZK-111，"距今4275±95年（公元前2310±95年）"③。2002年，从遗址中采集了数组兽骨进行了碳十四测年，年代最早的一组编号为ZK-8036，距今"4556±26（公元前2606年）"，校正后数据为公元前"3370～3330（24.4%）、3220～3180（17.9%）、3160～3120（21.6%）"；年代靠后的一组编号为ZK-2048，距今"3979±23（公元前2029年）"，校正后数据为公元前"2560～2535（25.9%）、2495～2465（42.3%）"④。庙底沟遗址的一期属于仰韶文化，二期已进入龙山文化时代。

　　庙底沟遗址出土的生产工具以石器为主，也有少量的骨制工具，陶器主要为生活用品。2002年第二次发掘时，以H9为代表的灰坑中出土的遗物种

---

① 中国社会科学院考古研究所安阳工作队：《安阳后冈新石器时代遗址的发掘》，《考古》1982年第6期。

② 陈星灿：《庙底沟时代：早期中国文明的第一缕曙光》，《中国文物报》2013年6月21日，第005版。

③ 中国科学院考古研究所实验室：《放射性碳素测定年代报告》（二），《考古》1972年第5期。

④ 中国科学院考古研究所考古科技实验中心碳十四实验室：《放射性碳素测定年代报告》（三六），《考古》2010年第7期。

类、形状、彩陶图案等，"和三门峡南交口遗址的'仰韶文化二期'、渑池仰韶遗址的'第一期'以及夏县西阴村遗址的'西阴文化'等遗物十分相似。所以，H9 应是典型的仰韶文化庙底沟类型时期的遗存，也即仰韶文化中期的遗存"。庙底沟 H9 出土石器有斧、铲、锤、砍砸器、磨棒、研磨器等，骨制的工具有箭镞等。①

仰韶文化晚期以西王村类型为代表的，因首次发现于山西芮城西王村而得名。西王村类型的遗址虽然较多，已发掘的典型遗址有陕西福临堡遗址的三期遗存等，山西垣曲县的古城东关遗址的四期遗存、丰村遗址、平陆南盘遗址等，河南的灵宝涧河遗址、郑州大河村遗址的四期遗存等。丰村遗址的 T211 第五层木炭标本 ZK-1238 的碳十四测年数据为距今"4755±95（公元前 2805 年）～4620±95（公元前 2670 年）"，T201 第 3B 层和 T212 第 3B 层木炭标本 ZK-1239 的测年数据为距今"4365±110（公元前 2415 年）～4240±110（公元前 2290 年）"②；大河村遗址的 T30 第一层木炭标本 ZK-835 的测年数据为距今"4725±130（公元前 2755 年）～4590±130（公元前 2640 年）"，第三层木炭标本 ZK-837 的碳十四测年数据为距今"4755±100（公元前 2805 年）～4620±100（公元前 2670 年），第六层木炭标本 ZK-836 的碳十四测年数据为距今"4605±90（公元前 2655 年）～4470±90（公元前 2520 年），第七层木炭标本 ZK-838 的碳十四测年数据为距今"4905±100（公元前 2955 年）～4765±100（公元前 2815 年）"③。仰韶文化遗址的晚期大都是由中期延续而来，"考虑到各地区仰韶文化晚期与中期紧密相接，则这一时期的年代约为公元前 3100～前 2700 年"④。

大河村遗址是中原地区典型的仰韶文化遗存，位于郑州市金水区国基路办事处大河村西南的土冈上。该遗址的文化堆积层较厚，文化遗存包含仰韶、龙山、商代等多个时期。根据出土的遗物器型判断，"大河村遗址的第一、二期应属于仰韶文化中期，时代与庙底沟大致相当。第三期属仰韶文化晚期，与秦王寨、洛阳王湾二期的早期相近。……第四期属仰韶文化向龙山文化的

---

① 樊温泉：《河南三门峡市庙底沟遗址仰韶文化 H9 发掘简报》，《考古》2011 年第 12 期。
② 中国科学院考古研究所实验室：《放射性碳素测定年代报告》（一三），《考古》1986 年第 7 期。
③ 中国科学院考古研究所实验室：《放射性碳素测定年代报告》（九），《考古》1982 年第 7 期。
④ 魏兴涛：《豫西晋西南仰韶文化晚期遗存研究》，《考古学研究》2013 年第 00 期。

过渡期，它具有明显的两重性"①。在仰韶文化晚期遗存中，出土有陶器、石器、骨器、蚌器等多种遗物。生活用品以陶器为主，首先主要是灰陶，其次是红陶，也有少量的黑桃和白陶，多以素面饰以彩色纹饰。生产工具以石器为主，也有少量的骨质、陶质。石器工具均有多种款式，形体较大的如敲砸器、石锛、石铲等多为打磨兼制，也有少数为磨制；形体较小的如石刀、石矛、石纺轮等多为磨制，也有少数打磨兼制。骨器以磨制为主，蚌器似为磨制。②

在人们的生产活动中，虽然有骨质、蚌质和陶质器具，但这些工具的用途相对有限，石质工具占据重要地位，不同时期的遗址或者同一遗址的不同文化层出土的磨制石器所占比例越来越大，而打制石器越来越少，制作方法也越来越精细。原料方面，先民选择大小、形制符合要求的砾石作为毛坯，着重于目标部位的研磨。形制方面，出现了两侧带有缺口的器型，这些缺口可以使器具和器柄捆绑得更为牢固。石器的制作过程中，先民已经懂得以最少的付出制造最为适宜的工具，反映出他们认识事物和改造自然能力的提高。

仰韶文化时期，随着农业和畜牧业的发展，人们的食物来源发生了较大变化，与之相对应的生活环境也逐渐发生改变。在仰韶文化时期的不同阶段，各遗址发现的房屋遗迹也越来越多，墓葬规模也越来越大，说明人们已经习惯于长期定居在一个地方。这种生活方式，使人们更加重视农业生产。据范志文先生研究："仰韶文化半坡遗址中农业工具大于狩猎工具和捕鱼工具，农具占优势。而庙底沟遗址中农业工具占了绝对优势。经济结构发生了根本变化。但是狩猎、捕鱼经济生活作为农业的副业生产，还是不可缺少的。"农业成为生活资料主要来源之后，也促进了生产工具的革新，斧、锄、铲、镰、刀等农业生产工具均有重大改进。"穿孔技术安装木柄，是新石器时代又一特点，在石器制作上是一新突破。"工具的改进也推动着生产方式的进步，锄耕的出现使仰韶时代的农业生产呈现出新特征，主要表现在三方面："拓荒翻地、田间管理和粮食加工。"③ 尤其是除草、施肥、灌溉等田间管理措施，极

① 李昌韬：《郑州大河村遗址发掘报告》，《考古》1979年第3期。
② 李昌韬：《郑州大河村遗址1983、1987年仰韶文化遗存发掘报告》，《考古》1995年第6期。
③ 范志文：《仰韶文化时期的农业工具——锄耕农业工具的演变和应用》，《中国农史》1988年第3期。

大地促进了农业发展。

仰韶文化时期，农业种植以粟、黍为主，这是在旧石器晚期以来形成的传统。如陕西鱼化寨仰韶文化遗址浮选出植物种子 55802 粒，可分为农作物和非农作物两个大的类别，"农作物的出土数量为大宗，包括粟（Setaria italica）、黍（Panicum miliaceum）、水稻（Oryza sativa）和小麦（Triticum aestivum）四个谷物品质，合计 50189 粒，占所有出土植物种子总数的 89.9%。在四种谷物中，又以粟粒的出土数量最多，共计 36553 粒，占出土谷物数量的72.8%。相对于粟粒而言，黍粒的出土数量较少，共计 13629 粒，占出土谷物数量的 27.2%。鱼化寨遗址出土的水稻遗存数量极少，仅发现了 5 粒炭化稻米和 2 粒稻谷基盘，在出土谷物数量中所占比例微不足道。另外，在浮选结果中还发现了 2 粒炭化小麦，分别出自半坡期和史家期的样品中"[1]。鱼化寨遗址绝对年代在距今约 7000—5500 年，时间跨度有 1500 年左右，浮选结果在北方地区有着一定的代表性，粟和黍所占比例反映出仰韶时代北方农业种植以粟、黍为主的特征。仰韶文化时期气候转暖，为农作物种植提供了良好条件，原始农业有了较好发展。裴李岗时期遗址中大都发现了粟类作物种子的遗存，说明粟类作物的种植在中原地区十分普遍，这与中原地区相对干旱的气候有关。仰韶时期的遗址中，菽、水稻等农作物种子的遗存依然十分常见，说明这些作物的种植在当时农业生产中也有着重要地位。

养蚕缫丝业在仰韶时期有了较大发展。1960 年，山西芮城西王村仰韶文化晚期遗存发现了一件蛹形的陶质饰件："圆杆形而两端略细，饰横划纹，状略似虫蛹，可能是一种装饰品。长 1.8、径 0.8 厘米。"[2] 这种蛹形陶饰在河北正定南杨庄仰韶文化遗址也有发现，专家认为这是蚕蛹饰件。"陶蚕蛹外观黄灰色，长 2 厘米，宽、高均为 0.8 厘米，这件标本基本上是长椭圆形，因此宽与高是一样的。……正定南杨庄（陶蚕蛹出土地点）的仰韶文化遗址经北京大学实验室进行碳-14 测定，距今 5400±70 年（1983 年北京大学 10 月份

① 赵志军：《仰韶文化时期农耕生产的发展和农业社会的建立——鱼化寨遗址浮选结果的分析》，《江汉考古》2017 年第 6 期。

② 中国科学院考古研究所山西工作队：《山西芮城东庄村和西王村遗址的发掘》，《考古学报》1973 年第 1 期。

报告)。"① 1981 年至 1987 年，在荥阳青台遗址发现了仰韶时期的丝麻制品，"经过鉴定，这批织物不仅有用麻织的布，而且还有用蚕丝织的帛和罗"。"从青台遗址瓮棺内出土的纺织物来看，当时的纺织技术已经进入成熟阶段，纺织物已被氏族成员普遍使用，并且还被埋入瓮棺内。"② 在仰韶时期的遗址中，不仅出土了较多的陶质或石质纺轮，也有陶蚕蛹和丝织物的出现，说明这一时期的蚕桑业和纺织业比裴李岗时期有较大进步。

仰韶时期，农作物种植的规模和种植技术虽然有较大发展，但其主要依靠自然条件，如果气候异常，粮食收获就会受到很大影响。仰韶时期的农业还比较原始，石质工具决定了生产力水平依然低下。有学者以半坡遗址为例做过推算："半坡报告推算出人口应有 400—800 人，平均起来应有五六百人。假如按 500 人计算，每人如果有一亩地就约 500 亩，虽然半坡居住地周围有广大土地可供开垦，但是根据独龙族人的锄耕农业情况，不是所有林地都适合于烧荒耕作，加上耕地 1—3 年后因肥力下降还要休耕七八年或更长时间。这样在居住地周围就不可能有 500 亩耕地。就是说约有 3500 亩可耕林地才可以轮种 500 亩，所以半坡氏族仅在半坡是找不到很多适合砍烧的林地。现在按 500 亩耕地来计算，每亩产量按 100 斤（最高估计），那么，估计半坡人，食量最多可能吃上两个月，而每年就会有约 10 个月断粮。如果遇上灾荒年份就可能颗粒无收，可见，单凭农业收获人们是不能够生存的。"③ 在鱼化寨遗址浮选结果中有许多非农作物种子，说明人们"还需要通过采集活动获取野生植物类食物，以补充农产品的不足，这反映出当时的农业生产水平低下，农耕技术相对原始，生产规模有限，尚处在由采集狩猎向农业生产转变的过渡阶段"④。

从各遗址发现的大量箭镞、网坠、鱼叉等渔猎工具来分析，采集、渔猎经济在仰韶文化时期仍然有着重要地位。大多数遗址中发现了动物饲养圈栏、灰坑、房址中也有大量的猪、狗、羊等动物骨骼遗留，说明动物养殖在当时

　　① 郭郛：《从河北正定南杨庄出土的陶蚕蛹试论我国家蚕的起源问题》，《农业考古》1987 年第 1 期。

　　② 张松林：《荥阳青台遗址出土纺织物的报告》，《中原文物》1987 年第 1 期。

　　③ 黄克映：《从半坡遗址考古材料探讨原始农业的几个问题》，《农业考古》1999 年第 3 期。

　　④ 赵志军：《仰韶文化时期农耕生产的发展和农业社会的建立——鱼化寨遗址浮选结果的分析》，《江汉考古》2017 年第 6 期。

也具有普遍性。当时经济结构，大概是以农作物种植为主，采集、渔猎和养殖为重要辅助的生产模式。

　　黄河中游地区的仰韶文化遗址分布密集，大都有多个文化层堆积。"可能与仰韶文化人类迁移次数较多有关，在原始耕作技术上，土地利用了一个时期以后，就另行迁移到附近的其他地点，尽管遗址的数目较多，并不说明它的人口比后来多，相反地却是说明生产水平较低的一项证据。"① 仰韶文化时期，农业生产虽然比以前有较大的发展，但耕作水平仍然处于原始农业的发展阶段，人们只能不断地在周边寻找可耕之地开荒播种，经过若干年后再次回到原来的居住地生产生活，这大概是各遗址的文化堆积深厚，时间跨度甚至超越千年，涵盖数个文化时期的因素之一。

第二节　铜器时代农业的发展

　　中国是世界上最早掌握铜器冶铸技术的国家之一，但铜器发明于什么时候尚无定论。先秦文献中也有铜器制作的相关记载，如《世本》云："蚩尤以金作兵器。"② 又如《管子·地数》云："葛庐之山发而出水，金从之，蚩尤受而制之，以为剑铠矛戟。"③ 在"铁"没有出现以前，"金"几乎是"铜"的代名词。春秋之前，人们接触和使用最多的金属是"铜"，蚩尤应该是用"铜"制作兵器。"铁"出现以后，"金"不再专指"铜"这种金属，便有了"美金""恶金"之分。所谓的"美金"指的是"铜"，而"恶金"指的是"铁"。春秋以后，大概是因为铁器逐渐普遍而且和铜器的质地色泽不同，文献中才将两种金属明显区别开来。《史记》云："黄帝采首山铜，铸鼎于荆山下。"④ 文献中有关黄帝、蚩尤等部族首领的采铜铸器事件，应该是先秦两汉学者根据传说所做出的描述。"黄帝、蚩尤是否真有其人，是否真有采铜、作冶、作铜兵的事，都是很难确证的，他们所处的真实年代更是难以论定。我

---

① 安志敏：《我国新石器时代的仰韶文化和龙山文化》，《历史教学》1960 年第 8 期。
② （汉）宋衷注，（清）张澍辑：《世本》卷 1《作篇》，商务印书馆 1937 年版，第 10 页。
③ （春秋）管仲撰，黎翔凤校注：《管子校注》卷 23《地数》，中华书局 2004 年版，第 1355 页。
④ （汉）司马迁：《史记》卷 28《封禅书》，中华书局 1959 年版，第 1394 页。

们从这些只鳞片爪的传说记载中，只能知道古人认为铜的发明较早而已。"①
文献记载的传说时代的历史事件虽然存在一定的偏差，但也能为我们探索远
古的历史提供所需的线索，近年来的考古发现虽然也无法确证铜器的准确发
明者，但也可以让我们大致确定铜器在仰韶时代已经出现，这一时期的人们
已经懂得了铜器冶铸这项技术。

中国早期铜器的发展，"经历了公元前 4500～前 2500 年的尝试冶炼各种
原始铜合金的发生期，公元前 2500～前 2000 年以红铜为主的发展期和公元前
2000 年～1600 年以青铜为主的成熟期"②。中国的铜器时代时间跨度有 3000
年左右，考古资料显示，中国的早期铜器主要发现于仰韶时代的中原地区和
西北地区，年代最早的铜器出现在公元前 4500 年左右的姜寨遗址。

一、早期铜器工具的发现及其相关问题

铜是人类认识和使用最早的金属，大约在新石器晚期，人们开始采掘
露天铜矿来冶铸器具。最早发现铜类遗物的是临潼姜寨遗址，"1973 年 11
月清理第二十九号房址的居住面时，发现半圆形的铜片一枚，立即引起了
考古队的特别重视，后经有关部门研究化验，铜占百分之六十五，锌占百
分之二十五，余为少量的锡、铅、硫、铁等，属于铜锌合金杂质较多的黄
铜（有人认为是青铜）"③。姜寨遗址属于仰韶文化早期的半坡类型，发现
的铜片"首先在地层和时代上有疑问，其次它的形制和成分更值得怀疑"。
田野发掘记录显示，"发现的当时经过仔细观察，确认出自该墓上部的扰
土，系晚期遗物"。姜寨铜片属于黄铜，"含锌量如此之大，当是有意羼
入的，而不可能是天然矿石中的含量"④。姜寨遗址发现的黄铜残片由于土
层的扰乱和孤证不便估价等因素的存在，以致学界对仰韶文化早期是否存
在铜器有着不同看法。

在年代上略晚于半坡文化的山西榆次源涡镇一处新石器遗址中，"1942 年
在那里发现过一块陶片上附有铜渣，后经化验知其含铜 47.67%，硅 26.91%，

① 白寿彝、苏秉琦等：《中国通史》卷 2《远古时代》，上海人民出版社 1994 年版，第 211 页。
② 白云翔：《中国的早期铜器与青铜器的起源》，《东南文化》2002 年第 7 期。
③ 巩启明：《姜寨遗址考古发掘的主要收获及其意义》，《人文杂志》1981 年第 4 期。
④ 安志敏：《中国早期铜器的几个问题》，《考古学报》1981 年第 3 期。

钙 12.39%，铁 8.00% 等，应是冶铜剩下的炼渣。如果这一推测不误，则当时冶炼的应为红铜"。此遗址的时段跨度较大，包含仰韶时代、龙山时代和青铜时代，关于这块铜渣的年代，有学者认为此铜渣存在由上层混入的可能。严文明根据部分陶片标本分析，"源涡镇遗址的文化性质和太原义井遗址基本一致，是仰韶文化晚期分布于晋中地区的一种地方类型，年代当在公元前 3000 年左右"①。源涡镇出土这块仰韶晚期铜渣，为研究中原地区早期铜器的延续传承提供了难得资料。

中原地区的仰韶文化在向四周传播过程中，与当地文化相融合而形成了一些同期的其他文化类型。仰韶文化向黄河上游传播的过程中，在甘肃、青海一带发展为马家窑文化，因首先发现于甘肃临洮马家窑而得名，过去曾被称为"甘肃仰韶文化"。马家窑文化分布广泛，从泾水、渭水上游延伸至青海同德县一带，已发现的遗址有三百多处，年代相当于中原仰韶文化的晚期。在马家窑类型的甘肃东乡林家遗址的房址（F20）中出土了一件铜刀、灰坑（H54）中发现了铜碎渣，经专家鉴定：铜刀的材质属于青铜，"系用 2 块范闭合浇铸而成，在一块范上刻出刀型，另一块为平板范。用此法铸出的刀脊部的棱呈斜坡状。此刀的刃口经轻微的冷锻或戗磨"。铜碎渣大小不等，"小块的'铜碎渣'由孔雀石组成；较大块的主要物相组成为：孔雀石 30%、褐铁矿 40%、石英 10%、赤铁矿 5%、金属铜 5%，铁橄榄石少量。金属铜以不规则形状分散于'铜碎渣'心部，孔雀石分布在外部及裂缝间，石英呈无棱角的圆形颗粒。表明此'铜碎渣'是铜铁共生矿冶炼不完全的冶金遗物。东乡林家马家窑文化遗址 F20 和 H54 均属于马家窑文化晚期遗存，^{14}C 年代测定结果为公元前 2740 年（经树轮校正）"②。林家遗址的铜刀是迄今为止发现的最早的完整铜器，其年代相当于中原仰韶文化晚期，说明当时的人们已经掌握了冶铸铜器技术，开始使用铜器了。

最早的金属"铜"可能从孔雀石中提炼出来，为材质比较单一的自然铜，属于没有羼入其他金属元素的纯铜，纯铜因颜色呈现红色而又称为红铜。仰韶时代的遗址中，出土的不仅有红铜，还有黄铜和青铜，铜器的材质呈现为多样性。黄铜、青铜是纯铜中含有不同的其他金属元素而形成的铜合金，质

① 严文明：《论中国的铜石并用时代》，《史前研究》1984 年第 1 期。
② 孙淑云等：《甘肃早期铜器的发现与冶炼、制造技术的研究》，《文物》1997 年第 7 期。

地和纯铜也有一定的区别。世界上其他国家多是先有红铜后有青铜，而我们国家的早期遗址中，多是红铜和青铜同时存在，是先有红铜还是青铜，学术界一直存在分歧。

从考古出土的资料来看，仰韶时期的铜器冶炼应为坩埚炉。早期的冶炼方法大概是将铜矿石和木炭等燃料放入坩埚内进行熔炼，然后打破坩埚将铜取出，这种方法得到铜取决于铜矿石的成分，单一的铜矿石冶炼出来的为红色的纯铜，如果是多种金属成分的共生矿，就有可能冶炼出色泽、质地不同铜合金。我国的铜矿不仅有单生矿，也有许多含有铜、锡、铅等多种金属元素的共生矿石。先秦时期，人们已有较高的鉴定矿石技术，对于各种矿石的分布也有广泛了解。《山海经》云："役山，上多白金，多铁。""大騩之山，其阴多铁、美玉、青垩。""荆山，其阴多铁，其阳多赤金。""铜山，其上多金银铁。""玉山，其阳多铜，其阴多赤金。"[1] 先秦时期，人们对于金属元素的认知还处于初创阶段，所了解到的金属也仅有金、银、铜、铁等少数种类，大都是根据金属色泽作出的简单分类。

在《山海经》一书中，关于金属矿石分布的描述很多，分类虽然相对简单，但也可以看出单生矿、共生矿在不同地区的分布各有特点。将含有铜元素的共生矿石进行高温熔化，因其中存在其他金属元素就会形成质地不同的块状铜合金。以现代科学技术否分析比较，冶炼黄铜的困难虽然相对大一些，如果将含有铜锌的共生矿石加以熔炼，形成铜锌合金可能性还是存在的。实验证明："只要有铜锌矿存在的地方，原始冶炼（可能通过重熔）就可以得到黄铜器物。"[2] 成熟的黄铜冶炼技术虽然出现比较晚，但在仰韶文化时期人们偶然冶铸出黄铜、青铜等器物的可能性还是存在的。仰韶文化晚期，人们冶铸铜器主要依靠天然矿石，冶铸的铜器含有杂质在所难免，含有铅、锡、铁、锌以及非金属元素比例不同也就会呈现出色泽不同的铜器。这种情况下出现的青铜、黄铜应该属于无意识状态下偶然出现的合金，所以大多数早期遗址中发现的器物仍以红铜为主。

---

[1] 袁珂：《山海经校注》卷 5《中山经》，上海古籍出版社 1980 年版，第 149—159 页。
[2] 孙淑芸：《中国早期铜器的初步研究》，《考古学报》1981 年第 3 期。

二、铜石并用时代的农业及其经济结构

新石器晚期，先民在生产过程中逐步掌握了铜冶铸技术，开始制作以铜为原料的器具，由于这一历史时期石器工具仍然有着重要地位，所以考古学上称之为铜石并用时代。中国铜石并用时代这一概念最早出现在安特生《中国远古之文化》一文中："从仰韶村遗址全部而论，似当为新石器时代之末期。如与欧洲同期相比，凡在彼之重要器物，在河南仰韶等处亦皆得之。如石斧、石刀，猎人及战士所用之石镞、骨镞，及妇女用之石镯、骨针等皆是。夫一民族如已知利用金属，则必不致尽用石、骨等之精巧之器。""仰韶层所存之陶器既多数为磨轮所制，则吾人当知仰韶层不能古于石铜时代，或尚属铜器时代。"[1] 铜石并用时代的铜器主要是由质地柔软的红铜制作而成，又称为"红铜时代"，指的是介于新石器时代和青铜器时代的过渡阶段。

仰韶文化之后，中国古代社会进入新石器晚期的龙山文化时代。龙山文化指的是黄河中下游地区新石器晚期的一种文化类型，因首次发现于山东济南市章丘区龙山镇而得名。经放射性碳素测定，龙山文化的年代为公元前2500年至2000年，时间跨度和文献记载的五帝时代和夏朝初期相当，距今已有四千多年的历史。龙山文化时期，不同地区遗址中遗迹、遗物呈现出的文化面貌不尽相同。山东龙山文化又称为典型龙山文化，主要分布在山东省境内，上承大汶口文化，向下发展为岳石文化。河南龙山文化主要分在豫西、豫北和豫东等地，上承仰韶文化，向下发展为中原地区的青铜文化，年代在公元前2600年至公元前2000年。陕西龙山文化主要分布在关中地区的泾河、渭河流域，年代在公元前2300年至公元前2000年。山西龙山文化主要分在晋西南，年代大概在公元前2500年至1900年。在龙山时代的遗址中已发现了较多的铜器，材质既有红铜也有青铜，其中不乏可以作为生产工具使用的铜刀、铜斧、铜锥、铜匕等器具。中原地区的龙山文化时期遗址中，发现铜器或铜残留物的地方并不多，影响较大的有山西襄汾陶寺遗址、河南登封王城岗遗址、新密市新砦遗址等。

---

① 安特生：《中国远古之文化》，《三门峡文史资料》第12集，2003年，第12—13页。

表 2-2 中原龙山文化遗址中出土的部分铜器

发现地点	铜器名称	数量(件)	材质	年代	文化类型	资料来源
河南淮阳平粮台遗址	铜渣块	1	未详	平粮台三期	王油坊类型	曹桂岑:《河南淮阳平粮台龙山文化城址发掘简报》,《文物》1983年第3期。
山东胶县三里河遗址	铜锥	2	黄铜	三里河二期	三里河类型	吴汝祚:《山东胶县三里河遗址发掘简报》,《考古》1977年第4期。
山西襄汾陶寺遗址	铜环	1	红铜	陶寺中期	陶寺类型	高江涛、何努:《陶寺遗址出土铜器初探》,《南方文物》2014年第1期。
	铜口沿残片	1	砷铜			
	铜铃形器	1	红铜	陶寺晚期		
	铜齿轮形器	1	砷铜			
河南登封王城岗遗址	铜容器残片	1	青铜	王城岗四期	王湾二期	安金槐:《登封王城岗遗址的发掘》,《文物》1983年第3期。
河南郑州牛砦遗址	炼铜壁炉上铜遗留物	1	青铜	牛砦一期	王湾三期①	李京华:《关于中原地区早期冶铜技术及其相关问题的几点看法》,《文物》1982年第12期。
河南临汝煤山遗址	炼铜坩埚残片上铜液	2	红铜	煤山二期	王湾三期	赵芝荃:《河南临汝煤山遗址发掘报告》,《考古》1982年第4期。
河南郑州董寨遗址	铜片	1	未详	未详	王湾三期	严文明:《论中国的铜石并用时代》,《史前研究》1984年第1期。
河南新密新砦遗址	铜片	1	砷铜	新砦二期	王湾三期	刘煜、刘建宇、赵春青:《河南新密新砦遗址出土铜器分析》,《南方文物》2016年第4期。
	铜块	1	红铜	新砦三期	二里头一期	
	铜器残片	1	红铜	新砦三期		
山东栖霞杨家圈遗址	铜条	1	未详	龙山时期	龙山文化	严文明:《山东栖霞杨家圈遗址发掘简报》,《史前研究》1984年第3期。
	铜渣	1	未详			
山东日照尧王城遗址	铜渣	1	未详	龙山时期	龙山文化	李玉亭:《日照尧王城龙山文化遗址试掘简报》,《史前研究》1985年第4期。
山东牟平照格庄遗址	铜锥	1	青铜	龙山晚期	龙山文化	孙淑芸:《中国早期铜器的初步研究》,《考古学报》1981年第3期。

① 高天麟、孟凡人:《试论河南龙山文化"王湾类型"》,《中原文物》1983年第2期。

　　中原地区的龙山文化时代，发现铜器或铜器残片的遗址还有许多，上述表格中列出的仅是已经发掘遗址的一部分。譬如，陶寺遗址出土的铜器有四件，器物的形制、质地有着不同的特点。陶寺遗址位于山西省襄汾县陶寺村南，"上限为公元前 2300 年，下限为公元前 1900 年，大约延续了 400 年"[①]。陶寺遗址可分为三个时期，早期与庙底沟二期同时，中期相当于洛阳王湾三期，晚期早于二里头文化，是比较典型的龙山时代文化遗存。

　　在陶寺遗址中，先后发现了铃形、齿轮形、环形三件完整铜器，还有一件铜器的口沿残片。铃形铜器发现于 1983 年，器型为菱形素面，顶部有一钻孔。"器胎不很匀称，周壁厚约 0.28 厘米，顶部较薄，厚约 0.17 厘米。顶部和器壁各有一处不规则形的残痕和透孔，系浇铸过程中出现的缺陷。整体造型近似铃形。确切用途不详。"铜器经过化学定量分析得出的结论为："含铜量为 97.86%、铅 1.54%、锌 0.16%，系纯度较高的红铜。"[②] 在 2000 年至 2001 的发掘中出土了一件铜齿形器，外缘有 29 个齿凸，与一件玉瑗叠放在一起，套在墓主人的手臂。"经金相分析，铜齿轮形器属于砷青铜。"[③] 2005 年发掘中，发现了一件铜环，"外径 4.6 厘米，内径 3.9 厘米，肉厚 0.7 厘米，出土时铜环外壁可见编织物的经纬线痕迹。经检测，此铜环的材质为红铜"[④]。口沿铜残片发现于 2006 年，经过长度测量和弧度拟合，"此铜片所代表铜器的口沿应为 175 毫米左右"，元素分析结果为："含铜 94.12，含砷 2.06%，为砷铜合金。"[⑤] 四件铜器均为铸件，铜环、铜齿轮形器只要有简单平板范就可以浇筑而成，技术工艺相对简单；铜铃、铜口沿残片的容器需要有外范和内芯组成的复合范才能浇铸，技术工艺要复杂得多。

　　河南登封王城岗遗址，是影响很大的龙山文化遗址，在第四期文化层中发现了残铜片："残宽约 6.5、残高约 5.7、壁厚约 0.2 厘米。虽因锈蚀较重看不出器型，但可以肯定这是一件青铜容器残片。化验证实质地是包含铅、锡、铜的青铜。"[⑥] 王城岗遗址的龙这件铜器残片的扫描分析结果为："含锡

① 何驽：《陶寺文化谱系研究综论》，《古代文明》（第 3 卷），文物出版社 2004 年版，第 75 页。
② 张岱海：《山西襄汾陶寺遗址首次发现铜器》，《考古》1984 年第 12 期。
③ 国家文物局主编：《2001 年中国重要考古发现》，文物出版社 2002 年版，第 27 页。
④ 王晓毅：《陶寺中期墓地被盗墓葬抢救性发掘纪要》，《中原文物》2006 年第 5 期。
⑤ 王晓毅：《陶寺考古：技术的实证解析》，山西大学 2011 年博士学位论文，第 112、115 页。
⑥ 安金槐：《登封王城岗遗址的发掘》，《文物》1983 年第 3 期。

约7%，并含有一定量铅的青铜铸器。"同层木炭的碳十四测年数据为"距今3555±150年，树轮校正为距今3850±165年，属于推算出的夏代纪年之内"①。先秦文献中，夏代是一个有着相对完善管理机制的王朝，统治着以嵩洛为中心的中原地区，这个朝代已被考古资料所证实。王城岗是夏都阳城所在地，都城附近的临汝煤山遗址、郑州牛砦遗址、董寨遗址、新密市新砦遗址均有铜器和冶铸铜器遗物的发现，加之周边的山东、山西、陕西等地同期遗址中大量铜器及其遗物、遗存被发现，说明龙山时期人们已普遍使用铜器了。

在同时期相对干燥寒冷的西北、北方文化遗存中，则有大量的铜制工具被发现。甘肃武威皇娘娘台遗址中，1959年发现的铜器"共23件。有刀、锥、凿、环，还有铜渣和铜器残片"②。此后，在永靖的秦魏家也发现较多的铜器，有"锥、斧、指环和铜饰等"，经鉴定，这些铜器是"红铜制造，有冷锻，也有冶铸"③。四坝文化类型的玉门市火烧沟遗址中，出土铜器有200多件，如"最早的铜箭镞石模、铜矛、铜锛、工艺最复杂的早期青铜器"④。酒泉干骨崖遗址出土的铜器，"包括生产工具、兵器、生活用具和装饰品，生产工具有锥、刀、斧、镞，生活用具有镜形饰、泡、扣，装饰品有耳环、指环、联珠环等"⑤。地处西北的齐家文化类型和四坝文化类型与大致与中原龙山文化类型同期，这些文化遗址中出土的铜器比中原地区多得多，这大概与西北地区的气候和人文环境有着密切关系。这些铜器中，铜刀、铜匕、铜锥等是可以作为生产工具使用的，尤其是铜斧、铜锛等工具更是砍伐树木、开垦土地的利器。

考古资料显示，龙山文化时代的铜器主要发现在北方的河南、山西、甘肃、河北、山东等地的龙山文化、王湾三期文化以及西北的马场文化、齐家文化、四坝文化等类型遗址中，这些铜器有工具类、武器类、容器类、饰件类等。目前为止，中原龙山文化遗址中出土的铜制农耕工具不多，可能受多种因素的影响。一是中原地区的气候相对温暖，雨水充沛土壤湿润，埋藏在遗址中的铜器易于氧化后腐朽殆尽；二是中原地区战乱频繁，许多早期文化

① 李先登：《王城岗遗址出土的铜器残片及其他》，《文物》1984年第11期。
② 郭德勇：《甘肃武威皇娘娘台遗址发掘报告》，《考古学报》1960年第2期。
③ 谢端琚：《甘肃永靖秦魏家齐家文化墓地》，《考古学报》1975年第2期。
④ 杨敏、王伟：《揭开火烧沟文化的面纱》，《酒泉日报》2006年3月9日，第4版。
⑤ 李水城：《甘肃酒泉干骨崖墓地的发掘与收获》，《考古学报》2012年第3期。

遗存遭到破坏；三是早期铜器被后人发现后重铸为其他器具的可能性也比较大。中原地区龙山时代的遗址中，出土的铜器数量比仰韶时期增加了许多，说明铜器冶炼技术已达到较高水平，具备和西北地区冶铸铜制工具的同等能力。但相比于石器而言，铜器工具的出现极大提高了人们的生产能力，对于农业生产有着积极作用。

龙山时代虽然出现了铜器工具，但其数量很少，对于社会生产和经济面貌改变有限，龙山时代的农业生产仍然以石质为主，学术界将这一时期称为铜石并用时代还是切合实际的。可能是铜制工具被广泛应用于石器、骨器的制作过程之中，这一时期的非铜器工具也相当精细。石器大都通体磨光，切割、管钻的技术的运用使石器形式变化多端。以登封王城岗遗址为例，出土的石器较多，主要有"铲（耒）、锛、斧、镰、刀、锥、凿、矛、镞、研磨器、装饰品和砺石等。由于石器的作用不同，选用的石料也各异"。生产工具中，首先石铲（耒）和石镰的数量最多，其次是石锛、石斧和石刀，这些工具上均留下有装柄的痕迹，装柄的形式和方法也多种多样，"利用较少种类的石刃具，经过多样装柄之后，便成为多种用途的工具"①。生产工具中石铲、石刀、石斧等以扁平为主，用于翻耕土地的石铲（耒）则有梯形、舌形、双肩形等，装柄以后人们可以手握石铲的木柄，用脚踩踏石铲的肩部，石铲更容易深入土壤之中，能够较好地提高耕作效率。

龙山文化后期，嵩洛一带是华夏族的政治中心区域。《史记》载："帝舜荐禹于天，为嗣。十七年而帝舜崩。三年丧毕，禹辞辟舜之子商均于阳城。天下诸侯皆去商均而朝禹。禹于是遂即天子位，南面朝天下，国号曰夏后，姓姒氏。"关于阳城所在地，裴骃《史记集解》引刘熙语云："今颍川阳城是也。"张守节《史记正义》云："阳城县在嵩山南二十三里，则为嵩山之阳也。"② 根据传说和文献记载，王城岗是夏朝初期都城所在地，遗址中出土的石器有成品也有半成品，另外还有石料、废品等，说明这里是一个石器制作场所，应该有专门制造石器工具的劳动者。从事工具制造的劳动者出现以后，意味着已经有了相应的社会分工，专门制作石器的劳动者在长期的工作中积累的经验也更加丰富，有利于生产工具的改进和促进农业生产的发展。

---

① 李京华：《登封王城岗夏文化城址出土的部分石质生产工具试析》，《农业考古》1991 年第 1 期。
② （汉）司马迁：《史记》卷 2《夏本纪》，中华书局 1959 年版，第 82—84 页。

陶质、木质、骨质、蚌质工具在龙山时代仍然有着重要地位。陶器大都采用轮制，由于烧制技术的革新，基本上以黑陶、灰陶为主。陶质工具中以纺轮最多，且出土数量也较多，说明缫丝织布业已有较大发展。木质工具容易腐朽殆尽，这类工具很难在遗址中留存下来，但也不能否认这种工具的存在。骨器、蚌器在龙山时代的遗址发现较多，其中有许多可以作为生产工具使用。以禹州市前后屯遗址的龙山文化遗存为例，发现"骨器47件，多使用哺乳动物长骨质成，多数磨制较好，表面光滑。器型以骨镞、锥、簪为多，还有骨匕、骨针和卜骨等"。蚌器有7件，"大多利用厚大蚌壳制作，有的可见切割、打磨痕迹，有的有双面对钻孔"①。蚌器大都破损严重，能够辨认出来的有蚌镞一件、蚌刀三件。

龙山时期，农作物的种类较之仰韶文化时期有较大增加，从中原龙山文化遗址浮选结果分析，已有粟、黍、稻、豆、麦等多种农作物种子。各遗址出土的植物种子不仅有农作物，还有杂草、果核等。杂草种子主要有黍亚科、藜科、蓼科、苋科、菊科、豆科、茄科等，也有许多种子炭化过甚而无法断定其种属。果核类种子主要有酸枣、李属、葡萄等，同样也有因碳化严重失去特征而未知的种属。据不完全统计，已发掘的龙山时代遗址中的主要农作物种子数量和比例悬殊较大，有些遗址仅见一种或两种，现将部分遗址中出土的主要农作物炭化种子浮选结果列成下表。

表2-3 中原龙山时代部分遗址中主要农作物种子浮选情况一览表 （单位：粒）

序号	遗址名称	浮选时间	浮选样品数量（份）	总数	粟	黍	稻	豆	小麦	大麦	备注
1	登封市王城岗	2004年②	59	2601	1442	124	17	86	0	0	
					55.44%	4.76%	0.65%	3.31%	0		
2	登封市程窑	2014—2015年③	16	1345	724	168	10	32	10	0	
					53.83%	12.49%	0.74%	2.38%	0.74%		
3	新密市新砦	2014年④	109	8737	5887	1035	381	150	1	0	
					67.38%	11.85%	4.36%	1.72%	0.01%		

① 史本恒等：《河南禹州市前后屯遗址龙山文化遗存发掘简报》，《考古》2015年第4期。
② 赵志军：《登封王城岗遗址浮选结果分析》，《华夏考古》2007年第2期。
③ 钟华等：《河南登封程窑遗址浮选结果与分析》，《农业考古》2018年第6期。
④ 钟华等：《河南新密新砦遗址2014年浮选结果及分析》，《农业考古》2016年第1期。

续表

序号	遗址名称	浮选时间	浮选样品数量（份）	总数	粟	黍	稻	豆	小麦	大麦	备注
4	新密市古城寨	1998—2003年①	20	282	241	18	0	0	0	0	
					85.46%	6.38%	0	0	0		
5	禹州市瓦店	2007—2009年②	139	12190	5253	1110	1366	905	22	4	
					43.09%	9.11%	11.21%	7.42%	0.18%	0.09%	
6	洛阳市王圪垱	2016年③	25	4509	2626	168	114	580	1	?	
					58.24%	3.73%	2.53%	12.86%	0.02%		
7	漯河市郝家台	2016—2017年④	15		2362	152	1	73	0	0	
									0		
8	博爱县西金城	2006—2007年⑤	37	2162	704	5	82	8	1	0	
					32.56%	0.23%	3.79%	0.37%	0.04%		
9	鹤壁市大赉店	2013—2014年⑥		6734	3341	216	1	44	2	0	
					49.61%	3.21%	0.01%	0.65%	0.03%		
10	淮阳县平粮台	2014—2015年⑦		4384	2876	310	2	80	2	0	
					65.60%	7.01%	0.05%	1.82%	0.05%		
11	襄汾县陶寺	2002年⑧		13070	9160	606	30	0	0	13	
					70.08%	4.64%	0.23%			0.1%	
12	淄博市房家	2006年⑨			116	111	4	8	0	0	

　　在表 2-3 中，由于某些遗址的植物浮选鉴定资料不全，无法估算各种农作物所占比重。根据出土植物种子浮选结果资料相对较全的遗址情况分析，

①　陈薇薇等：《河南新密古城寨城址出土植物遗存分析》，《华夏考古》2012 年第 1 期。
②　刘昶等：《河南禹州瓦店遗址 2007、2009 年度植物遗存浮选结果分析》，《华夏考古》2018 年第 1 期。
③　钟华等：《河南洛阳王圪垱遗址浮选结果及分析》，《农业考古》2019 年第 1 期。
④　邓振华等：《中原龙山时代农业结构的比较研究》，《华夏考古》2017 年第 3 期。
⑤　陈雪香等：《河南博爱县西金城遗址 2006～2007 年浮选结果分析》，《华夏考古》2010 年第 3 期。
⑥　武欣等：《河南鹤壁市大赉店遗址龙山时期植物遗存分析》，《东方考古》2017 年第 00 期。
⑦　赵珍珍等：《河南河南淮阳平粮台遗址（2014—2015）龙山时期炭化植物遗存研究》，《中国农史》2019 年第 4 期。
⑧　赵志军、何弩：《陶寺遗址 2002 年度浮选结果及分析》，《考古》2006 年第 5 期。
⑨　靳桂云等：《淄博市房家龙山文化遗址植物考古报告》，《海岱考古》2011 年第 00 期。

中原龙山时代的农作物种植呈现出明显的不平衡性。从总体情况来看，各遗址出土的粟炭化种子数量最多，比例最高的为新密市古城寨遗址，约占85.46%，比例最低的瓦店遗址约占43.09%，其余的在50%~80%之间，平均占出土植物种子的三分之二左右，在农作物中占据绝对优势。黍的种子遗存居于第二位，仅有个别遗址超过10%，大多数不到10%。粟和黍在裴李岗和仰韶时期已相当普遍，属于北方驯化较早的传统旱地农作物，龙山时期的农业种植仍然是以粟、黍为主，这两种农作物是古代北方居民的主要食物来源。

在龙山文化遗址中，已有多处发现了大麦种子颗粒。表2-3中，禹州市瓦店遗址发现3粒，襄汾陶寺遗址发现13粒，这两处遗址发现的大麦颗粒鉴定结果暂为"疑似"，尚需进一步鉴定。洛阳市王圪垱遗址发现的是野大麦，但具体数目没有公布。确定的大麦种子发现于安徽蚌埠市秦集镇禹会村禹墟遗址，考古发掘项目负责人王吉怀说："科技考古人员近日在禹墟土壤标本浮选过程中发现大麦，经过了检测比对最终确认，此项发现或将写入禹墟考古发掘报告。这是考古界首次在龙山文化地层发现大麦，标志着我国史前农业考古取得了一项重大突破！"[1] 其他遗址也发现有大麦颗粒，但是数量都不多，本书不再列举。龙山时代的遗址中虽然发现的大麦不多，但也是当时农业结构上的重要环节，在中国农业史上有着重要意义。

水稻的炭化种子颗粒在大多数龙山文化遗址中均有所发现，但有着明显的地区差别，中原南部临近河流湖泊的遗址中水稻种子遗存相对多一些，而在北方地势较高的山岗上遗址中相对较少，这与水稻需要湿热的生长环境有关。以嵩洛为中心的龙山文化遗址中，水稻种子虽然不多，但却具有普遍性的特点，这可能与当时中原地区的温暖湿润气候有关。据竺可桢先生研究："在近五千年中的最初二千年，即从仰韶文化到安阳殷墟，大部分时间的年平均温度高于现在2℃左右。"[2] 现代的气候观察显示："河南大部分地区年平均气温在13~15℃之间，自南向北递减，淮南信阳地区的年平均气温超过15℃，豫西山区因地势较高气温偏低，年平均气温在13℃以下。"[3] 可以看出，中原地区和淮河以南的水稻种植区的年平均温度差别不大，多数区域不会超过2℃。

---

[1] 张建平：《龙山文化地层中首次发现大麦》，《蚌埠日报》2013年4月18日，第A01版。

[2] 竺可桢：《中国近五千年来气候变迁的初步研究》，《考古学报》1972年第1期。

[3] 董中强：《河南农业气候》，河南科学技术出版社1991年版，第39—40页。

　　龙山时代的年平均气温虽然仅比现代高出 2℃ 左右，看起来相差不多，但从现在的农作物生产的气候条件分析，龙山时期中原地区的气温已经略高于现代的淮南水稻种植区，足以满足喜欢温暖湿润环境的水稻种植条件。

　　大豆在中原龙山文化遗址中也比较普遍，但出土的数量非常少。大豆出土比例最高的是洛阳王圪垱，约占 12.86%，其余遗址多在 10% 以下，也有个别遗址没有发现。总体来看，嵩洛及其附近的遗址比例略高，周边遗址中的大豆所占比例都比较低。大豆在裴李岗时期的贾湖遗址已有出土，数千年后的瓦店遗址中大豆颗粒仍然较小，这种情况说明："两个时期人类对大豆属植物资源的获取方式应该还是传统的采集，多个遗址中均见有野大豆，这些野大豆种子的尺寸明显很小，性状上还未呈现出驯化的特征，特别是平均粒长和粒宽并未随时代越晚而发生增大，也表明当时人类可能未对这类植物进行有意识的选择和驯化。"[①] 从瓦店遗址出土的大豆颗粒来看，"表面光亮，油脂含量高，爆裂严重，呈现蜂窝状空洞，且其绝对数量和出土概率较高，但尺寸较小，推测可能属于栽培品种，但仍处于栽培早期阶段。"[②] 龙山晚期的大豆出现了驯化和栽培的特征，说明人们对豆类作物的利用已经逐渐重视，并且对于农业种植结构的调整，并由此改变了大豆在古代农业生产中的地位。

　　小麦在龙山时期的遗址中也多有发现，虽然数量极少，但也属于比较常见的农作物之一。我国的小麦种植有着悠久历史，但起源问题目前尚无统一的看法。"多数学者鉴于中国既没有二倍体小麦的野生种、栽培种，也没有四倍体种的野生二粒小麦、栽培二粒小麦以及提供小麦 B、G 染色体组的山羊草存在，根据小麦的演化过程认为，中国的多倍体小麦不可能起源于本地，而是古代从国外传入的。"[③] 但也有学者认为："从新石器时代的考古材料到以后绵绵不断的历史记录可以说明我国普通小麦的悠久栽培历史是源远流长的。他有力阐明了我国普通小麦的产生发源于黄河流域并由此向南北地域扩展。"[④] 关于早期小麦与欧洲小麦的关系，有学者认为："考古材料证明我国在史前时代已经栽培自由脱粒的普通小麦，而在同时期的欧洲尚栽培着比较原始的二

　　① 吴文婉等：《我国古代大豆属（Glycine）植物的利用和驯化》，《农业考古》2013 年第 6 期。
　　② 刘昶等：《河南禹州瓦店遗址 2007、2009 年度植物遗存浮选结果分析》，《华夏考古》2018 年第 1 期。
　　③ 郑殿生：《谈谈中国小麦的起源》，《种子世界》1988 年第 5 期。
　　④ 李璠：《中国普通小麦的起源与传播》，《世界农业》1980 年第 10 期。

粒小麦和斯贝尔脱小麦，它们都是带壳的穗轴易折断的。直到公元开始或以后，自由脱粒的硬粒小麦和普通小麦才代替了带壳小麦的位置。""大概在历史的早期，中国小麦被人们带到瑞士湖上，通过天然杂交导致欧洲小麦的起源。考古证明，距今六七千年前，黍、粟、麦等谷类作物的生产已在我国黄海流域占有重要地位，并不断地向周围扩展，可能是由于东方的古代民族在向西方迁移的过程中，把栽培植物的种子带到那里而得到传播的。"① 引文中的"黄海"应为"黄河"。早期小麦无论是起源于黄河流域传入西方，还是从西方经过河西走廊传入中国，这些都是依据考古材料作出的推测，既有其合理性的一面，但也存在一定的缺陷。不可否认的是，先民在龙山时代的中原地区已经开始种植小麦，并在以后种植实践中不断进行改良，使之成为北方农业结构中重要的农作物之一。

龙山时代的遗址中，还有大量的其他粮食作物、野草类、果核类的种子遗留物，反映出当时食物结构的多样性。以禹州市瓦店遗址为例，"农作物占有优势地位，其中，以粟为主，黍为辅的旱作物占主要地位，水稻和大豆次之，另发现少量小麦、疑似大麦的碎种子、豇豆及荞麦。在其他种类中，藜科、豆科、唇形科占优，葡萄科、蔷薇科、鼠李科也有一定数量的发现，另包括蓼科、葫芦科、眼子菜科等中原地区常见种子"② 。这些非农作物的种子大量出现在遗址之中，除了在自然因素作用下进入遗址外，人为带入的可能性也很大。非农作物种子是采集时代人们的主要食物来源，这些植物种子在多数遗址中具有较多的发现，说明采集农业在龙山时代还广泛存在，是当时经济结构不可或缺的组成部分。

龙山时代，饲养业有较大发展，马、牛、羊、猪、狗、鸡等传统家畜的骨骼化石在许多遗址中均有发现，只是不同地区养殖的侧重不同而已。"马骨和羊骨的出土，北方明显的多于南方；牛骨中，南方以水牛为主，北方以黄牛为主；家禽中南方多鸭、鹅，北方多鸡。此外，六畜中，无论是南方还是北方，只要是农业聚落遗址，猪的遗骸就发现的最多。家畜饲养业以养猪为主，兼养其它禽畜，是我国原始饲养业的一个重要特点。"③ 野生动物被驯化以后，游荡

① 曹隆恭：《关于中国小麦的起源问题》，《农业考古》1983年第1期。
② 刘昶等：《河南禹州瓦店遗址2007、2009年度植物遗存浮选结果分析》，《华夏考古》2018年第1期。
③ 王震中：《中国文明起源的比较研究》，陕西人民出版社1994年版，第200页。

觅食的习性仍然存在，这就需要有相对稳定和封闭的场所。即使是马、牛、养等食草动物，放牧以后也要将它们圈养起来，以免跑散丢失。猪等非食草性动物不仅需要封闭的场所，还需要以谷物作为饲料进行喂养，这需要农业发展到一定水平为前提。龙山时期，铜器等生产工具的使用，极大提高了人们的劳动生产能力，促进了农业发展，为养殖业提供了饲料保障。龙山文化遗址大都是城邑修筑模式，四周有夯土筑起的城墙，这也为养殖六畜提供场所。

龙山文化遗址中，也发现了大量的水生物和野生动物的遗留物。以河南新乡市前高庄新石器时代遗址为例，龙山时期的文化层中发现动物种属有"圆顶珠蚌、珠蚌（未定种）、扭蚌、三角帆蚌、短褶矛蚌、矛蚌（未定种）、背瘤丽蚌、猪耳丽蚌、环带丽蚌、楔形丽蚌、丽蚌（未定种）、蛤（未定种）、鲤、鲶、黄颡鱼、雉（未定种）、中华竹鼠、兔（未定种）、狗、犬（未定种）、貉、猪獾、野猪、家猪、獐、麂、梅花鹿、鹿（未定种）、麋鹿、狍、水牛、黄牛等五纲至少 33 种，此外还有少量未能鉴定至属的大型鸟类、啮齿动物、小型食肉动物、大型牛科动物、小型鹿科动物（獐、麂大小）、中型鹿科动物（梅花鹿大小）和大型鹿科动物（麋鹿大小）等"[1]。这些动物中，狗、猪、牛等属于家养的牲畜，蚌、蛤、鱼类水生物显然是人们从水中捕捉的，兔、獾、獐、鹿等野生动物应该是猎取而来。龙山时代的农业经济虽然有较大发展，渔猎仍然是人们获得生活资料的补充形式。

三、青铜时代的农业发展

龙山时代的遗址中，也仅是在个别地方发现了小件铜器或制作过铜器的痕迹，且多数为红铜，称之为青铜的器物很少，还称不上青铜器时代。龙山文化之后，中原及其相邻区域发展出不同的文化类型，豫西、晋南是二里头文化，豫北、冀南是先商文化，豫、鲁、皖相邻地带是岳石文化，豫南、鄂北是石家河文化，陕西的关中地区是先周文化。二里头文化及其同时代的文化遗址中，发现的青铜器要比龙山文化时期丰富得多，标志着中国的古代社会逐步迈进青铜时代。

---

① 左豪瑞等：《河南新乡前高庄遗址龙山时期动物遗存分析》，《中原文物》2021 年第 2 期。

　　二里头文化上承洛阳王湾三期文化，下启郑州二里岗文化，因首先发现
于河南偃师二里头遗址而得名。二里头遗址现存面积有 300 多万平方米，文
化层堆积可分为四期，前三期的主要遗物有着共同的文化特征，可视为二里
头文化的主体，第四期一些遗物的特征与前三期有明显不同。总的来看，"二
里头文化主体是夏文化，惟其第四期（至迟其晚段）已经进入商代早期，它
的特征以继承二里头一至三期的传统为主流，同时部分吸收并融合了商文化
（以及少量岳石文化）因素，应视为商代初年夏遗民的遗存"①。二里头一至
四期遗物碳十四测年数据已经公布的有几十个，其年代范围大致为"公元前
19 世纪中叶至前 16 世纪中叶，约 300 多年"②。"发现有迄今所知中国最早的
宫城、最早的城市干道网、最早的宫殿建筑群、最早的青铜礼器群，以及最
早的官营作坊区等。规模宏大，布局严整，是迄今为止可确认的中国最早的
王朝都城遗址，开中国古代都邑制度之先河。因二里头文化的存在时间相当
于文献记载的夏、商王朝时期，故二里头遗址也是探索夏、商文化分界的关
键性遗址。曾先后被推定为商汤所都亳邑和夏王朝都城。目前，学术界一般
认为是夏王朝晚期都城。"③ 二里头文化是夏商考古中的重要阶段，在中国青
铜文化史上有着重要地位，二里头文化遗址的分布以嵩洛为中心，北至山西、
河北的中部，西至丹江上游的商洛地区，东至河南、山东、安徽的临界地带，
南至湖北北部。二里头时期的铜器主要发现于偃师二里头、登封王城岗、洛
阳东干沟、荥阳竖河、驻马店杨庄等遗址中。二里头文化铜器大都由复合范
浇铸而成，出土的遗物有工具、礼器、兵器等。

　　以二里头遗址为例，出土铜器数量从一期到四期呈现明显的递增趋势，
材质的种类也非常丰富。化验分析显示，"从二里头文化一期到四期，红铜在
铜器中所占的比例呈下降趋势，而青铜则呈上升趋势"。青铜器中，铅、锡等
金属的比例也有明显变化，"一期为高铅低锡；二期为低铅中锡；三期为高铅
中锡、中铅中锡、中铅高锡和低铅高锡并存；四期为高铅低锡、中铅中锡和
低铅中锡并存"④。现代科学技术测定，青铜合金中铅、锡等金属的比例决定
着合金的铸造性能和器物的物理性能，"铜锡二元铜合金与纯铜相比，硬度更

　　① 高炜等：《偃师商城与夏商文化分界》，《考古》1998 年第 10 期。
　　② 杨锡璋，高炜主编：《中国考古学·夏商卷》，中国社会科学出版社 2003 年版，第 81 页。
　　③ 王巍：《中国考古学大辞典》，上海辞书出版社 2014 年版，第 305 页。
　　④ 陈国梁：《二里头文化铜器制作技术概述》，《三代考古》2006 年第 00 期。

大，熔点更低，如含锡 25% 的青铜，熔点只有 800 度左右。锡的多少，还会直接影响青铜的机械和铸造性能，含锡高的青铜熔点低且硬度高，含锡低的青铜熔点高且硬度低，但如果锡的比例超过一定数量，合金就会变脆，可塑性变差。对于铜锡铅三元铜合金，铅的含量增加会适当降低青铜合金的硬度，但却增加了铸造时的流动性。要想利用不同物理性的青铜合金来铸造不同的器物，就需要在冶炼青铜合金时掌握各种金属原料的比例，即青铜合金配制的方法"[1]。二里头遗址中出土的青铜器有铜锡合金、铜铅合金，也有铜锡铅三元合金，不同器型的铜合金类型和比例存在差别，同一器型的合金比例也存在差别，说明当时的人们掌握了高超的铜及其合金的熔铸技术，并认识到了合金比例对器物物理性能的改善以及不同器物所需要的合金比例。

二里头文化时期，已经出现了专门从事铜器冶铸的作坊。已发掘的二里头遗址中的铸铜作坊"面积约 1 万平方米。遗迹主要包括浇铸工场、陶范烘烤工房和陶窑等。已发现与青铜冶铸有关的遗物有陶（石）范、坩埚、铜渣、矿石、木炭和小件铜器。陶范上或刻有兽面纹等花纹。从残范看，所铸铜器直径最大者可达 30 厘米以上。使用时间自二里头文化早期直至最末期，是迄今所知中国最大的青铜器作坊"[2]。如此规模的铜器作坊，必然有众多从事铜器冶铸的劳动者，才能制造出了数量庞大的铜器，这大概是二里头遗址出土的铜器类型、器型繁多、做工精美的原因所在。

自 1959 年以来，二里头遗址已经过多次发掘，出土的遗物非常丰富。其中，铜制工具有铜刀、铜锛、铜凿、铜锥、铜锯、铜箭镞、铜鱼钩、铜纺轮等多种类型，材质有红铜也有青铜，这些铜器仅仅与农业生产相关，可以用于砍伐树木等开垦土地，还称不上是专业的农具。二里头文化遗址中，"未见可确认为农具的青铜器，也未见与犁有关的农具"[3]。二里头文化遗址出土的农具仍然是以磨制的石器为主，有用于砍伐树木的石斧、石刀等，用于起土、松土的石铲、骨铲、蚌铲等，用于收割除草的石镰、蚌镰、陶刀等，农业生产工具还有着浓厚原始性。

二里头文化之后，中原地区步入殷商时代，人们已经熟练掌握了青铜铸

① 李亮、关晓武主编：《铜与古代科技》，中国科学技术大学出版社 2018 年版，第 107 页。
② 王巍：《中国考古学大辞典》，上海辞书出版社 2014 年版，第 306 页。
③ 杨锡璋、高炜主编：《中国考古学·夏商卷》，中国社会科学出版社 2003 年版，第 108 页。

造技术，制造出的铜器有礼器、武器、工具、饰件等多种类型，说明青铜器在人们的生产生活中占有重要地位。商代的青铜器大都出土于大型遗址和贵族墓葬之中，这些墓葬集中在郑州商城、偃师商城、安阳殷墟等都城所在地。其他地方贵族墓葬也有较为丰富的青铜器随葬品，而一般的遗址、墓葬发现的大都是陶器生活用品，也有为数不多的石质、骨质、蚌质工具或装饰品，青铜器物更少。为了便于分析当时的生产工具类型与生产特点，现将郑州商城、偃师商城、安阳殷墟的几次发掘中出现的不同材质工具或武器列表如下。

表 2-4　部分商代遗址出土的工具和武器

遗址名称	发掘年代	发掘地点	铜器	石器	骨器	蚌器	陶器	其他	备注
郑州商代	1952至1955①	二里岗、南关外等六处	镞、钁、刀、斜刀、钻、锥、鱼钩等	斧、刀、镰、锛、凿，以及纺轮、镞、弹丸、砺石等	镞、斧、刀、锥、针、匕等	镞、镰、铲等	纺轮、网坠等	玉戈等	
	1982至1983②	二七路黄泛区园艺场等四处	锥、镞	镰		镞、锥	镞	纺轮		
偃师商城	1983③		戈、刀、箭头	镰		镞	镞	纺轮、网坠	玉刀	
	1983④		镞	铲、戈		锥	镞			
	1996⑤		刀、凿	刀		镞、匕			玉刀	
安阳殷墟	1955⑥	小屯殷墟墓葬	刀		锥			纺轮、网坠、弹丸		
	1958至1959⑦	小屯西地、苗圃北地、张家坟等11个地点	锛、凿、刀、削、锯、钻、锥、鱼钩等	斧、锛、铲、刀、镰、杵、砺石、纺轮等。其中镰、斧、刀、砺石四种所占比例最大	铲、锥、针、凿、刀、匕、镞、梳和制陶工具	镰、刀、镞等	弹丸、网坠、纺轮	玉镞、玉戈、玉刀等	

① 赵全古等：《郑州商代遗址的发掘》，《考古学报》1957 年第 1 期。
② 赵清等：《郑州商代遗址发掘简报》，《考古》1986 年第 4 期。
③ 赵芝荃等：《1983 年秋河南偃师商城发掘简报》，《考古》1984 年第 10 期。
④ 段鹏琦等：《偃师商城的初步勘探和发掘》，《考古》1984 年第 6 期。
⑤ 张良仁等：《河南偃师商城Ⅳ区 1996 年发掘简报》，《考古》1999 年第 2 期。
⑥ 刘笑春等：《一九五五年秋安阳小屯殷墟的发掘》，《考古学报》1958 年第 3 期。
⑦ 安志敏等：《1958—1959 年殷墟发掘简报》，《考古》1961 年第 2 期。

续表

遗址名称	发掘年代	发掘地点	铜器	石器	骨器	蚌器	陶器	其他	备注
安阳殷墟	1969至1977①	殷墟西区的殷代墓葬、车马坑	戳、戈、矛、镞、刀、锛、凿、锥、刻刀	戈、斧、镰、锥、镞、弹丸、铲、石轮、石刮器、磨石、小石戈、小石铲、	镞、锥、匕	镞	纺轮、弹丸	铅器:戈、锛、凿、锥、刀、镞;玉器:戈、小玉戈、玉刻刀、小玉凿	
	1989至1990②	孝民屯南地商代墓葬	镞、戈、矛、癸、刀、锛、凿、三棱器、端刃铜牌、端刃铜条		镞、锥	纺轮	铅戈、小玉戈		
	2011至2014③	刘家庄北地	刀、戈等	斧、凿、纺轮等	铲、锥等	镰等	垫、箕形器、模、网坠、球等	玉戈	
	2015至2016④	大司空南地	戈、矛、镞	刀、镰、斧、	匕、镞、铲、鹿角工具等		纺轮、网坠、箕形器		

　　考古资料显示，郑州商城、偃师商城、安阳殷墟曾经是商代都城所在地，故而是中原地区商代遗址分布比较密集的地方。从出土的工具情况分析，商代的青铜器铸造技术虽然高度发展，但大都为礼器或兵器，铜制的生产工具很少，各遗址中发现的生产工具主要是石质、骨质和蚌质品。但在殷墟259、260墓葬发掘中就发现木锨8件，遗憾的是"皆已朽成白色粉末，背部鼓起似勺，弧刃，是一种铲土工具。头长20—30、宽17—19、柄长105—120、柄宽

①　杨宝成等:《1969—1977年殷墟西区墓葬发掘报告》,《考古学报》1979年第1期。
②　唐际根等:《河南安阳市殷墟孝民屯东南地1989~1990年的发掘》,《考古》2009年第9期。
③　牛世山:《河南安阳殷墟豫北纱厂地点2011~2014年发掘简报》,《考古》2019年第3期。
④　岳洪彬等:《安阳殷墟大司空东南地2015—2016年发掘报告》,《考古学报》2019年第4期。

3—5 厘米"①。木头是最容易制作成工具的材质，虽然在各遗址中极少发现，但也不能否认这类工具的广泛存在。

商代的农业生产工具有翻土、中耕和收割三大类别，每一类别又有不同的器型。值得重视的是，这一时期已出现了比较确定的青铜器农具。表 2-4 中，青铜工具的种类还是比较多的，其中的青铜铲、青铜镬可以用来翻耕土地，青铜镰、青铜刀可用于收割庄稼，应该是较为专业的农业工具了。商代的青铜器大都出现于墓葬之中，"青铜工具在造型、装饰方面亦趋同于青铜礼器，器型两极分化，纹饰图案渐趋繁缛神秘。妇好墓中青铜铲，铲身上端两角内卷，极仿饕餮纹中高高翘起的两只兽角，柄部及两角饰菱形纹。此类铲不可能是实用器，在商代可能一度作为仪仗器，参与到死者生前的祭祀、庆典等礼仪活动中，死后又随主人一起埋入墓葬。其造型奇异，纹饰神秘，令人产生庄严肃穆的感觉"②。由于青铜农具上有精美的图案和花纹，并且没有明显的使用痕迹，所以有些学者认为这些农具并非用于农业生产的劳动过程之中。

1989 年，在江西新干一座大型商代墓葬中出土青铜器 480 余件，"生产工具即有犁、锸、耒、耜、斧、斨、锛、铲、镰、铚、镬、刀、刻刀、凿、锥、钻 10 余种，127 件"。农业生产工具有：犁 2 件，锸 2 件，耒 1 件，耜 1 件，双肩铲 2 件，溜肩圆斧 10 件，手斧 17 件，戕 8 件，锛 3 件，镰 5 件，镬 1 件。新干商墓出土的青铜农具 "犁、锸、耜等器物上饰有较精细的花纹，似为礼器。然而这是带实用性质的礼器（器物上铸有供插销固定之用的穿孔即可证明这一点），推测为当时的统治者亦即墓主人行'亲耕'之礼时所用之物，并非仪仗品"③。犁是中国古代最为重要的农业生产工具之一，青铜犁无论是作为礼器还是统治者"亲耕"的示范性工具，这说明至迟在商代已经掌握了犁的制造技术和使用犁从事农业生产了。新干商墓发现青铜农具有 50 件左右，但这只是个案现象。和石器、骨器、蚌器等农具相比，商代遗址中考古发现的青铜农具总量依然很少，并且作为礼器使用的可能性较大，这也是学术界关于商代青铜农具是否普遍使用于生产劳动之中争议较

① 杨宝成　等：《殷墟 159、260 号墓发掘报告》，《考古学报》1987 年第 1 期。

② 孔德铭：《殷墟青铜生产工具浅析》，《华夏考古》1997 年第 2 期。

③ 彭适凡　等：《江西新干商墓出土一批青铜生产工具》，《农业考古》1991 年第 1 期。

大的问题。

中原地区的商代遗址尚未发现犁这种农具,翻土工具主要是铲(耜)和镬等器物,出土最多的是磨制石铲(耜),并且有多种样式,其次是骨铲和蚌铲,青铜铲不多。如河北藁城台西商代遗址出土石铲 65 件,大致分为四式:Ⅰ式两件,其中一件标本的"器身平面似圭形,柄厚刃薄,周身打磨光滑,唯柄的两侧有打痕,刃弧形,一面磨成,两面并有残损。长 22.6 厘米,宽 8 厘米"。另一件为半成品,长 19.6 厘米,宽 7 厘米。Ⅱ式四件,标本的"器身平面呈'凸'字形,有窄肩,全器打磨相当精致,唯柄部两侧尚有打痕,弧刃由两面磨成,刃锋有损。长 15.6 厘米,宽 7.8 厘米"。Ⅲ式一件,标本的"平面略呈亚腰形,柄部有双穿,弧刃由一面磨成,通体打磨光滑,唯柄两侧凹处有打痕。长 13 厘米,宽 8.1 厘米"。Ⅳ式 58 件,标本的"器身平面略呈梯形,刃部稍宽,弧形,由一面磨成,器身部分地方有打痕。长 23.2 厘米,宽 9.2 厘米"①。藁城台西商代遗址出土石铲中,梯形铲约占 90%,说明这种样式是当时的主要款式。其他材质的铲形工具也大致如此,只是数量要少得多。根据龙山时代石器工具装柄的多样性来看,相同样式的石器工具因装柄方式不同而有不同的使用方法和用途,大一点的石铲装柄以后可以用来翻耕土地,小一点的石铲装柄以后作为中耕工具用来除草。

商代遗址中,出土最多的农业生产工具是镰刀和刀。镰的式样和现在的镰近似,大都为长条形,安柄的部位稍宽,另一端较尖,有直刃也有弧刃。如郑州商代的一处遗址出土一个罐中就存放石镰 19 件,"其中小型石镰一件,石料甚佳,表面磨光,隐约可以看出蓝灰色和白灰色斑块。直背曲刃圆尖,长 11、宽 3、厚 0.8 厘米。大型石镰 18 件,全用青石磨成。长条形、凸背直刃、刃部较锋利,前端为弧形尖,后部直平。长 20—26.5、宽 6—6.5、厚 0.6—0.8 厘米"②。在安阳殷墟遗址的 1929 年至 1932 年的发掘中,出土石镰 3640 把,其中的一个灰坑中就出土了 444 把。③ 镰的功能主要是收割庄稼,商代的镰大都是石质或蚌质,也有少量的青铜镰,陶镰更少。刀的材质主要是石质,也有许多是铜质,这主要是由刀的用途和功能较多决定的。刀不仅可

① 河北省文物研究所:《藁城台西商代遗址》,文物出版社 1985 年版,第 70—71 页。
② 杨育彬　等:《近年来郑州商代遗址发掘收获》,《中原文物》1984 年第 1 期。
③ 石如璋:《第七次殷墟发掘:E 区工作报告》,《安阳发掘报告》第四册,1933 年。

以用作收割庄稼的农具，也可以用作礼器、武器和其它工具，以此而论，青铜材质的刀具在刀类器物所占比例较高，在农业生产工具中不具有代表性，收割工具仍然是以石质工具为主。

西周时期的青铜铸造技术比商代有所提高，考古发掘出土的青铜器数量也比商代多。西周的青铜器主要出土于西安、洛阳等地的遗址或墓葬中，这两地是西周的都城所在地，也是贵族相对集中的区域。在分封制度下，西周王室子弟或功臣等被封为等级不一样的诸侯分散于各地，掌管着封域内的土地和人民。这些诸侯世袭罔替，是地方上贵族阶层，他们的墓葬中也较多的青铜器陪葬品。西周青铜器出土情况和商代相似，大都在都城附近的遗址或墓葬之中，其它地方则比较少。西周遗址中出土最多的仍然是陶质生活用品，工具类器物不多；墓葬中的青铜器也多为礼器或车马配件，其次是武器，生产工具很少。部分遗址、墓葬出土的工具或武器情况见表2-5。

表2-5　部分西周遗址出土的工具和武器

遗址名称	发掘年代	发掘地点	铜器	石器	骨器	蚌器	陶器	其他	备注
洛阳北窑西周遗址	1974①	北窑村	铜刀2件、铜镞7件						
	1975—1979②	北窑村	三角形铜镞、铜刀、铜镞	磨石、石斧、石镰、石刀	骨锥、凿形骨器、扁平刮削器、骨铲、骨镞	蚌镰	纺轮		
	2009③	北窑村	铜戈2件、铜矛1件					玉戈1件	
洛阳林校车马坑	1984④	五号车马坑C3M43	铜戈2件、铜矛1件、铜钺1件、铜镞9件						六个车马坑，仅两个有工具和武器
		一号车马坑C3M40	铜戈1件						

① 徐治亚等：《洛阳北窑村西周遗址1974年度发掘简报》，《文物》1981年第7期。
② 叶万松等：《1975—1979年洛阳北窑西周铸铜遗址的发掘》，《考古》1983年第5期。
③ 周立：《洛阳北窑西周车马坑发掘简报》，《考古》2011年第8期。
④ 高虎等：《洛阳林校西周车马坑发掘简报》，《洛阳考古》2015年第1期。

续表

遗址名称	发掘年代	发掘地点	铜器	石器	骨器	蚌器	陶器	其他	备注
洛阳林校车马坑	1995①	洛阳林校校园内C3M40	铜钺1件、直内铜戈1件、长胡铜戈1件、铜戟2件、铜矛5件、卷首刀2件、铜剑1件、铜镞140枚		骨镞8枚				
洛阳南陈遗址	2004②	南陈村		石铲1件、石斧1件、楔形器1件、亚腰形器1件、磨制器1件、石刀7件、石纺轮1件	骨镞1件	蚌镰1件、蚌镞1件	陶纺轮4件、陶网坠		
襄县西周墓	1975③	襄县霍庄村	铜锛2件					玉刀1件	
平顶山蒲城店遗址	2004—2005④	蒲城店村北		石斧、石镰、石凿			陶网坠、陶纺轮		
荥阳官庄遗址	2010—2012⑤	官庄村西	铜镞	石刀、石锛		蚌镰	陶纺轮		

① 俞凉亘等：《洛阳林校西周车马坑》，《文物》1999年第3期。
② 宋定国等：《河南洛阳市南陈遗址西周文化遗存的发掘》，《华夏考古》2008年第3期。
③ 郑杰祥：《河南省襄县西周墓发掘简报》，《文物》1977年第8期。
④ 魏兴涛等：《河南平顶山市蒲城店遗址西周遗存的发掘》，《考古》2006年第6期。
⑤ 陈朝云等：《河南荥阳市官庄遗址西周遗存发掘简报》，《考古》2014年第8期。

续表

遗址名称	发掘年代	发掘地点	铜器	石器	骨器	蚌器	陶器	其他	备注
鹤壁辛村遗址	2014①	刘庄村西9座墓葬	铜钺1件、铜戟4件、铜戈8件、盾环1件、铜锛1件、铜斧1件	石刀1件	骨镞1件				
长安沣镐遗址	1955②	张家坡村	铜刀1件、铜锥1件、铜镞2件	石斧1件、石锤1件、石刀10件、石镰1件、石棒1件、石纺轮1件	骨铲5件、骨凿2件、骨锥14件、骨针1件、骨镞15件	蚌刀18件	纺轮34件		
	1967③	张家坡村	铜戈13件、铜矛3件、铜镞9件、铜斧2件、铜锛2件、铜凿1件	磨石2件				鹿角镞1件、玉锛1件	
	1980—1981④	镐京附近	铜矛2件、铜镞2件、铜戈4件、铜刀3件						
	1982⑤	新旺村	铜刀4件、铜削1件、铜锥1件、铜镞2件	石斧3件、石铲3件、石刀1件、石镰1件	骨铲4件、骨锥7件、骨针2件、骨镞9件	蚌刀1件、蚌镰1件			

①　高振龙等：《河南鹤壁辛村遗址 2014 年度西大坡西周墓地发掘简报》，《华夏考古》2020 年第 3 期。
②　何汉金等：《陕西长安沣西张家坡西周遗址的发掘》，《考古》1964 年第 9 期。
③　张长寿等：《1967 年长安张家坡西周墓葬的发掘》，《考古学报》1980 年第 4 期。
④　田醒农等：《西周镐京附近部分墓葬发掘简报发掘报告》，《文物》1986 年第 1 期。
⑤　郑文兰：《陕西长安县沣西新旺村西周遗址 1982 年发掘简报》，《考古》2012 年第 5 期。

续表

遗址名称	发掘年代	发掘地点	铜器	石器	骨器	蚌器	陶器	其他	备注
长安沣镐遗址	1983—1984①	客省庄	铜镞 2 件		骨镞 2 件		陶压锤 3 件、陶弹丸 1 件		
长安沣镐遗址	1984②	普渡村	铜戈 1 件	石戈、石凿				玉戈	
	1983—1986③	张家坡	铜戈 6 件、铜剑 1 件、铜矛 1 件					玉戈	
	1984—1986④	镐京 5 号大型宫室	铜刀 1 件	石斧 1 件					
	1990⑤	新旺村	铜凿 1 件、铜镞 1 件		骨针 2 件、骨镞、骨铲 2 件				
	2019—2020⑥	大原村	铜戈 1 件						

西周的遗址、墓葬出土的工具可分为青铜器、石器、骨器、蚌器几个类别。青铜工具中可用于农业生产的很少，大概有铜铲（耜）、铜镰、铜锛等，铜刀、铜矛、铜镞等武器类器械或可用于狩猎活动。青铜农具虽然出现了很长时间，但石器在农业生产依然占有很大比重。恩格斯说："铜、锡以及二者的合金——青铜是顶顶重要的金属；青铜可以制造有用的工具和武器，但是并不能排挤掉石器；这一点只有铁才能做到，而当时还不知道冶铁。"⑦ 从出土工具情况分析，西周时期的遗址中发现的生产工具主要是石质、骨质和蚌

① 卢连成：《陕西长安沣西客省庄西周夯土基址发掘报告》，《考古》1987 年第 8 期。

② 戴应新等：《1984 年长安普渡村西周墓葬发掘简报》，《考古》1988 年第 9 期。

③ 卢连成等：《长安 M183 西周洞室墓发掘简报》，《考古》1989 年第 6 期。

④ 郑洪春、穆海亭：《镐京西周五号大型宫室建筑遗址发掘简报》，《文博》1992 年第 4 期。

⑤ 徐良高：《陕西长安县沣西新旺村西周制骨作坊遗址》，《考古》1992 年第 11 期。

⑥ 付仲杨等：《陕西咸新区大原村西南西周墓葬发掘简报》，《南方文物》2020 年第 4 期。

⑦ ［德］恩格斯：《家庭、私有制和国家的起源》，《马克思恩格斯全集》第 21 卷，人民出版社 2016 年版，第 184 页。

质品，和夏代、商代的情况近似。

　　从铜器出现到青铜冶铸技术成熟，铜质工具与人们的生产、生活密不可分。夏商周时代，无论是开采铜矿还是冶铸铜器都比较困难，由于青铜产量有限，大都被贵族阶层用于铸造礼器、兵器、日常用品和奢侈品，故而很少铸造青铜农具。这一时期的铜稀少贵重，仅有少量的小件青铜农具，农业生产仍以非铜质器具为主，"由一重要方面言，仍为石器时代：生产工具，尤其农具，仍以木石为主。生产力仍极低，剩余生产仍极有限。此时与过去唯一的不同，就是现在可用铜质的手工工具制造木石工具，既快又精，价廉易得，损坏后很容易获得新的工具，不致再象过去有因工具贵重难得而妨碍生产的情况"[1]。出土物品中，非金属工具所占比重很高，说明这些工具的数量在当时很大，也是农业生产中使用最为普遍的工具。

　　青铜时代的中原地区，农作物种植以粟、黍、豆、麦、麻、稻为主，各个遗址浮选结果中也大致如此。

表2-6　中原青铜时代部分遗址中主要农作物种子浮选情况一览表（单位：粒）

序号	遗址名称	浮选时间	浮选样品数量（份）	总数	粟	黍	稻	豆	小麦	大麻	时代
1	登封王城岗	2004[2]	26	21	0	1	0	2	1	0	二里头
			14	3582	1534	160	30	12	191	0	二里岗
			2	236	108	13	1	0	60	0	殷墟
2	新密古城寨	1998—2003[3]	9		112	13		1			二里头
			20		328	16		6			二里岗
			1		463	21		45			殷墟
3	偃师二里头	2000—2010[4]	20	1145	155	36	953	1			二里头一期
			151	18371	7956	1603	8742	69	1		二里头二期
			16	749	599	24	87	39			二里头三期
			63	8974	3666	343	4923	39	3		二里头四期
			1	1	1						二里岗早期
			26	1854	1506	241	63	28	16		二里岗晚期

①　雷海宗：《世界史分期与上古中古史中的一些问题》，《历史教学》1957年第7期。
②　赵志军：《登封王城岗遗址浮选结果分析》，《华夏考古》2007年第2期。
③　陈薇薇等：《河南新密古城寨城址出土植物遗存分析》，《华夏考古》2012年第1期。
④　赵志军、刘昶：《偃师二里头遗址浮选结果的分析和讨论》，《农业考古》2019年第6期。

续表

序号	遗址名称	浮选时间	浮选样品数量（份）	总数	粟	黍	稻	豆	小麦	大麻	时代
4	偃师灰嘴	2002①	87	4549	1246	133	34	114	24		二里头
5	登封南洼	2004—2006②	82	28128	10564	878	10	96	6		二里头
			12	1479	843	39	0	28	16		殷墟
6	郑州商城	2009—2010③	7	836	590	22	84		50		二里岗下层一期
			1	351	307	9	10				二里岗下层二期
			12	881	657	13	95		39		二里岗上层一期
			3	29	22		2		2		商代（未分期）
7	郑州东赵	2013—2014④	37	3582	2325	175					新砦
			164	16391	10303	1798	31	176	7		二里头
			37	2625	1543	239	3	158	103		二里岗
			2	128	88	6		5			西周
8	殷墟刘家庄北地	2015⑤	80	2442	1980	57	3	44	1		商代晚期
9	殷墟大司空村	2015⑥	46	3000	1845	47		26			商代晚期
10	殷墟新安庄	2015⑦	20	151	130	4		2			商代晚期

---

① 李炅娥等：《河南灰嘴遗址二里头文化植物遗存的考古学分析》，《边疆考古研究》2018年第1期。

② 吴文婉等：《河南登封南洼遗址二里头到汉代聚落农业的植物考古证据》，《中原文物》2014年第1期。

③ 贾世杰等：《郑州商城遗址炭化植物遗存浮选结果与分析》，《江汉考古》2018年第2期。

④ 杨玉璋等：《郑州东赵遗址炭化植物遗存记录的夏商时期农业特征及其发展过程》，《人类学学报》2017年第1期。

⑤ 王祁等：《安阳殷墟刘家庄北地、大司空村、新安庄三个遗址地点出土晚商植物遗存研究》，《南方文物》2018年第3期。

⑥ 王祁等：《安阳殷墟刘家庄北地、大司空村、新安庄三个遗址地点出土晚商植物遗存研究》，《南方文物》2018年第3期。

⑦ 王祁等：《安阳殷墟刘家庄北地、大司空村、新安庄三个遗址地点出土晚商植物遗存研究》，《南方文物》2018年第3期。

续表

序号	遗址名称	浮选时间	浮选样品数量（份）	总数	粟	黍	稻	豆	小麦	大麻	时代
11	济南唐冶	2014①	206	68508	36285	728	17	24	119	9	西周
12	荥阳官庄	2010—2011②	37	5441	4632	138		20	109	166	西周晚期
					15			2	2		春秋早期

表 2-6 中列举的 12 个青铜器时代遗址植物种子浮选结果显示，中原地区的主要农作物仍然是粟、黍、稻、大豆、小麦，这是从仰韶文化时期已经形成的传统农业种植结构。值得重视的是，在西周时期的遗址中出现了大麻，大麻是古代北方的五谷之一，在农业史上有着重要地位。

目前的考古资料显示，大麻颗粒最早发现于马家窑文化类型林家遗址，"大麻子是在林家遗址的 8 号房子里第 10 及 11 号二个残破的粗陶罐中发现的。数量虽然不多，但大部分保存较好，外形完整，果壳已炭化"③。马家窑文化属于庙底沟向西发展而形成的一种文化类型，其年代相当于中原仰韶文化的晚期，曾经被称为甘肃仰韶文化。大麻在中原地区可能早已种植，只是没有发现大麻的种子颗粒而已，但在荥阳青台遗址出土了麻纱、麻绳和麻布残片等大麻纤维织品，"经过对纱线表面的观察，并将残断纱线松解，呈纤维状浸泡于酒精液中，发现处于内层的束纤维纵面的沟棱节纹较宽，直纹明显，无扭曲，它与苎麻、苘麻的纤维纵面有区别，和大麻束纤维的表面特征相似。其炭化纤维呈圆管状，横截面略呈椭圆形，管壁厚，显出粗硬特征。因此，该纤维判定为大麻品种"。大麻属于桑科植物，茎皮纤维韧性较好，是黄河中下游地区至今还在使用的制作麻绳的纤维材料。"大麻纤维充分证明当时已经完全认识大麻，并可能人工栽培了。"④ 济南唐冶遗址、荥阳官庄遗址发现西周时期的大麻颗粒，对于研究商周时期中原地区的农业种植结构有着重要意义。

青铜器时代，二里头文化遗址、二里岗文化遗址、殷墟遗址和沣镐遗址

① 安静平等：《山东济南唐冶遗址（2014）西周时期炭化植物遗存研究》，《农业考古》2016 年第 6 期。

② 蓝万里、陈朝云：《荥阳官庄遗址浮选样品植物大遗存分析》，《东方考古》2014 年第 00 期。

③ 王庆瑞等：《甘肃东林乡马家窑文化遗址出土的稷和大麻》，《考古》1984 年第 7 期。

④ 张松林、高汉玉：《荥阳青台遗址出土丝麻制品观察与研究》，《中原文物》1999 年第 3 期。

均有大量的动物骨骼出土。例如，1955 年，郑州商城遗址出土的动物遗骸有
"牛、羊、猪、鹿、野猪、狗、马、龟、兔等。就中以牛骨和猪骨最多。牛骨
除在商代遗址常见外，另在人民公园中彭公祠前，发现有四个大牛骨分坑埋
在一起。此外还有大鱼牙（径 1.5 厘米）、鲟鱼鳞片及蚌壳螺蛳、海贝与海产
蛤蜊等"①。2011 年至 2014 年，安阳殷墟发掘出土的动物骨骼有 "黄牛、水
牛、猪、绵羊、山羊、狗、马、鹿、象、竹鼠等"②。1986 年至 1987 年安阳
花园庄南地的一个灰坑中，"全部表层兽骨约为十几万块，再加上坑内的兽
骨，总数将近三十万块"。骨骼的鉴定结果为："89% 以上为牛骨，其余是猪
骨、狗骨、鹿角及破碎的人骨等。"③ 郑州商城遗址和安阳殷墟遗址出土数量
庞大的兽骨遗骸，而且大多数是家养的牛、猪、狗等，说明殷商时期的畜牧
养殖业比较繁荣。

又如，1982 年，陕西丰镐遗址新旺村西周遗存出土的动物骨骼种类有
"马、牛、羊、鸡、狗、猪、鱼、厚蚌壳（另外还有河蚌、海蛤各一种）等
10 种。此外尚有野猪下犬齿（大獠牙）一对，估计是作装饰品的余料。各种
动物中以马骨最少，仅第三跖骨 1 件（出自 T1~2H1），从色泽上看，似乎与
其他动物骨头不一样，稍微染有铜绿色。牛骨在各灰坑中均占大多数，共计
经鉴定标本 207 件，约为总数之 60%，如果捡标本时没有选大件的偏向，则
牛骨为主的统计有效。牛骨多有加工痕迹，估计为加工骨器之余料。其余各
种动物除鸡骨很少以外，大致数量差不多。狗骨头有完整标本 2 件，可选留
作西周家犬标本。鱼骨仅脊椎骨 2 个，均已磨损，不能鉴定种属"④。从出土
的动物骨骼来看，殷商和西周时期养殖业差别不大，牛的养殖数量庞大为铁
器牛耕时代的到来奠定了基础。

青铜时代，出土的动物骨骼除了牛、猪、羊、狗、马、鸡等家养的六畜，
还有许多野生动物的骨骼，出土较多的是鹿、野猪、竹鼠等，另外还有鱼、
蚌、蛤蜊等水生物。青铜时代的遗址中，出土有较多的箭镞、弹丸、鱼钩、
网坠等渔猎工具，这些情况说明渔猎活动在当时很盛行。

在商和西周时期的遗址中，青铜器数量越来越多，造型、做工愈加精美，

---

① 赵全古等：《郑州商代遗址的发掘》，《考古学报》1957 年第 1 期。
② 牛世山：《河南安阳殷墟豫北纱厂地点 2011~2014 年发掘简报》，《考古》2019 年第 3 期。
③ 刘一曼等：《1986—1987 年安阳花园庄南地发掘报告》，《考古学报》1992 年第 1 期。
④ 周本雄：《沣西新旺村西周遗址动物遗存鉴定》，《考古》2012 年第 5 期。

被看作青铜器的繁盛时代。春秋战国时期遗址中出现的青铜器虽然数量很多，但造型和做工较为粗糙，整体上处于衰落阶段。考古资料已经证实，二里头文化已进入夏代纪年，所以中国的青铜器时代大略相当于"历史上的夏、商、西周下至春秋战国之时，也与中国奴隶制的发生、发展和瓦解相始终"①。一般认为，青铜器时代"萌芽于龙山文化时期；肇始于二里头文化时期；发展于商代前期；成熟于商代后期和西周早期。西周早期以后，中国青铜时代似乎从盛期逐步走向衰期"②。总的来看，中国的青铜器时代始于公元前2000年左右的二里头文化，终于公元前500前后春秋晚期，历时约1500年的时间。在这一历史时期，青铜器的冶铸技术已经成熟，青铜被铸造成各种各样的工具用于生产之中，到了中后期，石器在生产中比重越来越小，青铜器对于农业生产力的提高和社会经济的发展起到了划时代作用。

中国的铜石并用经历了一个漫长历史阶段，在殷商时期的文化遗存中，"和甲骨同时出土的古器物，只是石器、骨器、铜器（《古器物图录》中有一彝器断耳），而决无铁器的存在。这正证明殷代当年还是金石并用时代，离石器时代并不甚远"。殷商时代，"一方面青铜器虽已发达，而另一方面则石器骨器尚盛见使用，《殷虚古器物图录》中之各种石骨器即其铁证。而且尤可注意者则殷虚中无铁器出现。由此种种证据，可断然作一结论，便是殷虚时代还是考古学上所说的'金石并用时代'（Eneolithic Age）"③。铜器从仰韶时期肇兴到周代铁器出现的数千年间，一方面是铜器制作技术日趋成熟；另一方面是石器、骨器等仍然使用，农业生产虽然超越了渔猎时期，但尚未发达。

从出土的工具情况分析，石质的农业生产工具所占比例最大，说明农业生产是人们最为重视的生产方式。遗址中出土的农作物种子虽然占绝大多数，但也有野生植物种子存在，并且种类繁多，说明采集农业是还广泛存在。这一历史时期是一个以农业种植为主，畜牧业繁荣，渔猎采集为辅的经济结构。

---

① 郭宝均：《中国青铜器时代》，生活·读书·新知三联书店1963年版，第3页。
② 白寿彝、徐喜辰等：《中国通史》卷3《上古时代》，上海人民出版社1994年版，第89—90页。
③ 郭沫若：《郭沫若全集（历史编）》卷1《中国古代社会研究·青铜时代》，人民出版社1982年版，第189、214页。

第三节　铁器的出现与春秋战国时期的社会变革

　　春秋战国时期仍然是以农作物种植为主的生产模式，这一时期的生产有了较大提高，主要表现在铁器和牛耕的普遍使用方面。铁器牛耕使人们从笨重的石器工具劳作中解放出来，逐渐摆脱了人数众多的集体协作劳动方式，由少数人合作或单人劳动兴盛起来，兴起了小农经济的生产方式。小农经济的主体是从事田间耕作的农民，这种经济模式的特点是农民自己拥有小块土地的所有权和农业生产的自主权。小农经济是以家庭为单位的生产形式，从事生产的农民主要是自耕农和半自耕农。中国的小农经济脱胎于井田制度，在中国古代社会有着重要的历史地位，是历代王朝存在和发展的经济基础，但在各个历史时期又有不同的特点。

一、铁器牛耕的出现与井田制瓦解

　　我国出土最早的铁器为铁刃铜钺，发现于藁城台西商代遗址，刃部已经断失，残长大约 11 厘米，宽约 8.5 厘米。经过冶铁部门的金相考察和化学分析，"确认铜钺的刃部系古代冶炼的熟铁。做法是先将刃部加热锻打成型，然后铸钺身时，将刃的后部铸入器身之内"①。商代和西周时期虽然出现了铁刃铜兵器，但目前资料尚不足以证明当时具备冶铁技术，"只能用陨铁锻打成铁片作为铜兵器的刃部"。铁比铜的硬度高，做成武器的刃部不仅比铜锋利而且坚韧，人们认识到铁的优点以后自然会推动冶铁技术的研究，至于冶铁什么时候开始尚须进一步研究，"目前还不能作出确切的判断，看来不外乎西周后期和春秋早期"②。由于铁矿比铜矿多，冶炼成本也低于冶铜，人们掌握冶铁技术以后，便开始铸造铁制工具，在统治者的主导下广泛推广使用。

　　商周时期人们已经掌握青铜犁的铸造技术，这种犁在江西新干商墓已经出土，以此推测畜力耕作可能在铁器出现以前就已经存在，只是由于青铜犁造价昂贵，商周时代很少铸造，无法推广应用于农业生产之中。相对廉价的

---

① 唐云明、刘世枢：《河北藁城台西村的商代遗址》，《考古》1973 年第 5 期。
② 杨宽：《我国历史上铁农具的改革及其作用》，《历史研究》1980 年第 5 期。

铁出现以后，铸造铁犁应该和其他农具同时开始，畜力耕作伴随着铁犁的出现推广开来。春秋时期，有较多人的名字中有"耕"或"牛"字，说明这种耕作方式已经较为常见。如《史记》云："冉耕字伯牛。孔子以为有德行。"又，"司马耕字子牛"①。以"耕"或"牛"作为名字，这种生产方式有着明显的进步性，已被人们广泛认可和接受。

春秋时期，诸侯国为了在争霸战争中取得胜利，积极进行社会制度的变革以富国强兵，赋役制度改革在这一阶段产生了重大影响。赋役制度变革能够推广开来，与生产力的发展密切相关。夏、商、西周时期，青铜的冶炼技术有所进步，但主要用于一些礼器和部分兵器的铸造。"迄今考古发现的商朝农业工具，以石器最多，蚌器、骨器次之，青铜器最少。说明商代的农业工具的构成仍类似于夏代的以木、石器为主，尽管出现了青铜农具，但由于数量太少，在生产中起不了主要作用，不能引起生产工具方面的质变。"② 虽然有青铜农具的使用，但终因数量有限而不能推广使用，低下的生产力使以共同劳动为主的井田制农业生产模式得以长期存在。

春秋以后，中国古代社会步入铁器时代，铁的出现和使用，推动了社会分工和生产技术的进步，也促进了铁制农具的制造，为农业生产力的发展提供了便利，因而也得到了各诸侯国的重视。《国语》记载：

> 桓公问曰："夫军令则寄诸内政矣，齐国寡甲兵，为之若何？"管子对曰："轻过而移诸甲兵。"桓公曰："为之若何？"管子对曰："制重罪赎以犀甲一戟，轻罪赎以鞼盾一戟，小罪谪以金分，宥间罪。索讼者，三禁而不疑上下，坐成以束矢。美金以铸剑戟，试诸狗马。恶金以铸鉏、夷、斤、斸，试诸壤土。"甲兵大足。③

齐桓公与管子的这段对话亦见于《管子·小匡》，文字表述虽有较大差异，但表达出的含义是一致的，也就是犯罪者可以向政府缴纳一定的金属赎罪，缴纳金属的多寡依据罪行的轻重而定。

春秋时期，金属物资品质差异较大，故有"美金""恶金"之别。郭沫

---

① （汉）司马迁：《史记》卷67《仲尼弟子列传》，中华书局1959年版，第2189、2214页。

② 郑学檬：《中国赋役制度史》，厦门大学出版社1994年版，第10页。

③ 徐元诰撰，王树民，沈长云点校：《国语集解》卷6《齐语》，中华书局2002年版，第230—231页。

若先生说："所谓'美金'指的是青铜。剑戟等上等兵器一直到秦都是用青铜铸造的。所谓'恶金'便当是铁。铁，在未能锻炼成钢以前，不能作为上等兵器的原料使用。"① 当时，金属还属于比较短缺的物资，所以管子向齐桓公提出了通过缴纳金属物品减轻罪行的建议，目的是为了铸造兵器以强兵，铸造农具发展农业生产。

春秋以前的农业生产是官方或贵族组织民众在井田中进行劳作，有关井田的记载，主要见于《孟子·滕文公上》：

> 毕战问井地。孟子曰："子之君将行仁政，选择而使子，子必勉之！夫仁政必自经界始。经界不正，井地不钧，谷禄不平。是故暴君污吏必慢其经界。经界既正，分田制禄，可坐而定也。夫滕，壤地褊小，将为君子焉，将为野人焉；无君子莫治野人，无野人莫养君子。请野九一而助，国中什一使自赋。卿以下必有圭田，圭田五十亩，余夫二十五亩。死徙无出乡，乡田同井，出入相友，守望相助，疾病相扶持，则百姓亲睦。方里而井，井九百亩，其中为公田。八家皆私百亩，同养公田。公事毕，然后敢治私事，所以别野人也。此其大略也。若夫润泽之，则在君与子矣。"

孟子生活战国时期，井田制施行的年代已经久远，他也只能说"其大略"。上述文字中，有些词语还是能够反映出井田制的一些关键内容，所描述的一井规模大概是："方里而井，井九百亩，其中为公田。"耕作的模式是："八家皆私百亩，同养公田。公事毕，然后敢治私事，所以别野人也。"

孟子将一井包括多大面积的土地、所需要的劳动力做了大概说明。郭沫若先生认为："那完全是孟子的乌托邦式的理想化。那些方田不是给予老百姓，而是给予诸侯和百官的。诸侯和百官得到田地，再分配给农夫耕种以榨取他们的血汗而已。故井田制是有两层用意的：对诸侯和百官来说是作为俸禄的等级单位，对直接耕种者来说是作为课验勤懒的计算单位。有了一定的亩积两方面便都有了一定的标准。"② 奴隶社会时期，能够获得井田中土地的

---

① 郭沫若：《郭沫若全集·历史编》卷3《奴隶制时代·西周也是奴隶社会》，人民出版社1984年版，第32页。

② 郭沫若：《郭沫若全集·历史编》卷3《奴隶制时代·西周也是奴隶社会》，人民出版社1984年版，第28—29页。

是贵族和百官，而不是从事田间劳作的"众人"或"庶人"，他们实际上是井田中的监督者和受益者，而不是直接从事农业生产的劳动者。

井田制的有关内容也散见于其他文献中，《国语》记录的孔子之语云："先王制土，籍田以力，而砥其远迩；赋里以入，而量其有无；任力以夫，而议其老幼。于是乎有鳏、寡、孤、疾，有军旅之出则征之，无则已。其岁收，田一井出稷禾、秉刍、缶米，不是过也。先王以为足。若子季孙欲其法也，则有周公之籍矣；若欲犯法，则苟而赋，又何访焉。"① 孔子只是简略地说明了井田制度下的赋役征收办法，其言论是为了赞美周公制定的籍田制度，批评季康子将要推行的赋役制度改革，井田制的内容也是语焉不详。《周礼·地官·小司徒》关于井田制问题的描述相对详细一些："凡国之大事，致民；大故，致余子。乃经土地而井牧其田野，九夫为井，四井为邑，四邑为丘，四丘为甸，四甸为县，四县为都，以任地事而令贡赋，凡税敛之事。"郑玄注云："昔夏少康在虞思，有田一成，有众一旅。一旅之众而田一成，则井牧之法先古然矣。九夫为井者，方一里，九夫所治之田也。此制小司徒经之，匠人为之沟洫，相包乃成耳。邑丘之属相连比，以出田税。"又云："井田之法，备于一同。今止于都者，采地食者皆四之一。其制三等：百里之国凡四都，一都之田税入于王；五十里之国凡四县，一县之田税入于王；二十五里之国凡四甸，一甸之田税入于王。地事谓农牧衡虞也，贡谓九谷山泽之材也，赋谓出车徒给徭役也。"贾公彦疏云："井方一里，兼言牧地，是次田二牧，当上地一井。授民田之时，上地不易，家百亩；中地一易，家二百亩；下地再易，家三百亩。通率三家受六夫之地，一家受二夫，与牧地同，故云井牧其田野。"② 杜预在注解《孟子》一书中的井田问题时云："方一里者，九百亩之地也，为一井。八家各私得百亩，同共养其公田之苗稼。公田八十亩，其余二十亩以为庐井宅园圃，家二亩半也。先公后私，'遂及我私'之义也。则是野人之事，所以别于士伍者也。"③ 井田制度在春秋时期已经瓦解，虽然在春秋后期和战国的文献中有所记载，但大都不太明确了。秦汉以后的一些著述中，虽然表述的稍微详细一些，但毕竟年代久远而存在臆测的成分。

---

① 徐元诰撰，王树民、沈长云点校：《国语集解》卷5《鲁语下》，中华书局2002年版，第206—207页。

② （唐）贾公彦：《周礼注疏》卷11《小司徒》，北京大学出版社2000年版，第328—330页。

③ （宋）孙奭：《孟子注疏》卷5上《滕文公上》，北京大学出版社2000年版，第165页。

　　早期文献对于井田的记载或者描述存在一定差异甚至矛盾之处，但实质性问题却是一致的："在井田制下，土地是由政府分配的，农民只能享有其使用权，由于定期实行重新分配，保证每个农家生产资料的大体均等，因而较多地保留了原始的共产制的因素。又因为要共同耕作公田，尽管公田的收入已归国家或剥削者所有，但只要有公田的存在，有共耕公田的惯例，农民的公共意识就会存在。再加上以井作为征赋税的单位，这就使单个小家庭的发展受到限制，增添了井内九家共同协作的必要性。"① 井田制度下，农民虽然在田间耕作，但收获的农产品并不归他们所有。井田制下的土地所有权和农产品归属于公室、贵族和百官，农民并不具备自耕农的性质。

　　分封制和宗法制是维系井田制的保障，所以西周时期的井田制度比较稳固。平王东迁以后，周室的分封体制渐趋崩溃，无论是同姓诸侯国还是异姓诸侯国，为了扩充地盘开始对其周边国家进行蚕食，争霸战争成为这一时期的主旋律。周天子虽然在名义上还是天下共主，但实际控制的仅是王畿之内的狭小区域，周初分封的大小诸侯经过数百年的繁衍之后，与周天子的血缘亲情日益淡薄，宗法血缘对于大多数诸侯已逐渐失去约束力，各地诸侯表面上尊奉王室，实际上各自为政。为了称王图霸，诸侯们广泛招揽人才、锐意改革、奋发图强，井田制经济在新兴赋役制度的冲击下日益瓦解，随之而兴起的小农经济逐渐步入历史舞台，成为战国及其以后中国古代社会存在和发展的基石。

二、春秋战国时期的赋税制度变革与小农经济的形成

　　小农经济是春秋时期井田制瓦解后逐渐形成的一种农业生产模式，是以家庭为单位的自给自足的自然经济。小农经济在春秋时期出现以后，显示出了较大的优越性，农民在贵族的井田中劳作时消极怠工，但在自己的小块土地上耕作之时，却有着较高生产积极性，农业产量也有较大提高。这一现象引起了各诸侯国统治者的重视，看到了发展小农经济的巨大潜力，纷纷变革原有的土地制度和生产方式，变法改革以求国富兵强。各诸侯国的变法措施就是解放井田制下束缚的劳动力，承认农民拥有少量土地的所有权，通过税

---

① 于琨奇：《战国秦汉小农经济研究》，商务印书馆 2012 年版，第 10—11 页。

收的方式获得物质资料、通过征发徭役获得人力。

中国早期农业生产水平低下，所使用的工具都是原始木质、石质工具，没有集体协作很难开展行之有效的生产劳动，所以劳动场景颇为壮观。《诗》云："载芟载柞，其耕泽泽。千耦其耘，徂隰徂畛。侯主侯伯，侯亚侯旅，侯强侯以。"郑玄笺云："载，始也。隰谓新发田也。畛谓旧田有径路者。强，有余力者。《周礼》曰：'以强予任民。'以，谓闲民，今时佣赁也。《春秋》之义，能东西之曰以。成王之时，万民乐治田业。将耕，先始芟柞其草木，土气烝达而和，耕之则泽泽然解散。于是耘除其根株，辈作者千耦，言趋时也。或往之隰，或往之畛。父子余夫俱行，强有余力者相助，又取佣赁，务疾毕已当种也。"诗文描述的是西周成王之时开垦土地的劳作场面，在家长的带领下，家族子弟都要参与其中，其中更多的劳动者是称之为"以"的佣赁之人。孔颖达云："此佣力随主人所东西，故称以也。"[1] 按照郑玄、孔颖达等人的注解，"以"是能够被主人任意驱使之人，当为没有任何身份地位的奴隶。"千耦其耘"说明，家长及其子弟只是劳作的领导者和监督者，从事佣作的奴隶"以"才是劳动的主力。在使用石质、木质、骨质工具的春秋以前，没有大量的劳动者联合耕作，农业生产很难进行，一个奴隶家庭的人口很少，依靠原始工具很难开垦出属于自己的土地，只能在贵族、官僚的土地上从事佣作才能生存，也阻碍了社会的发展。

铁制农具对于古代农业生产的影响是巨大的，恩格斯说："铁使更大面积的农田耕作，开垦广阔的森林地区，成为可能。"[2] 无论是开垦荒田还是耕耘土地都方便快捷，单个农民有了耕作小块儿土地的能力，以家庭为单位的小农经济也就随之出现。中国古代的小农经济是脱胎于井田制经济，是土地占有关系发生变化后的结果。"差不多一切民族都实行过土地由氏族后来又由共产制家庭公社共同耕作"，"差不多一切民族都实行过把土地分配给单个家庭并定期实行重新分配"。"经过数世纪之后，当家庭成员的人数大大增加，以致在当时的生产条件下共同经营已成为不可能的时候，这种家庭公社才解体；以前公有的耕地和草地，就按人所共知的方式，在新形成的单个农户之间实

---

① （唐）孔颖达：《毛诗正义》卷 19《周颂·载芟》，北京大学出版社 2000 年版，第 1593—1596 页。

② ［德］恩格斯：《家庭、私有制和国家的起源》，《马克思恩格斯全集》第 21 卷，人民出版社 2016 年版，第 186 页。

行分配，这一分配其初是暂时的，后来便成为永久的。"① 土地的私有化有一个漫长的演变过程，"它向完全的私有财产的过渡，是逐渐完成的，是与对偶婚制向一夫一妻制的过渡平行地完成的。个体家庭开始成为社会的经济单位了"②。春秋时期的中国社会和恩格斯描述的欧洲社会可能不完全一样，但也存在相同之处，也就是铁器农具的使用提高了人们的耕作能力，促进了以家庭为单位的小农经济的产生和发展，进而引发春秋时期赋役制度的变革和社会的进步。

　　齐桓公是春秋时期建立霸权较早的诸侯，《春秋》鲁庄公十三年（前681年），"春，齐侯、宋人、陈人、蔡人、邾人会于北杏。夏六月，齐人灭遂。秋，七月。冬，公会齐侯，盟于柯"。《左传》："春，会于北杏，以平宋乱。遂人不至。夏，齐人灭遂而戍之。冬，盟于柯，始及齐平也。宋人背北杏之会。"十四年，"春，诸侯伐宋，齐请师于周。夏，单伯会之，取成于宋而还"。孔颖达正义云："齐既以诸侯伐宋，而更请师于周者，齐桓公始修霸业，方于尊崇天子，故请师，假王命以示大顺耳，非虑伐不克而藉王威也。"③ 齐国举行的北杏（今山东鄄城）之会、柯（今山东东阿）之盟，均有多个中原地区的诸侯国参加，单伯作为周天子派出的代表参与齐国组建的联军和会盟之事，说明齐国在当时已有强大的实力和影响力。齐国能够率先称霸于中原，可能与铁制工具普遍适用有关。《管子》云："今铁官之数曰：一女必有一针一刀，若其事立。耕者必有一耒一耜一铫，若其事立。行服连轺辇者，必有一斤一锯一锥一凿，若其事立。不尔而成事者，天下无有。"④ 这段记述说明，铁制工具是管子之时农妇、农夫和手工业者的必备之物，这是生产力较之西周有较大提高的明显标志，也为小农经济的发展和赋税制度改革奠定了基础。齐桓公任用管仲为相，推行制度改革，农业生产方面采取的是"相地而衰

---

　　① ［德］恩格斯：《家庭、私有制和国家的起源》，《马克思恩格斯全集》第21卷，人民出版社2016年版，第159—161页。

　　② ［德］恩格斯：《家庭、私有制和国家的起源》，《马克思恩格斯全集》第21卷，人民出版社2016年版，第187页。

　　③ （唐）孔颖达：《春秋左传正义》卷9《鲁庄公十三年、十四年》，北京大学出版社2000年版，第284—286页。

　　④ （春秋）管仲撰，黎翔凤校注：《管子校注》卷22《海王》，中华书局2004年版，第1255—1256页。

征"①，也就是根据田地的等级和产出的多寡，实行有差别的征税政策。

春秋时期的赋役制度变革也有一个不断实践和完善的过程，一般认为鲁国的"初税亩"是较早出现的农业税法，见于《左传》鲁宣公十五年（前594年）："'初税亩'，非礼也。谷出不过藉，以丰财也。"杜预注云："周法：民耕百亩，公田十亩，借民力而治之，税不过此。"孔颖达云："藉者，借也。民之田谷出公共者，不过取所借之田。欲以丰民之财，故不多税也。既讥其税亩，言'非礼'，乃举正礼言'谷出不过藉'，则知所税亩者，是藉外更税。故杜以为十一外更十取一，且以哀公之言验之，知十二而税自此始也。"②关于鲁国施行"初税亩"的详情，《左传》没有记载，杜预的注释和孔颖达的解释也仅能说明"初税亩"和周朝的"藉法"不同，但也体现出了鲁国的"初税亩"是为了增加公室财富收入而进行的政治改革。晁福林先生研究认为："税亩制度在鲁宣公的时代很可能只是规划拟议中的事情，在当时并没有付诸实践。'初税亩'并不是鲁国土地赋税制度的具有实际意义的变革。尽管如此，它的出现也还是有意义的事情。它表明鲁国以三桓为代表的贵族已经拥有了很大数量的土地，春秋时期传统的土地赋税制度已经使鲁国公室经济面临着严重危机。'初税亩'不仅是鲁国公室试图摆脱危机的尝试，而且也是改革土地赋税制度具有进步意义的谋划，只是由于鲁国背负着过于沉重的传统包袱而没有产生实践中的巨大影响。"③

春秋时期，晋国长期居于霸主地位。晋国实力强大，可能与之推行大规模的田赋制度改革有较大关系，具体措施阙于记载，从六卿执政时期的制田法可窥其一斑。银雀山汉墓竹简中《孙子兵法·吴问》云：

> 范、中行是（氏）制田，以八十步为婉（畹），以百六十步为吻（亩），而伍税之。其□田陕（狭），置士多，伍税之，公家富。公家富，置士多。主乔（骄）臣奢，冀功数战，故曰先〔亡〕。……公家富，置士多，主乔（骄）臣奢，冀功数战，故为范、中行是（氏）次。韩、巍（魏）制田，以百步为婉（畹），以二百步为吻（亩），而伍税〔之〕。其□田陕（狭），其置士多。伍税之，公家富。公家富，置士多，主乔

---

①　（春秋）左丘明：《国语》卷 6《齐语·正月之朝》，齐鲁书社 2005 年版，第 115 页。

②　（唐）孔颖达：《春秋左传正义》卷 24《宣公十五年》，北京大学出版社 2000 年版，第 773 页。

③　晁福林：《论"初税亩"》，《文史哲》1999 年第 6 期。

（骄）臣奢，冀功数战，故为智是（氏）次。赵是（氏）制田，以百廿步为畹（畹），以二百卅步为（亩），公无税焉。公家贫，其置士少，主金臣收，以御富民，故曰固国。晋国归焉。①

这段文字是吴王和孙子讨论晋国问题时的对话，文中"……"意味着上下文中间的竹简已经损坏，其原文已失，根据上下文推测当是有关智氏的制田法内容。孙子是以晋国六卿每亩土地面积大小分析和推测他们灭亡的先后，智氏的灭亡晚于范氏和中行氏，每畹、每亩的土地面积大于范氏、中行氏，小于韩氏、魏氏。

春秋后期，晋国地域辽阔，由范氏、中行氏、智氏、赵氏、魏氏、韩氏六位将军分守各地，史称六卿执政。六家在各自管辖的范围内推行赋税制度改革，其中五家虽然实行的都是"伍税之"，由于各个家族规定的每亩土地的步数不等，税率实际上是不一样的，赵、魏、韩三家能够战胜范氏、中行氏、智氏并最终分晋，则与各家实行的田制、税法改革程度密切相关。在税率相同的情况下，每亩土地面积越大，自耕农需要缴纳的田地税相对要少，扩大每亩土地的面积无疑成为收买人心的重要手段，这应该是韩、魏、赵三家最终获胜的重要原因。六家制田法的共同点是均按照田亩征税，说明自耕作在春秋后期的农业生产中所占比例已经很高，小农经济已经成为诸侯国的支柱。

三、小农经济的基本特征

战国时期，小农经济成为农业生产的主要形式，其特点是以家庭为单位，通过精耕细作、男耕女织的生产方式获得生活资料，是一种自给自足的自然经济。这种经济模式在《孟子》一书中有明确阐述："五亩之宅，树之以桑，五十者可以衣帛矣。鸡豚狗彘之畜，无失其时，七十者可以食肉矣。百亩之田，勿夺其时，数口之家，可以无饥矣。"赵岐注云："庐井、邑居各二亩半以为宅，冬入保城二亩半，故为五亩也。""一夫一妇，耕耨百亩。百亩之田，不可以徭役夺其时功，则家给人足。农夫上中下所食多少各有差，故总言数口之家。"孙奭云："凡云'可'者，但得过而已，未至于富足有余也。"② 战

---

① 银雀山汉墓竹简整理小组：《银雀山汉墓竹简·孙子兵法》，文物出版社 1976 年版，第 94—95 页。

② （宋）孙奭：《孟子注疏》卷 1 上《梁惠王上》，北京大学出版社 2000 年版，第 12—14 页。

国时期，自耕农的住宅有五亩左右，住宅周边的墙下栽种桑树，是为了让农妇养蚕织布；耕种的土地一百亩左右，用于种植农作物。

关于自耕作的收获和支出情况，李悝为魏文侯作尽地力之教有详细说明：

> 今一夫挟五口，治田百亩，岁收亩一石半，为粟百五十石，除十一之税十五石，余百三十五石。食，人月一石半，五人终岁为粟九十石，余有四十五石。石三十，为钱千三百五十，除社闾尝新春秋之祠，用钱三百，余千五十。衣，人率用钱三百，五人终岁用千五百，不足四百五十。不幸疾病死丧之费，及上赋敛，又未与此。此农夫所以常困，有不劝耕之心，而令籴至于甚贵者也。是故善平籴者，必谨观岁有上中下孰。上孰其收自四，余四百石；中孰自三，余三百石；下孰自倍，余百石。小饥则收百石，中饥七十石，大饥三十石。故大孰则上籴三而舍一，中孰则籴二，下孰则籴一，使民适足，贾平则止。小饥则发小孰之所敛，中饥则发中孰之所敛，大饥则发大孰之所敛，而粜之。故虽遇饥馑水旱，籴不贵而民不散，取有余以补不足也。行之魏国，国以富强。①

李悝分析农民的收支情况，以及粮食价格的波动对从事不同行业者的影响：粮价太低则农民收不敷出、生计难以维持；粮价过高，从事其他行业的士人、商人、手工业者等城市居民就生活困难，就会迁徙他处。李悝平衡粮价的措施称为"平籴法"，就是由政府控制粮食的收购和销售，目的是重农抑商，调动农民的生产积极性，实现国家富强。

汉唐时期，官方授田或均田情况下，通常有一夫耕田百亩之说，但实际情况与百亩相差甚远。如果在地广人少的地区，每户农民耕种的土地可能会稍微多一些；在人口稠密的中原地区，一户农民能够耕种的土地是很少的。傅筑夫先生研究认为："自古代到近代，自耕农民占有的土地，一般都是少则七八亩，多则二三十亩，最高限没有超过一百亩的。"② 自耕农受多方因素的制约，难以扩大土地占有量，只能被束缚在小块土地上从事简单再生产，与之相对应的小农经济尽管历史悠久且根深蒂固，始终处于一种小规模的迟滞状态。

---

① （汉）班固：《汉书》卷24上《食货志上》，中华书局1962年版，第1125页。
② 傅筑夫：《中国古代经济史概论》，中国社会科学出版社1981年版，第93页。

　　小农经济以单个的家庭为生产单位，马克思描述的小农经济是："他们进行生产的地盘，即小块土地，不容许在耕作时进行任何分工，应用任何科学，因而也就没有任何多种多样的发展，没有任何不同的才能，没有任何丰富的社会关系。每一个农户差不多都是自给自足的，都是直接生产自己的大部分消费品，因而他们取得生活资料多半是靠与自然交换，而不是靠与社会交往。一小块土地，一个农民和一个家庭；旁边是另一小块土地，另一个农民和另一个家庭。"① 马克思虽然描述的是法国小农经济的情况，但和中国古代的小农经济大体相似。由于东西文化的差异，中国古代的小农经济有着自身的特点，这也是农民与所耕种的土地之间的关系决定的。

　　小农经济的主体是自耕农，自耕农的土地是小块的，由于生产力低下、亩产较低，只有精耕细作才能维持一家温饱。"在土地私有制、'重农'思想、宗法制、'抑商'政策的作用下，在激烈残酷的土地兼并和自然灾害的威胁下，逐步形成了小土地分散式经营、封闭性强、自给自足等小农经济的特点。"② 自耕农一般不具备剥削别人条件，在正常年景，一家的收获尚能自足，遇到灾荒之年便难以维持一家生计。如果灾荒之年得不到救济，自耕农往往会破产流亡。大多数自耕农正常年景的积蓄十分有限，很难扩大土地面积、耕牛、农具等生产资料，尽管有个别自耕农走上富裕道路，通过兼并土地上升为地主，但绝大多数自耕农在灾荒之年却走上了破产和出卖土地的道路。

　　自耕农破产以后失去了自己的土地，主要依靠租种地主的土地获得生活资料。董仲舒云："富者田连阡陌，贫者亡立锥之地。"贫者为了生存，"或耕豪民之田，见税什五，故贫民常衣牛马之衣，而食犬彘之食。"③ 西汉后期，无地农民耕种地主土地已经引起国家重视，王莽篡权以后下令云："汉氏减轻田租，三十而税一，常有更赋，罢癃咸出，而豪民侵陵，分田劫假，厥名三十，实什税五也。"这种耕种豪强地主土地的情况属于租佃制的农业生产模式，又称之为"分田劫假"。颜师古云："分田，为贫者无田而取富人田耕种，共分其所收也。假亦谓贫人赁富人之田也。劫者，富人劫夺其税，侵欺之

---

　　① ［德］恩格斯：《路易·波拿巴的雾月十八日》，《马克思恩格斯全集》第 8 卷，人民出版社 2016 年版，第 217 页。

　　② 朱筱新：《论中国古代小农经济的形成及特点》，《北京教育学院学报》2003 年第 4 期。

　　③ （汉）董仲舒：《又言限民名田》，《董仲舒集》，学苑出版社 2003 年版，第 394 页。

也。"① 颜师古的解释虽然是唐代的租佃式生产模式，但也说明佃农在历史上存在的普遍性。佃农是汉唐时期从事农业生产的主要人员，由于缺乏必要的生产资料，他们无力租种较多的土地，在生产规模上仍然属于小农经济，其生产和生活状况通常低于自耕农。佃农也是以家庭为单位的小农经济，是小地块上的分散经营，承担着地主阶级的沉重剥削。

---

① （汉）班固：《汉书》卷24上《食货志上》注引，中华书局1962年版，第1143—1144页。

第三章　汉唐中原地区的农业生产

汉唐时期的中国历朝疆域辽阔，不同区域内的环境差异较大，造成了各地区生产发展的不平衡。汉唐时期的中原地区有着得天独厚的自然条件，地貌以较大面积的平原或坡度平缓的低海拔丘陵为主，纵横交错的自然河道遍布其间。黄河、淮河及其众多支流携带的泥沙长期沉淀而形成的冲积扇、冲积平原土地松软，加之气候温暖、雨水充足，适合于农作物的种植，因此中原地区是秦汉时期农业生产的核心地区，也是旱地农作物精耕技术形成、发展和成熟的重要区域。

影响古代农业生产的因素较多，铁器生产工具的使用和普及较大地提高了中原地区的生产力。先秦时期，中国的先民主要聚集在黄河流域，这里的农业生产能力的提高源于铁器农具的使用。铁制农具大概始于春秋，战国时期已得到推广，牛耕可能更早，铁器、牛耕使农业的劳动生产率有较大提高，个体生产的独立性也日益显现，导致了依靠集体劳作的井田制的瓦解和分散生产的赋税制度的产生。中原地区的诸侯国最早施行赋役制度，在一定程度上促进了劳动者的生产积极性，这种情况一直持续到秦汉大一统时期。在全国几个重要农业区域中，黄河中下游所占据的比重最大，远远高于关中、成都两个农业区。这种状况一直持续到隋唐时期。

中原地区是汉唐时期重要的粮食生产地。黄河中下游的三河之地，更是中原经济区域的中心。三河，指的是河东郡（今山西西南部）、河南郡（黄河以南的河南中部）、河内郡（黄河以北的河南北部）。三河以东，一直到大海，基本上是平原沃野；三河以北的魏郡、太原、上党，约当今河北、山西南部；三河以南的汝南、颍川、南阳，是今河南的南部。整个中原地人口稠密、土地肥沃，农业发达。汉唐时期的统治者，经常将中原的物资、粮食大规模地运往关中，说明了中原地区在整个国家经济活动中的重要地位。

第一节　中原地区主要农作物与生产工具的改进

农作物种植在我国有着悠久历史。春秋以前，中原地区的粮食作物品种有"百谷"之说，也就是说品种较多。春秋时期出现了"五谷"之说，"五谷"一词最早见于《论语·微子》："四体不勤，五谷不分。孰为夫子？"邢昺云："此章记隐者与子路相讥之语。"① 五谷所指的农作物名称，《论语》中没有说明，注疏者没有解释。秦汉之际，关于"五谷"的说法并不一致。《周礼·疾医》云："四时皆有疠疾：春时有痟首疾，夏时有痒疥疾，秋时有虐寒疾，冬时有嗽上气疾。以五味、五谷、五药养其病，以五气、五声、五色眡其生死。"郑玄注："五谷，麻黍稷麦豆也。"② 《周礼·职方氏》又云："河南曰豫州，其山镇曰华山，其泽薮曰圃田，其川荥雒，其浸波溠，其利林漆丝枲，其民二男三女，其畜宜六扰，其谷宜五种。"郑玄注："六扰，马、牛、羊、豕、犬、鸡。五种，黍、稷、菽、麦、稻。"③ 关于五谷之名，郑玄在《周礼》中的注释并不一致，"菽"是"豆"的又一种叫法，二者本是一物，两种说法的差异在于"麻"和"稻"，这有可能是不同区域因种植作物不同的差别。

先秦时期，中原地区通常将麻、黍、稷、麦、豆定名为五谷，后来主要是用麻的纤维织布，麻便不再作为粮食种类，"五谷"主要指稷、黍、稻、麦、菽五种粮食作物。古代农作物的名称一直存在争议，尤其是粟、黍、稷的关系。有学者认为，"黍可分两种，其中糯米者谓糜，粳米者谓稷，稷出米率少，适口性差，产量也低，因而逐渐被淘汰。糜去壳称大黄米，黏度很大，淀粉为支链结构，不仅老幼食用后难于消化，就是成人长期食用也难以吸收。只在农忙、消耗体力大时，或在年节改善口味时食用。产量低于粟，经济价值也没有粟高，所以在粮食作物中的地位不如粟"④。稷本是五谷之长，后来"稷"演变为五谷之神，也就是现代的谷子，于是"粟"称为五谷之长。汉

① （宋）邢昺：《论语注疏》卷18《微子》，北京大学出版社2000年版，第287页。
② （唐）贾公彦：《周礼注疏》卷5《疾医》，北京大学出版社2000年版，第132页。
③ （唐）贾公彦：《周礼注疏》卷33《职方氏》，北京大学出版社2000年版，第1025页。
④ 高国仁：《粟在中国古代农业中的地位和作用》，《农业考古》1991年第1期。

唐时期，中原地区最主要的农作物是粟、稻、麦，黍和豆的地位比先秦时期有所下降。

一、粟、稻、麦的种植特点

粟，俗称"谷子"，去皮后称为"小米"，在裴李岗文化时期已经驯化为农作物，并且在我国的北方地区广泛种植，在我国有着悠久的种植历史。粟是汉唐时期中原地区种植最普遍的农作物品种之一。《汉书》卷24上《食货志》记载："一夫挟五口，治田百亩，岁收亩一石半，为粟百五十石。"以及"入粟拜爵"政策，说明粟的种植广泛和国家对粟的重视。楚汉相争，对峙于荥阳，刘邦"取敖仓粟"① 以为军粮；汉初，关中粮食匮乏，政府"漕转关东（中原地区）粟以给中都官，岁不过十万石"②。汉武帝时期，也曾"发河内仓粟以振贫民"③，说明了中原地区的许多粮仓储粮，基本上是以粟为主的。

粟是一种较易种植的粮食作物，并且能够长时间储藏，所以中国自古就非常重视粟这种作物，历代都有这方面的论述。总的来看，"自管仲以来，重粟思想就开始作为一种基本治国理念，影响早期华夏文明的政治治理"④。汉朝设有"治粟内史"，"搜粟都尉"⑤ 等官职，专门负责粟的种植和征收等事宜。曹魏征收田租"亩粟四升"、隋朝每丁床"租粟二石"、唐朝的户每丁"租粟二石"，说明粟是汉唐时期田租的主要品种。

粟是耐旱作物，适宜在平原、山地种植，春播秋收，生长周期较短，所以在中原地区种植广泛，是租税的主要品种。

稻在我国有着悠久的种植历史，据卢茂村先生研究，"在史前，栽培稻已经分布在长江、黄河等流域，以后遍及全国各地。这可以从解放三十多年来在我国各地所发现的新石器时期遗址中所保存下来的炭化稻谷籽实得到证明，还可以从遗址中所保存的完好生产工具如石斧、石铲、石锄、石镰，以及各种蚌器、骨器、陶器、青铜器的形式种类以及加工的细致程度来联想我们的祖先耕种劳作情景。在遗存中有些炭化稻粒形态尚保存得相当完好，这就为

---

① （汉）司马迁：《史记》卷7《项羽本纪》，中华书局1959年版，第325页。
② （汉）班固：《汉书》卷24上《食货志上》，中华书局1962年版，第1127页。
③ （汉）班固：《汉书》卷50《汲黯传》，中华书局1962年版，第2316页。
④ 惠继红：《论中国古代重粟思想及其影响》，《河南工业大学学报》2013年第4期。
⑤ （汉）班固：《汉书》卷19下《百官公卿表》，中华书局1962年版，第731、784页。

研究稻种起源和进化程度提供了可能，从而推断在此之前它们的大概历史"①。稻通常称之为"水稻"，其生产过程中需要有充足的水分，以湿温气候种植为宜。中原地区的大部分郡县虽然"谷宜稻"②，但由于受到水利资源的限制，种植面积相对小一些。

汉唐时期的农作物种植，政府提倡："秋播麦，春种粟稻，随其土宜，水陆兼用，必使地无遗利。"③ 地方官员在劝课农桑之时，也多在河流湖泊沿岸兴修陂塘，发展水稻生产。河流湖泊的沿岸地带，多为盐碱地，存在几种不利因素："水行地上，凑润上彻，民则病湿气，木皆立枯，卤不生谷。"滩涂地带不加以治理，粟、黍、麦等耐旱作物难以生长。开辟为水田之后，"若有渠溉，则盐卤下湿，填淤加肥。故种禾麦，更为秔稻，高田五倍，下田十倍。"④ 关心农业生产的地方官员便在这些地带大修陂塘，以增加水稻种植。

漳河两岸从战国时期就开始灌溉稻田，流传着民谣："邺有贤令兮为史公，决漳水兮灌邺旁，终古舄卤兮生稻粱。"⑤ 汉唐时期中原地区的水稻种植分布较广，南起淮河流域，北至幽州（今北京市）地界，凡有河流沼泽的地方，官僚、地主在各地邻水地带修建的陂塘、水田里，大部分种有水稻。

水稻种植在较大程度上是地主阶级行为。关于这其中的原因，宁志新先生认为："水稻的种植离不开充足的水源，北方地区的降雨量远不如南方地区多，仅靠天降的雨水难于形成宜于水稻生长的大片水田；只有兴修水利，开渠引水，才能大规模地栽种水稻。而要做到这一点，只有政府出面，即由当地的都督、刺史牵头，或动用军队，或征集民众，统一规划，统一调度，统一施工，方能奏效。而一般的民间百姓，囿于人力、物力之限制，再说也没有那么大的号召力，是很难胜任的。"⑥

麦子在仰韶文化时期已经开始种植，是中原地区的传统农作物之一，有着悠久的种植历史。《诗·鄘·桑中》云："爰采麦矣？沫之北矣。"《诗·鄘·载驰》云："我行其野，芃芃其麦。"武王灭商，分朝歌之地为邶、鄘、

① 卢茂村：《安徽古代稻麦小史》，《农业考古》1987年第2期。
② （汉）班固：《汉书》卷28《地理志上》，中华书局1962年版，第1540页。
③ （北齐）魏收：《魏书》卷8《世宗本纪》，中华书局1974年版，第198页。
④ （汉）班固：《汉书》卷29《沟洫志》，中华书局1962年版，第1695页。
⑤ （汉）班固：《汉书》卷29《沟洫志》，中华书局1962年版，第1677页。
⑥ 宁志新：《汉唐时期河北地区的水稻生产》，《中国经济史研究》2002年第4期。

卫，鄘的古城大概在新乡市一带，使管叔监之。《诗》的记载，说明春秋以前的中原大地已经种植麦子。

小麦也是古代甚为重视的粮食作物之一，董仲舒云："《春秋》它谷不书，至于麦禾不成则书之，以此见圣人于五谷最重麦与禾也。"① 汉唐时期的文献中，关于春旱伤麦、雪霜伤麦的记载也非常多，进一步说明政府部门对麦子种植的重视程度。

麦子的种植方式分为春麦和冬麦。《汉书》中经常提到"宿麦"，颜师古云："秋冬种之，经岁乃熟，故云宿麦。"② 秋种夏收，指的就是冬麦。麦子耐干寒，种植区域几乎覆盖中原地区的所有郡县。

中原地区的气候温和、湿润，湖泊、河流纵横交错，优越的自然条件适宜多种农作物的种植。《汉书》云："河南曰豫州……畜宜六扰，其谷宜五种（师古曰：黍、稷、菽、麦、稻）"；"正东曰青州……谷宜稻、麦"；"河东曰兖州……其畜宜六扰，谷宜四种（师古曰：马、牛、羊、豕、犬、鸡，黍、稷、稻、麦）"；"河内曰冀州……畜宜牛、羊，谷宜黍、稷。"③ 在辽阔的中原大地，各郡县的地形地貌也存在一定的差异，农作物的种类分布也不尽相同，具有一定的局部特点。据陈冬生先生研究，"至少到唐代时麦作已遍及山东各地"④。汉唐时期，小麦种植面积成逐渐发展趋势，唐代人的著述中经常是粟、麦并列，说明小麦已经上升到与粟同等重要的地位。

二、汉代铁器牛耕与耕作方式改进

汉唐时期，尤其是每个新兴朝代的前期和中期，统治者均能实行一些惠农政策，以促进农业生产和社会经济的发展。随着农民生产积极性的提高，耕作方式和生产工具也不断得到改进和推广。

铁犁牛耕在春战国时期推广以后，对农业生产的发展起到了重要作用。但是，"秦汉时代铁犁牛耕虽获很大程度的推广，但并不能完全取代其他铁质翻土农具，尤其是镢和锸；这一时代可以说是犁、镢、锸并用时代"⑤。作为

① （汉）班固：《汉书》卷24上《食货志》，中华书局1962年版，第1137页。
② （汉）班固：《汉书》卷6《武帝本纪》，中华书局1962年版，第177页。
③ （汉）班固：《汉书》卷28上《地理志上》，中华书局1962年版，第1540—1541页。
④ 陈冬生：《试述古代山东麦作生产的发展》，《古今农业》1993年第1期。
⑤ 梁家勉主编：《中国农业科学技术史稿》，农业出版社1989年版，第174—175页。

翻耕土地的工具，犁、镬、锸各有其特点，只有在不同的劳动场景选择相应的工具，才能发挥出更大的效率。

西汉初期，牛马相当缺乏，一般农民耕种土地只能依靠人力，一个人所耕种的土地也十分有限："一人跖耒而耕，不过十亩；中田之获，卒岁之收，不过亩四石，妻子老弱仰而食之。"① 和铁器牛耕相比，使用原始的耒耜工具从事农业生产的效率低下，收成不足以维持一家之需，对于统治者来说是非常不利的。为了促进耕畜繁殖和发展生产，法律规定："盗马者死，盗牛者加。乘骑车马行驶道中，吏举苛而不止，以为盗马，而罪亦死。"② 汉朝政府禁止宰杀耕牛的目的，就是为了增加牛的数量发展牛耕生产。经过文景两朝数十年的休养生息，汉武帝在位初年，"布帛充用，牛马成群。农夫以马耕载，而民莫不骑乘；当此之时，却走马以粪"③。耕畜数量大增以后，农民不再踏耒而耕，黄河流域牛耕生产逐渐兴盛起来。

汉代的耕作方式主要有"跖耒而耕"和"耦犁"。农民依据自然条件选择相应的耕作方式："内郡人众，水泉荐草，不能相赡，地势温湿，不宜牛马，民跖耒而耕，负担而行，劳罢而寡功。"④ 耒为双齿掘土工具，耜是铲形掘土工具，二者相辅相成，称为耒耜。先秦时期，耒、耜为两种农耕工具，也有出土的实物。

耒耜起源甚早，石器时代为石质、木质或骨质；铜器时代则是石质、木质、骨质、铜质并存，但铜质的耒耜数量有限，并没有广泛使用于农业生产之中。铁器出现之后，木耒、木耜多套上铁制的刃口，铁口耒、耜在汉代较为流行。汉代的耒有木质也有铁质，其功能主要是翻土。汉武帝之前，畜力不足的情况下，"耒耜类农具在农业生产中的重要地位尚未被铁犁和牛耕所替代，而文景时期依然是耒耜类农具的辉煌时代"⑤。汉代学者以为耒耜为一物，如许慎以为耒为上部，耜为下部，但都属于木制。而郑玄也认为上为耒，下为耜，所不同的是，以为耜为金属刃口的专称。

---

① （汉）刘安撰，张双棣校释：《淮南子校释》卷9《主术训》，北京大学出版社1997年版，第996页。

② （汉）桓宽撰，王利器校注：《盐铁论校注》卷10《刑德》，中华书局1992年版，第567页。

③ （汉）桓宽撰，王利器校注：《盐铁论校注》卷3《未通》，中华书局1992年版，第190页。

④ （汉）桓宽撰，王利器校注：《盐铁论校注》卷3《未通》，中华书局1992年版，第190页。

⑤ 王文涛：《两汉的耒耜类农具》，《农业考古》1995年第3期。

在先秦文献中，耒耜多描述为在神农、黄帝时期已经存在。《周易·系辞》云：神农氏"揉木为耒"；又《世本》云：黄帝时"始作耒"。春秋战国时期，耒耜的尺寸和使用方法在文献中多有描述："凡耕之大方：力者欲柔，柔者欲力。息者欲劳，劳者欲息。棘者欲肥，肥者欲棘。急者欲缓，缓者欲急。湿者欲燥，燥者欲湿。上田弃亩，下田弃圳。五耕五耨，必审以尽。其深殖之度，阴土必得，大草不生，又无螟蜮。今兹美禾，来兹美麦。是以六尺之耜，所以成亩也；其博八寸，所以成圳也；耨柄尺，此其度也；其耨六寸，所以间稼也。地可使肥，又可使棘。人肥必以泽，使苗坚而地隙；人耨必以旱，使地肥而土缓。"① 耒耜通高为六尺六寸，合今 1.4 米左右。双齿之上有一横木，使用时可以用脚踏之，有利于耒齿扎入土中，即古代的"跖耒而耕"。

汉武帝时，搜粟都尉赵过发明了耦犁这种耕田工具，有效提高了劳动生产力，但关于耦犁的记载并不多。《汉书·食货志》仅有简单的介绍："用耦犁，二牛三人，一岁之收常过缦田亩一斛以上，善者倍之。过使教太常、三辅，大农置工巧奴与从事，为作田器。"耦犁是由两牛牵引、三人共同参与的一种耕作方式，即通常所说的"二牛抬杠"，牛在耦犁中起着重要作用，牛的数量并不能完全满足耦耕的需要，这对农业生产起到制约作用。在一些地区，或者某一时期，"民或苦少牛，亡以趋泽，故平都令光教过以人挽犁"。为了保证在耕牛不足情况下的劳动生产，汉代推行人力牵引耕犁的劳动模式，赵过"奏光以为丞，教民相与庸挽犁。率多人者田日三十亩，少者十三亩，以故田多垦辟。过试以离宫卒田其宫壖地，课得谷皆多其旁田亩一斛以上。令命家田三辅公田，又教边郡及居延城。是后，边城、河东、弘农、三辅、太常民皆便代田，用力少而得谷多"② 。多人操作耦犁从事生产，用人拉犁称为"挽犁"，挽犁虽然劳动强度较大，但可以避免特殊情况下畜力不足延误农时，也比耒耜的耕地效率略高，使用耦犁提高了劳动生产率，促进了牛耕在黄河流域的普及，铁犁牛耕在农业生产中主导地位确立起来。

犁的使用促进了当时田地开垦，粮食产量也有较大提高，牛在农业生产

---

① （战国）吕不韦撰，陈献猷校释：《吕氏春秋新校释》卷 26《任地》，上海古籍出版社 2002 年版，第 1740 页。

② （汉）班固：《汉书》卷 24 上《食货志上》，中华书局 1962 年版，第 1139 页。

中的重要性在汉代著述中多有描述。东汉末年，应劭《风俗通》云："牛乃耕农之本，百姓所仰，为用最大，国家之为强弱也。建武之初，军役亟动，牛亦损耗，农业颇废，米石万钱。"① 牛耕在汉代农业生产中占据重要地位，耕牛损耗对汉代粮食价格影响很大。

从各地画像石和壁画的牛耕图上，可看到汉代耕犁已趋于成熟定型。"从犁架的结构来看，由犁梢、犁床、犁辕、犁衡到犁箭这样一些畜力犁的主体构件，在西汉后期到东汉，都已经具备了。"② 汉代有用二牛牵引的长直辕犁和用一牛牵引的短直辕犁，长直辕犁适于在大块田地上使用，在西汉时较为流行。短直辕犁可能在东汉时期更为流行，由一牛挽拉，转弯灵活，适于在小块田里使用，是一种因地制宜的发明创造。

犁是牛耕生产的重要工具，汉代的铁犁构造相当复杂，有犁铧、犁壁、犁床等铁质部件。汉代的犁有多种类型，"它是根据各地不同的土壤、作物和耕作的需要而产生的。我们从这些类型的畜力犁中可以看到它大体上已相当完备，都是犁梢（操纵机构）、犁辕（牵引机构）、犁箭（耕深调节机构）、犁地（铧体安装机构）及犁铧、犁壁（翻土机构）。所有这些说明至汉代中国畜力犁无论是单直辕犁、双直辕犁，都得到了全面发展"③。犁壁的使用，是汉代耕犁改革的重大发展，对于碎土、翻土、起垄具有重要作用。东汉时期，耕犁上出现了可以上下移动的木契，用以调节深浅。山东的安丘、河南的中牟、安徽的寿春以及河北的保定、石家庄均有汉代铁制犁铧的出土，说明铁犁牛耕在中原地区已经较为广泛地得到推广使用。

汉代对铁制工具的推广非常重视。汉昭帝在位之时，贤良曾经说道："农，天下之大业也；铁器，民之大用也。器用便利，则用力少而得作多，农夫乐事劝功。用不具，则田畴荒，谷不殖，用力鲜，功自半。器便与不便，其功相什而倍也。"④ 铁制农具在生产中发挥了较大作用，政府部门也大力推广。汉武帝时期，冶铁业由国家垄断经营，铁制工具的种类也不断增多。翻土工具有铲、镬、铧，除草有锄，收割有镰。铁制农具成为农民家庭必备物品。

① （唐）欧阳询：《艺文类聚》卷85《百谷部·谷》引，上海古籍出版社1985年版，第1446页。
② 张振新：《汉代的牛耕》，《文物》1977年第8期。
③ 钱小康：《犁》，《农业考古》2002年第1期。
④ （汉）桓宽撰，王利器校注：《盐铁论校注》卷6《水旱》，中华书局1992年版，第429页。

铲是中原地区很早就使用的挖土工具，商代的文化遗址中已有较多的青铜铲出土，说明人们应该早已掌握了铲的铸造技术。春秋时期，冶铁技术成熟以后，人们开始铸造铁铲，到战国时铁铲的使用更为普遍，形式有梯形的板式铲和有肩铁铲两种。汉代始有铲的名称，铲器型制样式较多，有宽肩、圆肩、斜肩几种形式。铁铲是汉唐时期主要的挖土工具，在宋元时期称为铁锨或铁锹。北方的一些金元时期遗址中常有铁铲出土，其形制大小都与现在的铁锹相似，说明铁铲在汉唐时期已经定型，至今没有太大的变化。

西汉时期，搜粟都尉赵过还发明了播种用的耧车。崔寔《政论》曰："武帝以赵过为搜粟都尉，教民耕殖。其法三犁共一牛，一人将之，下种，挽耧，皆取备焉。日种一顷。至今三辅犹赖其利。今辽东耕犁，辕长四尺，回转相妨，既用两牛，两人牵之，一人将耕，一人下种，二人挽耧：凡用两牛六人，一日才种二十五亩。其悬绝如此。"① 赵过发明的耧车使用方法简单，省时省力，比辽东耧车功效明显，可以日播一顷，极大提高了播种效率。耧车有独脚、二脚、三脚甚至四脚数种，以二脚、三脚较为普遍。耧车是一种播种机，与现在中原地区农村所使用的三脚耧类似。汉武帝下令在全国推广这种技术，促进农业发展。

在《齐民要术》一书中，出现了耙地工具"铁齿镉榛"，也就是铁齿耙。《齐民要术》云："凡开荒山泽田，皆七月芟艾之，草干即防火，至春而开。其林木大者劙杀之，叶死不扇，便任耕种。三岁后，根枯茎朽，以火烧之。耕荒毕，以铁齿镉榛再徧杷之，漫掷黍穄，劳亦再徧。明年，乃中为谷田。"② 铁齿耙出现的时间书中没有说明，应该早已出现，最迟也不会晚于北魏时期。关于耙、劳的作用，《农桑通诀·耙劳篇》云："凡治田之法，犁耕既毕，则有耙劳。耙有渠疏之义，劳有盖磨之功。今人呼耙曰渠疏，劳曰盖磨，皆因其用以名之。所以散拨去芟，平土壤也。"桓宽《盐铁论》曰："茂木之下无丰草，大块之间无美苗。耙劳之功不至，而望禾稼之秀茂实栗难矣。"③ 耙地

---

① （后魏）贾思勰著，缪启愉校释：《齐民要术校释》卷1《耕田》引，农业出版社1981年版，第27—28页。

② （后魏）贾思勰著，缪启愉校释：《齐民要术校释》卷1《耕田》，农业出版社1981年版，第24页。

③ （明）徐光启撰，石声汉校注：《农政全书校注》卷6《农事·营治上》引，上海古籍出版社1979年版，第141—142页。

是耕地之后对表层土壤进行整理，防止土壤干结和水分流失，能起到碎土保墒和提高土壤温度的作用。耙地的功效很早就被人们认识到，并创造了耙耱等整地农具，形成了一套抗旱保墒的耕耙耱技术，对农业生产有着积极作用。

汉成帝时期，氾胜之总结出一套新的耕作方法"区种法"。区种法又称为"区田法"，《氾胜之书》已佚，其内容多见于其他农书之中，现在辑本整理出的"区田法"云：

> 汤有旱灾，伊尹为区田，教民粪种，负水浇稼。
>
> 区田以粪气为美，非必须良田也。诸山陵近邑高危倾阪及丘城上，皆可为区田。
>
> 区田不耕旁地，庶尽地力。
>
> 凡区种，不先治地，便荒地为之。
>
> 以亩为率，令一亩之地，长十八丈，广四丈八尺；当横分十八丈作十五町；町间分十四道，以通人行，道广一尺五寸；町皆广一丈五寸，长四丈八尺。尺直横凿町作沟，沟一尺，深亦一尺。积壤于沟间，相去亦一尺。尝悉以一尺地积壤，不相受，令弘作二尺地以积壤。[①]

氾胜之是西汉的农学家，他发明的区种法有两个特点：一是能够"改善田间小气候，调节了二氧化碳的供应情况，加大了温差，促进了作物的生长"。二是"提高了光能的利用率，有利于粮食产量的积累"[②]。植物的生长所需要的养分是通过光合作用产生的，这些养分是植物的叶绿素在光能的作用下将从大气中吸收的二氧化碳和土壤中吸收的水分、矿物质等元素合成而来，阳光照射和空气流通的条件越好就越有利于植物的生长。《氾胜之书》是黄河流域农业生产经验的总结，书中涉及了农业种植的方方面面，代表了秦汉农作物种植技术的最高成就。

区种法是一套比较适合旱地作物种植的耕作方法，将土地划分为许多小区，强调浇水施肥，是一种精耕细作的种植方式，有利于提高单位亩产量，非常适合于土地不多的自耕农家庭，在农业发展史上有着重要地位。

---

① 万国鼎：《氾胜之书辑释》，中华书局1957年版，第62—63页。
② 陈正奇：《也论"亩收百斛"——区种法的增产原因探讨》，《中国农史》1989年第4期。

三、犁耕的推广与改进

铁犁在春秋时期出现以后，历代对其造型和使用方法都在进行改进，使其在农业生产中发挥更大的作用。西汉虽然作出了很大努力，但铁犁和牛耕技术的推广还很有限。"其范围虽已超出黄河中下游，但仍限于中国的北部。"东汉前期，在官府的倡导下，"出现了推广铁犁和牛耕技术的第二个高潮，铁犁和牛耕技术在北部中国基本上普及，在南部中国的许多地区，如四川、贵州、广东、福建等边远地区逐步推广。湖北、湖南、江西、浙江等地可能由于以水田为主，缺少水牛，因之推广缓慢，至东汉末年，还是以人力用铁制铲、锸、镢等工具进行翻土耕种"①。从铁器和牛耕的推广分析，中原地区居于领先地位，农业生产也比其他地区发达，所以能够占据政治经济中心地位。

魏晋南北朝时期，受战乱因素的影响，出现了大规模的人口迁移和民族融合，也推动了南北文化交流和农业技术传播。在多个政权并立的政治格局下，各个政治集团的统治者为了筹措经费扩军备战，又不得不大力发展生产，想方设法地进行生产工具的改进以提高社会劳动生产力。在农业生产中，牛耕在各种耕作方式中效率最高，得到了统治者的大力推广。

东汉末年，战乱给中国北方的社会经济造成了巨大破坏，占据中原地带的曹魏政权开始广兴屯田，恢复农业生产，实行的政策为："计牛输谷，佃科以定。""大收不增谷，有水旱灾除。"②计牛输谷是曹魏政权规定的与屯田农民之间的收成分配方式，曹魏主要是招募无地的流民进行屯田，由官方提供耕牛，如果粮食收成好，官方不增租赋数量，遇到水旱灾害则给予减免。曹魏以屯田的方式推广牛耕，农民生产积极性得以提高，解决了军粮问题。

曹魏之后，北方各朝大都沿袭了这些政策，即便是有所变革，推广牛耕发展生产的政策始终没变。均田制实行以后，北魏孝文帝时规定："诸男夫十五以上，受露田四十亩，妇人二十亩，奴婢依良。丁牛一头受田三十亩，限四牛。"③北齐规定："一夫受露田八十亩，妇四十亩。奴婢依良人，限数与在京百官同。丁牛一头，受田六十亩，限止四牛。又每丁给永业二十亩，为

① 杨振红：《两汉时期铁犁和牛耕的推广》，《中国考古》1988年第1期。
② （晋）陈寿：《三国志》卷16《任峻传》裴注引《魏武故事》，中华书局1959年版，第490页。
③ （北齐）魏收：《魏书》卷110《食货志》，中华书局1974年版，第2853页。

桑田。"① 北朝政府将"牛"列为授田对象，说明当时对于养牛和牛耕非常重视。南方的宋、齐、梁、陈也是采取各种措施推广牛耕，发展农业生产。由于政府大力推广犁耕生产方式，也无形中推动了耕犁的改进。

到了唐代，耕地的主要工具犁由直辕改为曲辕，这是农业工具史上的重大变革，改进后的曲辕犁在农业生产中发挥着重要作用。从唐代的牛耕图可以看出，曲辕犁的辕有上曲和下曲之分，不同地区各有特点。

晚唐时期，耕犁的制作技术更加完善，人们对于组成犁的各个部件及其功能都有很好的了解，这在陆龟蒙的《耒经》中有详细说明：

> 耒耜，《农书》之言也。民之习，通谓之犁。冶金而为之者曰犁镵、曰犁壁；斫木而为之者，曰犁底，曰压镵，曰策额，曰犁箭，曰犁辕，曰犁梢，曰犁评，曰犁建，曰犁槃。木与金凡十有一事。耕之土坺，坺犹块也。起其坺者镵也，覆其坺者壁也。草之生，必布于坺。不覆之则无以绝其本根，故镵引而居下，壁偃而居上。镵表上利，壁形下圆。负镵者曰底，底初实于镵中，工谓之鳖肉。底之次曰压镵，背有二孔，系于压镵之两旁。镵之次曰策额，言其可以扞其壁也，皆貤然相戴。自策额达于犁底，纵而实之曰箭。前如辕而橇者曰辕，后如柄而乔者曰梢。辕有越，加箭，可弛张焉。辕之上又有如槽形，亦如箭焉，刻为级，前高而后庳，所以进退，曰评。进之则箭下，入土也浅，以其上下类激射，故曰箭；以其浅深类可否，故曰评。评之上，曲而衡之者曰建。建，捷也。所以柅其辕与评，无是，则二物跃而出，箭不能止。横于辕之前末曰槃，言可转也。左右系，以樫乎轭也。辕之后末曰梢，中在手，所以执耕者也。辕取车之胸，梢取舟之尾，止乎此乎？镵长一尺四寸，广六寸。壁广长皆尺，微椭。底长四尺，广四寸。评底过压镵二尺，策减压镵四寸，广狭与底同。箭高三尺，评尺有三寸，槃增评尺七焉。建惟称绝。辕修九尺，梢得其半。辕至梢中间掩四尺。犁之终始丈有二。耕而后有爬，渠疏之义也，散坺去芟者焉。爬而后有砺礋焉，有磟碡焉。自爬至砺礋皆有齿，磟碡觚棱而已，咸以木为之，坚而重者良。江东之田

---

① （唐）魏徵：《隋书》卷24《食货志》，中华书局1973年版，第677页。

器尽于是,《耒耜经》终焉。①

　　陆龟蒙《耒耜经》记载的曲辕犁是江东流行的样式,构成共有 11 个部件,犁的结构更符合力学原理,使用过程中更为方便。文中描述的犁箭和犁评两个部件至关重要,耕田者可以根据土壤情况和种植农作的需要用于调节耕地的深浅,起到事半功倍的效果。

　　关于唐代的曲辕犁问题有许多学者做过研究,涉及了曲辕犁的结构、功能、制作技巧等多个方面。宋兆麟先生是较早研究过曲辕犁的学者,他将江东曲辕犁复原为上曲式,认为曲辕犁驾牛的方法是:"在犁辕前的犁盘两侧拴两根耕索,以轻便灵活的绳子取代沉重的长辕,耕索前端在拴一个曲轭。"②王星光先生认为,陆龟蒙《耒耜经》中所描述的江东犁是"对古代曲辕车的继承和发展,亦应是下曲的形式"。因为,"在当时还未有使用耕索和宋元后的犁盘的条件下,是无法服牛耕地的"③。

　　和汉朝的直辕犁相比,唐代的曲辕犁重大改进有三处:

　　1. 长直辕改成了短曲辕。汉代的直辕犁犁辕较长,一般为今 9 尺左右,前及牛肩;曲辕犁犁辕较短,约合今 6 尺左右,只及牛后。犁辕变短以后,整个犁的重量有所减轻,操纵更为灵活,能够节省人力和畜力。

　　2. 犁评调节更为方便。推进犁评,使犁箭向下、犁辕抬高,犁入地深;拉退犁评,使犁箭向上、犁辕降低,犁入地浅。犁评的使用,可以根据土质的硬度、畜力的强弱及种植作物的需要,调节耕地的深度。

　　3. 犁壁有了重大改进。唐时犁壁呈近似圆形,可以向两侧稍微倾斜,将翻起的土推到一旁,以减少前进时的阻力,而且能翻覆土块,以断绝草根的生长。耕犁至此已基本定型,这是唐代劳动人民对耕犁的重大改进。

---

　　① (唐)陆龟蒙:《甫里先生文集》卷 19《耒耜经并序》,河南大学出版社 1996 年版,第 278—279 页。

　　② 宋兆麟:《唐代曲辕犁研究》,《中国历史博物馆馆刊》1979 年第 00 期。

　　③ 王星光:《试论耕犁的推广与曲辕犁的使用》,《郑州大学学报》1989 年第 4 期。

第二节　水利兴修与灌溉技术的发展

水利在农业生产中起着关键作用。徐光启说："水利者，农之本也，无水则无田矣。"[①] 历代统治者都很重视农田水利建设，先秦时期，史起在邺城引漳水灌溉土地，郑国关中修建有郑国渠，李冰在四川主持修建了都江堰，这些水利工程的兴修，对当地的农业生产起到了积极作用，都江堰即使在今天仍然发挥着重要作用。汉唐时期，中原地区的水利建设方兴未艾，农业经济有着较大发展。中原地区的水利工程，有些是汉唐时期各级政府官员主持修建的，有些是豪强地主修建的，主要分为修建陂塘和灌溉渠道两大类。

一、陂塘的兴修与治理

陂塘是利用自然地形修建的水库，修建陂塘是为了蓄水灌溉，陂塘兴修在汉唐时期水利工程中占据重要地位。陂塘一词出自《国语·周语下》，其文云："夫山，土之聚也。薮，物之归也。川，气之导也。泽，水之钟也。夫天地成而聚于高，归物于下。疏为川谷，以导其气。陂塘污庳，以钟其美。"韦昭注："蓄水曰陂，塘也。美，谓滋润也。"[②] 陂塘类似于现代修筑的水库、大坝之类的水利设施，是古代人工修筑起来拦截河流蓄水工程。

汉代，在中原地区修建的陂塘有许多处，其中以汝南郡的鸿隙陂最为著名。鸿隙陂又写作"鸿郤陂"，位于黄淮平原西部，在当时的汝南郡，几经兴废。《汉书》记载：

> 初，汝南旧有鸿隙大陂，郡以为饶，成帝时，关东数水，陂溢为害。方进为相，与御史大夫孔光共遣掾行（事）[视]，以为决去陂水，其地肥美，省堤防费而无水忧，遂奏罢之。及翟氏灭，乡里归恶，言方进请陂下良田不得而奏罢陂云。王莽时常枯旱，郡中追怨方进，童谣曰："坏

---

① （明）徐光启撰，石声汉校注：《农政全书校注》卷前《凡例》，上海古籍出版社1979年版，第2页。

② 徐元诰撰，王树民、沈长云点校：《国语集解》卷3《周语下》，中华书局2002年版，第93页。

陂谁？翟子威。饭我豆食羹芋魁。反乎覆，陂当复。谁云者？两黄鹄。"①

按照《汉书》的记载，鸿隙陂应该修建很早，具体年代已不可考。西汉成帝在位时，中原地区连年大水，鸿隙陂溢水为患。翟方进为相，认为废弃鸿隙陂既可以消除水害，又能获得良田，遂放水废弃陂塘。翟方进被灭族以后，鸿隙陂周围的乡里说是翟方进夺取陂塘周围的良田不成，废弃陂塘以泄私愤。成帝时，鸿隙陂被废事件已成公案，乡里的不满说明废除鸿隙陂给当地的社会经济带来了负面影响。

两汉之际，古代气候开始向寒冷转变，雨水相对减少，这虽然是气候变化的常态，但对农业生产是不利的。东汉时，邓晨任汝南太守，为了解决雨水不足影响农业生产问题，"兴鸿郤陂数千顷田，汝土以殷，鱼稻之饶，流衍他郡"②。鸿隙陂修复以后，数千顷良田得以灌溉，鲍昱又加以扩展，灌溉田地更多，促进了当地农业发展。"鸿郤陂由汉至唐，历时数百年，中经兴衰起伏，终于湮灭。"③ 鸿郤陂的水源来自西部山区，在河流泥沙的长期淤积中最终淤废，为当地灌溉良田数百年之久。

汉代，修建陂塘成效较好的还有南阳地区。西汉时，召信臣任南阳太守，就大兴水利，灌溉田地，"为民兴利，务在富之"④。东汉时，杜诗任南阳太守，"造作水排，铸为农器，用力少，见功多，百姓便之。又修治陂池，广拓土田，郡内比室殷足"⑤。曹魏时期，陂塘的修建主要在淮河流域。较为著名的有芍陂、太寿陂、郑陂等。郑陂修成后，当地"比年大收，顷亩岁增，租入倍常，民赖其利"⑥。

魏晋南北朝时期，河流所经之地大都修建有陂塘。以颍河为例，《水经注》记载的陂塘有：钧台陂、靡陂、青陵陂（纵广二十里）、狼陂、阳都陂、次塘、江陂、大濛陂等。⑦ 颍河仅是淮河的支流之一，流域面积较小，沿河修建的陂塘就如此之多，可见陂塘具有很大的普遍性。这一历史阶段，南北各

---

① （汉）班固：《汉书》卷84《翟方进传》，中华书局1962年版，第3440页。
② （南朝·宋）范晔：《后汉书》卷15《邓晨传》，中华书局1965年版，第584页。
③ 刘啸：《我国古代著名的水库鸿郤陂》，《史学月刊》1983年第2期。
④ （汉）班固：《汉书》卷89《循吏·召信臣传》，中华书局1962年版，第3642页。
⑤ （南朝·宋）范晔：《后汉书》卷31《杜诗传》，中华书局1965年版，第1094页。
⑥ （晋）陈寿：《三国志》卷16《魏书·郑浑传》，中华书局1959年版，第511页。
⑦ （北魏）郦道元：《水经注》卷22《颍水》，中华书局2007年版，第511—517页。

朝均有修建陂塘的记载，但大都与沟渠相关。每次的陂塘修建，大都是塘、堰、渠一体化的综合工程。

隋唐时期，设有负责陂塘沟渠建设和田地灌溉的部门和官员。工部下设水部，有水部郎中和员外郎各一人，其职责是："掌天下川渎、陂池之政令，以导达沟洫，堰决河渠。凡舟楫、灌溉之利，咸总而举之。""仲春乃命通沟渎，立堤防，孟冬而毕。若秋、夏霖潦，泛溢冲坏者，则不待其时而修葺。"[1] 另外，中央还设有都水监，此部门有都水使者等官员，其职责是："掌川泽、津梁之政令，总舟楫、河渠二署之官属，辨其远近，而归其利害；凡鱼捕之禁，衡虞之守，皆有其属而总制之。"都水监的另外一项职责是："凡京畿之内渠堰陂池之坏决，则下于所由，而后修之。每渠及斗门置长各一人，至溉田时，乃令节其水之多少，均其灌溉焉。"[2] 地处关中的京兆府和中原腹地的河南府的河流沟渠由都水监负责，说明唐朝政府对于政治中心地带水利建设极为重视。

据邹逸麟先生研究统计，唐代兴修的水利建设"约264项，其中安史之乱以前的唐前期（618—756）138年中所修建的有163项，约占全数的五分之三强；而安史之乱以后的唐后期（757—907）150年只占101项"[3]。唐代陂塘数量很多，例如，中原地区的颍州汝阴郡的汝阴县南三十五里有椒陂塘，"引润水溉田二百顷，永徽中，刺史柳宝积修"。下蔡县"西北百二十里有大崇陂，八十里有鸡陂，六十里有黄陂，东北八十里有湄陂，皆隋末废，唐复之，溉田数百顷"。许州颍川郡的长社县，"绕州郭有堤塘百八十里，节度使高瑀立以溉田"。陈州淮阳郡的西华县有邓门废陂，"神龙中，令张余庆复开，引颍水溉田"。汴州陈留郡陈留县有观省陂，"贞观十年，令刘雅决水溉田百顷"[4]。这些陂塘有前朝修建的，有前朝废弃后修复的，也有新建的，无论是修复利用还是新建，都说明唐朝对于陂塘建设的重视。

关于陂塘的价值和作用，元朝王祯在其所撰写的《农书》中说：陂塘溉田，"大则数千顷，小则数百顷。后世故迹犹存，因以为利。今人有能别度地形，亦效此制，足溉田亩千万。比作田围，特省工费，又可畜育鱼鳖，栽种

---

① （唐）李林甫：《唐六典》卷7《尚书工部》，中华书局1992年版，第225—226页。
② （唐）李林甫：《唐六典》卷23《都水监》，中华书局1992年版，第599页。
③ 邹逸麟：《从唐代水利建设看与当时社会经济有关的两个问题》，《历史教学》1959年第12期。
④ （宋）欧阳修：《新唐书》卷38《地理志二》，中华书局1975年版，第987—990页。

菱藕之类，其利可胜言哉？"① 按照王祯的说法，陂塘修筑以后既能灌溉田地，又能畜养鱼虾，是一项功在当代、利在千秋的水利工程，对农业生产有着巨大的促进作用。

二、灌溉渠道

西汉时期，中原地区的渠道修建几乎覆盖到各大河流。"关中灵轵、成国、沣渠引诸川，汝南、九江引淮，东海引巨定，泰山下引汶水，皆穿渠为溉田，各万余顷。它小渠及陂山通道者，不可胜言也。"② 西汉元帝时期，南阳太守召信臣亲自巡视郡中水力资源，"开通沟渎，起水门提阏凡数十处，以广灌溉，岁岁增加，多至三万顷。民得其利，蓄积有余"③。

东汉时期，兴修灌溉渠道取得较大成效。譬如，张禹任下邳相，主持修复废弃的蒲阳陂塘，"开水门，通引灌溉，遂成熟田数百顷。劝率吏民，假与种粮，亲自勉劳，遂大收谷实。邻郡贫者归之千余户，室庐相属，其下成市。后岁至垦田千余顷，民用温给"④。

曹魏时期，修建的河渠主要有今河北省境内的白沟、平虏渠、泉州渠、利漕渠、白马渠、鲁口渠、戾陵渠、车箱渠等；河南省境内的睢阳渠、讨虏渠、贾侯渠等。这些河渠的修建，促进了曹魏社会经济的恢复和发展。

南北朝时期，中原地区长期处于战乱割据状态，农业生产处于缓慢的发展之中，北魏境内水利工程以督亢渠的修复较为著名。《魏书》记载："范阳郡有旧督亢渠，径五十里。渔阳燕郡有故戾陵诸堰，广袤三十里。皆废毁多时，莫能修复。时水旱不调，民多饥馁，延儁谓疏通旧迹，势必可成，乃表求营造。遂躬自履行，相都水形，随力分督，未几而就，溉田百万余亩，为利十倍，百姓至今赖之。"⑤ 在北魏统治者的倡导下，中原地区的河渠、陂堰得以修复，有利于农田灌溉和交通运输。

隋唐时期的河渠整修有一百六十多项，其中有许多条在黄河下游和淮河上游。其中，豫南以河南息县境内的玉梁渠最为有名。玉梁渠"在县西北五

---

① （元）王祯撰，缪启愉译注：《东鲁王氏农书译注》，上海古籍出版社 1994 年版，第 689 页。

② （汉）班固：《汉书》卷 29《沟洫志》，中华书局 1962 年版，第 1684 页。

③ （汉）班固：《汉书》卷 89《循吏·召信臣传》，中华书局 1962 年版，第 3642 页。

④ （南朝·宋）范晔：《后汉书》卷 44《张禹传》，中华书局 1965 年版，第 1498 页。

⑤ （北齐）魏收：《魏书》卷 69《裴延儁传》，中华书局 1974 年版，第 1529 页。

十里。隋仁寿年新筑，唐开元中县令薛务更加疏导，西岸通管陂十六所，利田三千余顷"①。黄河以北的卫水、漳水流域引水灌渠也比较多。如武则天在位时，韦景骏任肥乡县令，流经县境的漳水"连年泛溢，人苦之。旧防迫漕渠，虽峭岸，随即坏决。景骏相地势，益南千步，因高筑郭，水至堤趾辄去，其北燥为腴田。又维艖以梁其上，而废长桥，功少费约，后遂为法。"②"安史之乱"以前，唐代水利建设成效很大，灌溉技术也比以前有较大提高，促进了唐朝的农业生产和社会发展，相继出现了"贞观之治"和"开元盛世"的繁荣阶段。

三、灌溉工具

由于地形、地势的原因，农田大都高于河道，即便修建了陂塘和引水渠，有些农田也难以直接引水灌溉。在长期的劳动实践过程中，人们发明了灌溉工具，解决了高于河道和灌渠的农田灌溉问题。

最早的灌溉工具可能是人们日常使用的陶盆、陶罐一类容器，用罐子将水倒入植物旁边就能起到灌溉的效果。随着社会的发展，耕田面积不断增大，在雨水不足的干旱季节，简单的罐、盆等工具无法满足灌溉需要，随后又发明了桔槔、辘轳等溉田工具。汉唐时期，不仅大规模地兴修水利工程，灌溉工具也不断地发明出来。其中最为著名的当数汉代的踏车和唐代的桶车。

(一) 汉代的翻车

东汉末期，水车始见于记载。汉灵帝时，宦官张让令人"铸天禄虾蟆，吐水于平门外桥东，转水入宫"。天禄虾蟆，可能是一种汲水工具，是否用于农业灌溉不得而知。张让又令人"作翻车渴乌，施于桥西，用洒南北郊路，以省百姓洒道之费"③。这里的"翻车"就是龙骨水车，"渴乌"就是此车上的提水装置。

翻车以上下两个链轮和传动链条为主要组件，在人力的驱动下将水从低处引到高处。其使用方法是，将翻车置于河边，双脚踩动辘轳，驱动轮轴旋转，带动木制链条（龙骨）及其上的刮水板循环运转，不断将水带上河岸，

---

① （宋）乐史：《太平寰宇记》卷 11《河南道·蔡州》，中华书局 2007 年版，第 206 页。
② （宋）欧阳修：《新唐书》卷 197《韦景骏传》，中华书局 1975 年版，第 5626 页。
③ （南朝·宋）范晔：《后汉书》卷 78《宦官·张让传》，中华书局 1965 年版，第 2537 页。

用于路面洒水压尘，或者顺水渠流入田中，灌溉农作物。这比人工挑水省时省力，有事半功倍的效果。

据《三国志》裴注记载，马钧居京都（今洛阳市），"城内有地，可以为园，患无水以灌之，乃作翻车，令童儿转之，而灌水自覆，更入更出，其巧百倍于常"[1]。早在马钧之前，张让已经让毕岚做出了翻车，汲水洒扫道路，并且使用的地点就在洛阳。以此分析，马钧应是在毕岚所造翻车的基础上加以改进，使其性能得以提高，并推广到农田灌溉方面。翻车以人力驱动，使河水源源不断地流进田间，灌溉效率高，应该是当时最为先进的生产工具之一，在农业发展史上有着重要地位。

（二）唐代的筒车

到了唐代，人们发明了一种由水力驱动的水车，称为"筒车"。杜甫《春水》诗云："三月桃花浪，江流复旧痕。朝来没沙尾，碧色动柴门。接缕垂芳饵，连筒灌小园。已添无数鸟，争浴故相喧。"诗中的"连筒灌小园"一句，仇占鳌引李实语："川中水车如纺车，以细竹为之，车骨之末，缚以竹筒，旋转时低则舀水，高则泻水，故曰：'连筒灌小园。'"[2]

筒车用竹或木制成一个大型立轮，由一个横轴架起，可以自由转动，轮的周围斜装上许多小竹筒或小木桶。把转轮安置在河流或溪水之中，使下面一部分浸入水中，在水流冲击之下自行旋转。大轮上斜挂的小筒没入水中时灌满溪水，由于筒口上斜，随轮旋转上升时筒内的水不会洒出来。小筒旋转倒立轮的最高处以后，小筒口呈下倾位置，里面所盛之水由高处流入淌水槽，流入岸上农田。这种自转不息、终夜有声的筒车，是一种利用水力驱动的水车。这对解决岸高水低、水流湍急地区的农田灌溉有着重大意义。

陈章《水轮赋》对桶车大加赞赏："水能利物，轮乃曲成，升降满农夫之用，低回随匠氏之程。始崩腾以电散，俄宛转以风生，虽破浪于川湄善行无迹，既斡流于浪面终夜有声。观夫断木而为，凭河而引，箭驰可得，而滴沥辐辏必循乎规准。何先何后，互兴而自契心期；不疾不徐，迭用而宁因手敏。

① （晋）陈寿：《三国志》卷29《方技·杜夔传》裴注引傅玄《序》，中华书局1959年版，第807页。
② （唐）杜甫著，（清）仇占鳌注：《杜诗详注》卷10《春水》，中华书局1979年版，第799—800页。

信劳机于出没，惟与日而推移，殊辘轳以致功就其深矣。"① 唐代筒车是一种无须人劳作的灌溉工具，备受时人青睐。

筒车有多种类型，不仅有水力驱动，也有人力、畜力驱动，宋应星对此有较为详细的说明："凡河滨有制筒车者，堰陂障流，绕于车下，激轮使转，挽水入筒，一一倾于枧内，流入亩中。昼夜不息，百亩无忧（不用水时，拴木碍止，使轮不转动）。其湖池不流水，或以牛力转盘，或聚数人踏转。车身长者二丈，短者半之，其内用龙骨拴串板，关水逆流而上。大抵一人竟日之力，灌田五亩，而牛则倍之。其浅池、小浍，不载长车者，则数尺之车，一人两手疾转，竟日之功，可灌二亩而已。"② 筒车类型较多，规格有大小之别，需要根据水利条件选择适当的型号。

翻车和水车是古代发明的两种重要灌溉工具，在历史上发挥了重要作用，二者并没有明显的优劣之别。"筒车以水流冲击力为动力，'水激轮转'，随着水轮转动，装缚在轮上的竹筒不断挹水，周而复始，至于无穷，确实可谓异构神功，但是必须满足一个条件，即水流冲击必须足以不停地转动水轮，这就要求水流流量及其落差等都达到一定的量，古时人们就一再讨论过这个问题，认为筒车只能用于水流湍急的山乡，而不能用于平原水流平缓之处。""公允地说，筒车是我国古代可与翻车平分秋色的，难以互相取代的灌溉机具。"③ 灌溉工具和其他农具一样，能否发挥出最大作用取决于自然条件，通常与工具本身的技术含量不一致，就像现在的机械化农具一样，并不能适用于所有耕地，在一些山岗梯田还只能用传统手工农具。

汉唐时期，渠道建设与塘堰修筑是密切相关的，属于水利灌溉工程的有机组成部分。每次陂塘水渠工程的修复，使大面积田地得到灌溉，极大地促进了当地农业发展。水车的发明，促进了农田灌溉事业的发展，不仅使农民受益匪浅，也使当地郡县赋税收入大增。

---

①　（宋）李昉编：《文苑英华》卷33《水轮赋》，中华书局1966年版，第150页。

②　（明）宋应星：《天工开物·水利》，广东人民出版社1976年版，第28—30页。

③　王利华：《连筒与筒车》，《农业考古》1997年第1期。

第三节　地主田庄的生产活动及其特点

地主田庄，在汉唐时期的生产活动中占据重要地位。地主的土地来源主要有两种：一是由国家赏赐得到，二是通过兼并而来。在中国古代土地可以买卖的情况下，"官僚、商人、高利贷者都可以购买土地。商人往往以末致富，以本守之，变为地主，而官僚地主也往往兼营商业。官僚、地主、商人，三位一体，又可以互相转化。这一特点，在唐代表现得殊为显著。因此，官僚地主不仅占有众多的土地，而且有的确实还有店铺、碾硙、车坊、盐畦等等产业"①。官僚、商人通过经营产业赚取钱财，又以钱财购买土地、店铺等扩大经营，经济实力也就越来越强。大多数官僚地主是凭借权势、经济实力进行抢占或贱买，文献中有较多记载。

西汉初，萧何为相，凭着自己的权势，"强贱买民田宅数千人"，为此受到刘邦的惩罚，萧何临终之时言说："今后世贤，师吾俭；不贤，毋为势家所夺。"②萧何买地是汉代通过买卖进行土地兼并的最早记载，以他的社会地位和权势尚且担忧其家产被他人所夺，可见土地兼并的残酷性。汉武帝时，董仲舒云：秦"用商鞅之法，改帝王之制，除井田，民得卖买，富者田连阡陌，贫者亡立锥之地。又颛川泽之利，管山林之饶，荒淫越制，逾侈以相高；邑有人君之尊，里有公侯之富，小民安得不困？"③董仲舒名义上说的秦朝问题，其实是汉武帝时土地兼并的严重性。汉唐时期，封建经济不断发展，但土地兼并却越来越激烈，地主阶级的田庄也越来越庞大。

西汉时期，大地主的田地、庄园通常称为"园""田园""园囿"等名称，很少称为"田庄"。魏晋南北朝时期，大田庄的记载渐多，这可能与西晋颁布的占田制和北魏的宗主督护制有关。隋唐时期，大田庄发展迅速的原因主要有二：一是商品经济的发展及商人地主的增加，二是科举制度的兴起和官僚集团的膨胀。官宦地主阶层的田庄大都是他们凭借政治地位、权势、钱

---

① 关通：《唐代庄园制说质疑》，《山东大学学报》1963 年第 S4 期。
② （汉）班固：《汉书》卷 39《萧何传》，中华书局 1962 年版，第 2011—2012 页。
③ （汉）班固：《汉书》卷 24 上《食货志上》，中华书局 1962 年版，第 1137 页。

财强夺、强市土地，兼并土地修建的。

一、田庄的类型

汉唐时期的田庄虽然是通过兼并土地建成的，但因为这些地主身份的不同，修建的目的也不一样。以汉代为例，这种区别就很明显。

汉代比较有名的官宦地主大都有自己的田园，如田蚡，以外戚身份封为武安侯，官至宰相，"由此滋骄，治宅甲诸第，田园极膏腴，市买郡县器物相属于道。前堂罗钟鼓，立曲旃；后房妇女以百数。诸奏珍物狗马玩好不可胜数"①。灌夫与田蚡不同，他以军功被任命为中郎将，历任淮阳太守、燕相等职。灌夫"不好文学，喜任侠，已然诺。诸所与交通，无非豪桀大猾。家累数千万，食客日数十百人。波池田园，宗族宾客为权利，横颍川。颍川儿歌之曰：'颍水清，灌氏宁；颍水浊，灌氏族'"②。汉代身居高位的官员大都有自己的田庄，这些田庄大小不一，分布在临近较大河流的平原地带。

在官宦地主的田庄中，东汉的冀园可称为其中的代表。冀园是东汉顺帝、桓帝时的大将军梁冀所建，属于强取豪夺而来。梁冀是陵乡侯梁统之后，祖上世代为官，两个妹妹先后入宫，梁妠为顺帝皇后，梁女莹桓帝皇后。梁冀以外戚身份专权二十多年，专横跋扈，被称为"跋扈将军"，其敛财的手法多种多样，《后汉书》记载：

> 冀乃大起第舍，而寿亦对街为宅，殚极土木，互相夸竞。堂寝皆有阴阳奥室，连房洞户。柱壁雕镂，加以铜漆；窗牖皆有绮疏青琐，图以云气仙灵。台阁周通，更相临望；飞梁石蹬，陵跨水道。金玉珠玑，异方珍怪，充积臧室。远致汗血名马。又广开园囿，采土筑山，十里九坂，以像二崤，深林绝涧，有若自然，奇禽驯兽，飞走其间。冀寿共乘辇车，张羽盖，饰以金银，游观第内，多从娼妓，鸣钟吹管，酣讴竟路。或连继日夜，以骋娱恣。客到门不得通，皆请谢门者，门者累千金。又多拓林苑，禁同王家，西至弘农，东界荥阳，南极鲁阳，北达河、淇，包含山薮，远带丘荒，周旋封域，殆将千里。又起菟苑于河南城西，经亘数

---

① （汉）班固：《汉书》卷52《田蚡传》，中华书局1962年版，第2380页。
② （汉）班固：《汉书》卷52《灌夫传》，中华书局1962年版，第2384页。

十里，发属县卒徒，缮修楼观，数年乃成。移檄所在，调发生菟，刻其毛以为识，人有犯者，罪至刑死。尝有西域贾胡，不知禁忌，误杀一兔，转相告言，坐死者十余人。冀二弟尝私遣人出猎上党，冀闻而捕其宾客，一时杀三十余人，无生还者。冀又起别第于城西，以纳奸亡。或取良人，悉为奴婢，至数千人，名曰"自卖人"。①

"寿"乃梁冀之妻孙寿，被封为"襄城君，兼食阳翟租，岁入五千万，加赐赤绂，比长公主"②。梁冀贪赃枉法之事多由孙寿参与，二人用搜刮而来的钱财强买强卖，兼并土地、广开园囿。梁冀的庄园绵延数百里，是汉代地主田庄的典型案例。

梁冀在田庄中模拟自然山水建有许多景观，"对比冀园记载和古代嵩山的实际情况，从'十里九坂''深林绝涧'这些描述可以推想，冀园的筑山似乎是对嵩山作'具体而微'的模仿，采用的是近于缩景的手法"③。冀园内大建"自然"景观，飞禽走兽充斥其间，并不是为了从事农业生产，一方面是为了满足奢侈生活；另一方面则是为了"夸竟"，展现其权势地位。

汉代也有许多以生产为主的田庄，南阳的樊家田庄是通过耕织生产扩展起来的。《后汉书》记载：

> 樊宏字靡卿，南阳湖阳人也，世祖之舅。其先周仲山甫，封于樊，因而氏焉，为乡里著姓。父重，字君云，世善农稼，好货殖。重性温厚，有法度，三世共财，子孙朝夕礼敬，常若公家。其营理产业，物无所弃，课役童隶，各得其宜，故能上下戮力，财利岁倍，至乃开广田土三百余顷。其所起庐舍，皆有重堂高阁，陂渠灌注。又池鱼牧畜，有求必给。尝欲作器物，先种梓漆，时人嗤之，然积以岁月，皆得其用，向之笑者咸求假焉。赀至巨万，而赈赡宗族，恩加乡闾。外孙何氏兄弟争财，重耻之，以田二顷解其忿讼。县中称美，推为三老。年八十余终。其素所假贷人间数百万，遗令焚削文契。责家闻者皆惭，争往偿之，诸子从敕，竟不肯受。④

① （南朝·宋）范晔：《后汉书》卷34《梁冀传》，中华书局1965年版，第1181—1182页。
② （南朝·宋）范晔：《后汉书》卷34《梁冀传》，中华书局1965年版，第1179—1180页。
③ 黄一如：《梁冀园囿筑山情况试析》，《时代建筑》1994年第1期。
④ （南朝·宋）范晔：《后汉书》卷32《樊宏传》，中华书局1965年版，第1119页。

　　樊家庄园有自己的樊氏陂，郦道元《水经注》云："朝水又东南分为二水，一水枝分东北，为樊氏陂，陂东西十里，南北五里，俗谓之凡亭陂。陂东有樊氏故宅，樊氏既灭，庚氏取其陂。故嗳曰：陂汪汪，下田良，樊氏失业庚公昌。"① 樊氏庄园的故址在新野境内，依淯水而建，田地肥沃，具备发展农业生产的良好条件。庄园内有众多童隶从事生产，为田庄创造了大量财富。

　　东汉末年，许褚"聚少年及宗族数千家，共坚壁以御寇。时汝南葛陂贼万余人攻褚壁，褚众少不敌，力战疲极。兵矢尽，乃令壁中男女，聚治石如杆斗者置四隅，褚飞石掷之，所值皆摧碎。贼不敢进。粮乏，伪与贼和，以牛与贼易食，贼来取牛，牛辄奔还。褚乃出陈前，一手逆曳牛尾，行百余步。贼众惊，遂不敢取牛而走"②。许褚把庄园建成堡垒模式，称之为"褚壁"，具体有多大尚须进一步研究，褚壁能够容纳数千家，足见其规模的庞大。许褚修建褚壁之时没有官职，只是谯国境内的一个豪强地主，宗族数千家聚居在一起生产生活，是一种生产兼壁垒式的庄园，类似于北魏时期的"坞壁"，以生产为主。

　　魏晋南北朝时期，文人墨客修建的庄园逐渐增多，这些文人多为官场不得意的士大夫。比如，谢灵运在南朝刘宋任职太子左卫率，"性褊激，多愆礼度，朝廷唯以文义处之，不以应实相许。自谓才能宜参权要，既不见知，常怀愤愤。庐陵王义真少好文籍，与灵运情款异常。少帝即位，权在大臣，灵运构扇异同，非毁执政，司徒徐羡之等患之，出为永嘉太守。郡有名山水，灵运素所爱好，出守既不得志，遂肆意游遨，遍历诸县，动逾旬朔，民间听讼，不复关怀。所至辄为诗咏，以致其意焉。在郡一周，称疾去职，从弟晦、曜、弘微等并与书止之，不从。灵运父祖并葬始宁县，并有故宅及墅，遂移籍会稽，修营别业，傍山带江，尽幽居之美。与隐士王弘之、孔淳之等放荡为娱，有终焉之志"③。文人多有恃才傲物的性格特点，遇事偏激，喜欢抨击朝政得失，以致得罪权贵。这些人在不得志的情况下通常会辞官归隐，流连于山水之间。

---

① （北魏）郦道元：《水经注》卷31《淯水》，中华书局2007年版，第729页。
② （晋）陈寿：《三国志》卷18《许褚传》，中华书局1959年版，第542页。
③ （南朝·梁）沈约：《宋书》卷67《谢灵运传》，中华书局1974年版，第1753—1754页。

南北朝时期，也有厌倦官场而归隐者，这些人的庄园都比较小。陶渊明辞官归隐后曾作《归园田居五首》，其一云："少无适俗韵，性本爱丘山。误落尘网中，一去三十年。羁鸟恋旧林，池鱼思故渊。开荒南野际，守拙归园田。方宅十余亩，草屋八九间。榆柳荫后檐，桃李罗堂前。暧暧远人村，依依墟里烟。狗吠深巷中，鸡鸣桑树颠。户庭无尘杂，虚室有余闲。久在樊笼里，复得返自然。"① 按照陶渊明的描述，他归隐后居住的庄园很小，里面也仅有几件草屋，这可能存在诗人故意写得如此简陋的可能性。如果真的这样小，倒也称不上是田庄，只能算是山野村居。他们大都钟情于田园山水，闲暇之时邀请好友饮酒作赋，所喜欢的生活则是："采菊东篱下，悠然见南山。"②

隋唐时期，由于科举选官制度的实行，造就了一批文人士大夫，唐朝虽然推行均田制，但土地买卖和土地兼并一直没有停止过，到了中唐时期均田制名存实亡。由于土地可以买卖，这就为权贵、官僚、富商购置土地修建田庄提供了便利。大概在武则天以后，唐朝的王侯公主、达官贵人、富豪之家都会在正宅之外修建一处别宅，称之为别业、别庄或者别墅。《全唐诗》中有300 多首描写田庄、别业等诗文，可看作文人钟情庄园生活的一种表现。汉唐时期的地主庄园很多，可分为生产型和非生产型两大类，主要取决于庄园所有者身份地位和生活取向。

生产型庄园是庄园主为了发家致富而修建的，如杜诠在汉北泗上有别业一处，"自罢江夏令，卜居于汉北泗水之上，烈日笠首，自督耕夫，而一年食足，二年衣食两余，三年而室屋完新，六畜肥繁，器用皆具。凡十五年，起于垦荒，不假人之一毫之助，至成富家翁"③。这类庄园多在河流两岸的土地肥沃之处，具有良好的农业生产条件。

非生产型的庄园一般都修建在城市附近的郊区，如洛阳、济源、汝州、相州等地，园内充满了楼台亭榭，面积大小不一。面积较大的田庄如李德裕的平泉庄："去洛城三十里，卉木台榭甚佳，若造仙府。有虚槛，前引泉水，萦回穿凿，像巴峡洞庭十二峰九派迄于海门江山景物之状。竹间行径有平石，

---

① （南朝·宋）陶渊明：《陶渊明集》卷2《归田园居》，中华书局1979 年版，第40 页。
② （南朝·宋）陶渊明：《陶渊明集》卷3《饮酒二十首》，中华书局1979 年版，第89 页。
③ （唐）杜牧撰，陈允吉校点：《樊川文集》卷9《唐故复州司马杜君墓志铭并序》，上海古籍出版社1978 年版，第142 页。

以手摩之，皆隐隐见云霞龙凤草树之形。有巨鱼肋骨一条，长二丈五尺，其上刻云：'会昌二年，海州送到。'"① 平泉庄面积很大，"周围十余里，台榭百余所，四方奇花异草与松石，靡不置其后。石上皆刻'支遁'二字，后为人取去。其所传雁翅桧、珠子柏、莲房玉蕊等，仅有存者。（原注：桧叶婆娑，如鸿雁之翅。柏实皆如珠子，丛生叶上，香闻数十步。莲房玉蕊，每跗萼之上，花分五朵，而实同其一房也。）怪石名品甚众，各为洛阳城族有力者取去。有礼星石、狮子石，好事者传玩之。（原注：礼星石，纵广一丈，厚尺余，上有斗极之象。狮子石，高三四尺，孔窍千万，递相通贯，如狮子，首、尾、眼、鼻皆全。）"② 平泉庄在距洛阳城三十里的郊区，有方圆十里之大，算得上是规模宏大的庄园。从田庄内的结构布局来看，应该是李德裕为了休闲而建。这些庄园是官僚、地主、富商们寄情山水、吟风弄月之所。

两税法实行以后，唐代并不限制官员购置田庄，只要能按规定交税就行。元和十四年（819），唐宪宗诏敕云："如闻诸道州府长吏等，或有本任得替后，虽于当处买百姓庄园舍宅，或因替代情弊，便破定正额两税，不出差科。今后有此色，并勒依元额为定。"③ 购置住院别业似乎是唐代官员的癖好，地方官员更是如此。宋人撰写的《洛阳名园记》中，有关唐代的庄园很多，有住宅休闲之类，也有从事生产的。庄园中的生产者，大都为失去土地的农民，其中应有许多失去户籍的流民。

二、佃农、雇农与田庄私兵

汉唐时期田庄中的劳动者主要是佃农，佃农实际上是豪强地主的依附农民。汉武帝之后，豪强地主势力增强，并在东汉时期极度膨胀，他们凭借政治、经济优势大肆兼并土地，建立了许多庄园，募人耕种。自耕农破产以后，大多投靠豪强地主成为依附农民。西汉后期，豪强地主拥有较强的私人武装，目的是保护自己的生命财产安全。在两汉之际和东汉末年的战乱中，中原地区许多豪强地主拥有庞大的私人武装，如前面提到的西汉末期湖阳（今河南新野县东）的樊宏、东汉末期谯县（今安徽亳州）的许褚等人的田庄均有成

---

① （唐）康骈：《剧谈录》卷下《李相国宅》，古典文学出版社1958年版，第34—35页。
② （宋）王谠撰，周勋初校证：《唐语林校证》卷7《平泉庄》，中华书局1987年版，第617页。
③ （宋）王溥：《唐会要》卷83《租税上》，上海古籍出版社2006年版，第1823页。

百上千家宗族、宾客等依附人口组成的私兵。

豪强地主凭借私人武装，在保护庄园安全的同时，又可以对抗官府。汉代每年都要按制度核验田地顷亩和户口，征收租赋和摊派徭役，但豪强地主常会依仗私兵进行抵制。东汉初，刘秀下令"度田"，激起了豪强地主的强烈反抗，刘秀只好停止"度田"，承认了豪强地主对隐匿土地的占有。此后，检核户口田地，只对平民百姓起作用，对豪强地主尤其是拥有私兵的豪强地主就难以实行了。如董宣当时任北海（今山东潍坊境内）相，境内大姓公孙丹父子横行不法，《后汉书》记载：

> 丹新造居宅，而卜工以为当有死者，丹乃令其子杀道行人，置尸舍内，以塞其咎。宣知，即收丹父子杀之。丹宗族亲党三十余人，操兵诣府，称冤叫号。宣以丹前附王莽，虑交通海贼，乃悉收系剧狱，使门下书佐水丘岑尽杀之。青州以其多滥，奏宣考岑，宣坐征诣廷尉。在狱，晨夜讽诵，无忧色。及当出刑，官属具馔送之，宣乃厉色曰："董宣生平未曾食人之食，况死乎！"升车而去。时同刑九人，次应及宣，光武驰使驺骑特原宣刑，且令还狱。遣使者诘宣多杀无辜，宣具以状对，言水丘岑受臣旨意，罪不由之，愿杀臣活岑。使者以闻，有诏左转宣怀令，令青州勿案岑罪。[1]

董宣斩杀公孙丹一案，起因是公孙丹父子横行不法。但是，公孙丹父子被杀以后，出现了宗族亲党携带武器到衙门喊冤之事。这些携带武器者显然不是一般的宗亲百姓，应该是公孙丹家的佃农一类的私兵人员，这些人员生活在地主庄园之中，对于庄主唯命是从，助长了豪强地主的横行无忌。

豪强地主拥有土地和私兵，也就有了仗势欺人甚至对抗地方官员的资本，这种情况在东汉时期益发严重，经常出现地方豪强驱逐官吏事件。本初元年（146），质帝诏书云："顷者，州郡轻慢宪防，竞逞残暴，造设科条，陷入无罪。或以喜怒驱逐长吏，恩阿所私，罚枉仇隙，至令守阙诉讼，前后不绝。送故迎新，人离其害，怨气伤和，以致灾眚。《书》云：'明德慎罚'。方春东作，育微敬始。其敕有司，罪非殊死，且勿案验，以崇在宽。"[2] 质帝在诏

---

① （南朝·宋）范晔：《后汉书》卷77《酷吏传·董宣》，中华书局1965年版，第2489页。
② （南朝·宋）范晔：《后汉书》卷6《质帝本纪》，中华书局1965年版，第280页。

书中谈及这一问题，说明地方豪强地主驱逐政府官吏的事件可能较多。朝廷在对付地方豪强问题上也没有太多办法，建和元年（147）桓帝时竟然下诏要求"州郡不得迫胁驱逐长吏"①，只能在某些事情上作出让步。豪强地主大都"自为营堑，不肯应发调"②。豪强地主势力强大，不惧官府，并且能够隐瞒田亩和人口，逃避赋税、徭役，是破产农民投身依附的主要原因。

　　汉朝赋役繁重，农民依附于豪强地主能够逃避官府的赋税徭役，虽然要为豪强地主提供田租和力役，却不易破产沦为奴隶，这是汉代依附农民众多的原因之一。中原地区存在大量的豪强地主，依附农民耕种他们的土地，也是其私人武装的主要成员，战乱时出兵打仗，农闲季节参加训练，农忙时节从事农业生产。依附农民耕种豪强地主的土地，虽然不再承担国家赋税，却要缴纳很重的地租。汉代依附农民的租佃比例，史籍有明文记载："豪民侵陵，分田劫假，厥名三十税一，实什税五也。"③ 董仲舒说"或耕豪民之田，见税什五"④，其中的豪民指的就是豪强地主，无地农民耕种他们的土地，通常要将收获的二分之一交给地主，田租之重可见一斑。

　　雇农在中国历史上出现很早，秦末农民起义领袖阳城（今河南登封境内）人陈涉，就是曾经"与人佣耕"⑤ 的雇农。陈涉起义后，和他一起受雇于人的同伴前来拜见，说明当时中原地区的雇农可能较为普遍。与依附农民相比，雇农更加贫困：依附农民能够租赁豪强地主的土地，说明他们起码还有生产工具；雇农通常连基本的生产工具也没有，只能依靠出卖劳动力为生。

　　秦汉时期，雇农通常和流民联系在一起。汉昭帝诏："比岁不登，民匮于食，流庸未尽还。"颜师古说："流庸，谓去其本乡而行为人佣作。"⑥ 汉代流民问题相当严重，汉武帝时就出现了"关东流民二百万口，无名数者四十万"⑦ 的严重情况。关东，即函谷关以东的中原地区，流民的数量庞大与自耕农破产有关，说明中原地区贫富差距的巨大。昭、宣时期，西汉政府曾多次下令解决流民问题。地节三年（前66）下诏："流民归还者，假公田、

① （南朝·宋）范晔：《后汉书》卷7《桓帝本纪》，中华书局1965年版，第289页。
② （晋）陈寿：《三国志》卷11《魏书·王修传》，中华书局1959年版，第345页。
③ （汉）班固：《汉书》卷24上《食货志》，中华书局1962年版，第1143页。
④ （汉）班固：《汉书》卷24上《食货志》，中华书局1962年版，第1137页。
⑤ （汉）司马迁：《史记》卷48《陈涉世家》，中华书局1959年版，第1949页。
⑥ （汉）班固：《汉书》卷7《昭帝本纪》，中华书局1962年版，第221—222页。
⑦ （汉）司马迁：《史记》卷103《万石君传》，中华书局1959年版，第2768页。

贷种、食，且勿算事。"① 勿算事，也就是减免算赋和徭役，鼓励流民回归家园，从事农业生产。中原地区流民问题最为严重，流民有时能受雇于人，在农闲季节则无事可做，衣食无着，胶东相王成因安置流民"八万余口"②而受到褒奖。地主收留的流民虽然成了田庄之中的依附者，但也帮助官府解决社会上不安定因素。从东汉中期开始，政府被迫承认了地主庄园内依附农民的合法性。

三国时期曹魏有给客制、孙吴有复客赐客制、蜀汉有配客制，这些制度出现以后，地主阶级开始享有占有依附农民的特权。晋朝推行占田制以后，官僚地主依品阶高低可以占有数量不等的土地和依附农民，晋朝规定：

> 其官品第一至于第九，各以贵贱占田，品第一者占五十顷，第二品四十五顷，第三品四十顷，第四品三十五顷，第五品三十顷，第六品二十五顷，第七品二十顷，第八品十五顷，第九品十顷。而又各以品之高卑荫其亲属，多者及九族，少者三世。宗室、国宾、先贤之后及士人子孙亦如之。而又得荫人以为衣食客及佃客，品第六已上得衣食客三人，第七第八品二人，第九品及举辇、迹禽、前驱、由基、强弩、司马、羽林郎、殿中冗从武贲、殿中武贲、持椎斧武骑武贲、持鈒冗从武贲、命中武贲武骑一人。其应有佃客者，官品第一第二者佃客无过五十户，第三品十户，第四品七户，第五品五户，第六品三户，第七品二户，第八品第九品一户。③

晋朝占田制虽然规定了各级官员占田限额和荫户数量，但这种规定很难贯彻执行，因为监管者也是官僚地主。这项制度反而为官僚地主兼并土地修建田庄提供了便利，以致晋朝以后地主庄园林立，许多农民成为庄园中的依附农民。

隋唐时期的庄园内也雇用大量人员，他们的身份不是依附农民。于邵《与李尚书书》云："某于池阳之间，获空闲数顷之地，誓将作劳陇亩，以望秋登，所乏耕牛，佣赁无计。倘或哀此窘迫，许以后图，解倒悬之忧，广嗣

① （汉）班固：《汉书》卷8《宣帝纪》，中华书局1962年版，第249页。
② （汉）班固：《汉书》卷89《循吏·王成传》，中华书局1962年版，第3627页。
③ （唐）房玄龄：《晋书》卷26《食货志》，中华书局1974年版，第790—791页。

急之路。"① 唐代田庄的雇用人员多为佣赁性质，这些人大都是"寒而无衣，饥而无食，庸赁自资者，穷苦之流也"②。田庄主和佣赁者之间是雇用劳动关系，双方事先商定好劳动报酬计算方法，按照约定的时间领取。

在地主私人田庄、国家经营皇庄和寺院土地上，都役使着众多佃户，佃户所缴纳地租高于国家赋税，但可以逃避国家的徭役。地主阶级在中原地区设置的田庄，以官僚地主和一般富豪地主的田庄为主，其规模也相当大。官僚兼并土地、购置田庄在唐朝中期已成为一个严重的社会问题，天宝十一载（752）十一月，唐玄宗不得不下诏整顿：

> 周有均土之宜，汉存垦田之法，将欲明其经界，定其等威。食禄之家，无广擅于山泽；贸迁之伍，罕争利于农收。则岁有丰穰，人无胥怨，永言致理，何莫繇兹。如闻王公百官，及富豪之家，比置庄田，恣行吞并，莫惧章程，借荒者，皆有熟田，因之侵夺；置牧者，唯指山谷，不限多少。爰及口分永业，违法卖买，或改籍书，或云典贴，致令百姓无处安置，乃别停客户，使其佃食。既夺居人之业，实生浮惰之端，远近皆然，因循亦久，不有厘革，为弊虑深。其王公百官勋荫等家，应置庄田，不得逾于式令。仍更从宽典，务使弘通。其有同籍周期以上亲俱有勋荫者，每人占地顷亩，任其累计。其荫外有余，如旧是无勋荫地合卖者，先用铁买得，不可官收。限敕到百日内，容其转卖。其先不合荫又荫外请射兼借荒，及无马置牧地之内，并从合荫者，并不在占限。官还主其口分永业地，先合买卖，若有主来理者，其地虽经除附，不限载月，近远宜并却还。至于价值准格，并不合酬备，既缘先已用钱，审勘责其有契验可凭，特宜官为出钱，还其买人。其地若无主论理，不须收夺，庶使人皆撫实，地悉无遗。百姓知复于田畴，荫家不失其价值，此而或隐，罪必无容。又两京去城五百里内，不合置牧地。地内熟田，仍不得过五顷已上，十顷已下。其有余者，仰官收。应缘括捡，共给授田地等，并委郡县长官及本判官、录事相知勾当，并特给复业。并无籍贯浮逃人，仍据丁口量地好恶，均平给授，便与编附，仍放当载租庸。如给未尽，

---

① （清）董浩：《全唐文》卷426《于邵与李尚书书》，中华书局1983年版，第4345页。
② （清）董浩：《全唐文》卷301《刘彤论盐铁表》，中华书局1983年版，第3053页。

明立簿帐，且官收租佃，不得辄给。官人亲识、工、商、富豪兼并之家，如有妄请受者，先决一顿，然后准法科罪。不在官当荫赎。有能纠告者，地入纠人，各令采访使按覆，具状闻奏。使司不纠察，与郡县官同罪。自今已后，更不得违法买卖口分永业田，及诸射兼借公私荒废地。无马妄请牧田并潜停客户，有官者私营农，如辄有违犯，无官者决杖四十，有官者录奏取处分。又郡县官人，多有任所寄庄，言念贫弱，虑有侵损，先已定者，不可改移。自今已后，一切禁断。今所括地授田，务欲优矜百姓，不得妨夺，致有劳损客户，人无使惊扰，缘酬地价值，出官钱支科之间，必资总统。仍令两京出纳使杨国忠充使都勾当，条件处置，凡在士庶，宜悉朕心。①

　　唐朝中期，官僚地主、富商兼并土地、置买庄园成攀比之势，失去土地、户籍的农民大增，已经严重影响到了政府的赋税收入。皇帝在诏书中长篇大论地谈论问题并不多见，唐玄宗此举说明土地兼并非仅仅影响到政府的财赋收入问题，应该是无地农民四处游荡，已经成为危机社会稳定的潜在因素。唐玄宗在诏书中针对各种情况给出相应的处置办法，但执行效果并不好。不久之后"安史之乱"爆发，由朝廷发动的这次土地整顿运动也被搁置起来。

　　土地肥沃、人口稠密的中原地区，更是官僚地主求田问舍的最佳选择。严郜在长葛（今河南长葛）任县令，罢任之后，"乃于县西北境上陉山阳置别业，良田万顷，桑柘成荫，奇花芳草，与松竹交错。引泉成沼，即阜为台，尽登临之志也"②。中原地区富豪地主的田庄规模巨大，为庄园主创造了无数财富。《太平广记》云，天宝年间的邺城（在今河南安阳市北）人王叟："富有财，唯夫与妻，更无儿女。积粟近至万斛，而夫妻俭啬颇甚，常食陈物，才以充肠，不求丰厚。庄宅尤广，客二百余户。"③严郜、王叟之流兼并土地、广置田庄，通过剥削佃农而发家致富，这种情况不胜枚举。

　　地主阶级大大小小庄园内的生产完全依靠佃农，佃农通常又被称为庄客或客户，他们是田庄的主要生产者。随着土地兼并的加剧，越来越多的破产

---

① （宋）王钦若：《册府元龟》卷495《邦计部·田制》，中华书局1960年版，第5928—5929页。

② （唐）皇甫枚：《三水小牍》卷下《郑大王聘严郜女为子妇》，中华书局1958年版，第27页。

③ （宋）李昉：《太平广记》卷165《王叟》，中华书局1961年版，第1210页。

农民成为地主庄园内的庄客，晚唐陆贽对此有深刻剖析："今制度驰紊，疆理坠坏，恣人相吞，无复畦限。富者兼地数万亩，贫者无容足之居。依托强豪，以为私属，贷其种食，赁其田庐，终年服劳，无日休息。"庄客租赁地主的土地，要缴纳的地租比官税重得多，"每田一亩，官税五升，而私家收租，殆有亩至一石者，是二十倍于官税也。降及中等，租犹半之，是十倍于官税也。夫以土地王者之所有，耕稼农夫之所为，而兼并之徒，居然受利"①。陆贽所举的例子尽管是京畿地区，但也反映出唐代庄客缴纳地租的通常份额。庄客缴纳地租高达收成一半甚至超过一半，还要被迫为庄田主提供无偿劳动，所受剥削是非常沉重的。

地主田庄内临时雇用的劳动者称为雇农，通常按劳取酬，雇农身份较为自由，四处漂流，经常过着缺衣少食的生活。唐代后期，自耕农破产更加严重，雇用劳动者数量不断增加，雇佣关系引起官府部门的关注。大中九年（856）四月，宣宗诏令："如有贫穷不能存济者，欲以男女庸雇与人，贵分口食，任于行止。当立年限为约，不得将出外界，还同交关。各委本道长吏，专加纠察，仍先具条流闻奏。其余州县，更有积弊，深害百姓，而因循未革者，亦具分析闻奏。当酌量处分，粗安黎庶。"② 有些农民破产以后丧失了基本的生产、生活资料，沦为地主阶级的雇用劳动者，只有靠出卖劳动力维持生活。而有些雇用劳动者，却是被贩卖而来，他们的地位可能更为低下。唐朝对雇佣关系进行了行政干涉，要求订立契约以加强强制性。雇农想中途解约，需要缴纳很重的违约金。

中原地区是唐代大地主较为集中的地区之一，也是奴婢、部曲相对较多的区域。唐代官僚、地主家庭中奴婢、部曲数量呈逐渐减少趋势，但地主阶级家庭拥有奴婢受法律保护。唐代奴婢的社会地位最为低贱，《唐律》规定："同主奴婢自相杀，主求免者，听减死一等。"疏议："奴婢贱人，律比畜产，相杀虽合偿死，主求免者，听减。若部曲故杀同主贱人，亦至死罪，主求免死，亦得同减法。但奴杀奴是重，主求免者尚听；部曲杀奴既轻，主求免者，亦得免。既称同主，即是私家。"③ 在《唐律疏议》中有多处部曲、奴婢如财

① （唐）陆贽：《陆贽集》卷22《均节赋税恤百姓六条》，中华书局2006年版，第768—769页。
② （宋）宋敏求：《唐大诏令集》卷109《禁岭南货卖男女敕》，中华书局2008年版，第567页。
③ （唐）长孙无忌：《唐律疏议》卷6《诸官户部曲》，中华书局1983年版，第132页。

物、牲畜的条款，在法律上视奴婢如同牲畜，属于主人的私有财产，主人对其有一定的处置权。官、私奴婢、部曲逃亡者："一日杖六十，三日加一等。（部曲、私奴婢亦同。）"① 主人杀死奴婢最重判刑一年，奴婢杀主人即使未遂也要判绞刑。唐代的奴婢来源渠道较多：主要有世代相承、战俘、罪没、掠卖、债务等形式。奴婢同类为婚，子孙相袭，非经放免不得为良。"凡反逆相坐，没其家为官奴婢。一免为蕃户，再免为杂户，三免为良民，皆因赦宥所及则免之。"② 官奴婢主要从事手工业，部分做宫廷、官府的杂役。私家奴婢、部曲主要供庄园主家内役使，部分从事农业生产。

雇农、佃农在汉唐时期相当普遍，一些破产农民通常受雇于地主庄园，用地主的工具在地主的土地上从事生产，领取相应的报酬维持生计，而劳动成果大都被地主占有，这种情况在中原地区相当普遍。

三、田庄生产的分散性

地主获得土地的主要途径是购买土地或者说是兼并，所以一个地主的所有土地就很难保证集中在一起。比如晋代的司徒王戎，"性好兴利，广收八方园田水碓，周遍天下。积实聚钱，不知纪极，每自执牙筹，昼夜算计，恒若不足"③。王戎的园田周遍天下虽然有夸张的成分在内，但也说明他的田庄有很多处。

南朝刘宋时期的孔灵符："家本丰，产业甚广，又于永兴立墅，周回三十里，水陆地二百六十五顷，含带二山，又有果园九处。"④ 孔灵符的家业本已很多，应该已有多处庄园。自己又购建庄园有数百顷之广，还有果园九处，并因此而受到有司官员的弹劾。

唐代元载："城中开南北二甲第，室宇宏丽，冠绝当时。又于近郊起亭榭，所至之处，帷帐什器，皆于宿设，储不改供。城南膏腴别墅，连疆接畛，凡数十所，婢仆曳罗绮一百余人，恣为不法，侈僭无度。"⑤ 元载在膏腴之地修建庄园几十处，应该有不少从事生产的庄园。

---

① （唐）长孙无忌：《唐律疏议》卷28《官户官奴婢逃亡》，中华书局1983年版，第536页。
② （后晋）刘昫：《旧唐书》卷43《职官志二》，中华书局1975年版，第1838页。
③ （唐）房玄龄：《晋书》卷43《王戎传》，中华书局1959年版，第1234页。
④ （梁）沈约：《宋书》卷54《孔灵符传》，中华书局1974年版，第1533页。
⑤ （后晋）刘昫：《旧唐书》卷118《元载传》，中华书局1975年版，第3411页。

汉唐时期的贵族、官僚、富商众多，他们大都有多处田庄。这些田庄大小不一，分散于各地。"在大多数场合下，私有土地与国有土地之间、私有土地与私有土地之间、地主土地与自耕农土地之间，都是相互交织、犬牙交错在一起的。……在土地可以随时买卖的情况下，即令已经形成的大块地产，也很不稳定，可以在地主分块出售下重新陷于片段畸零。"① 中国封建社会土地制度，就是没有形成庄园制。

东汉崔寔的《四民月令》描绘了地主阶级田庄内经济生活，但没有涉及土地占有及经营方式。从相关文献记载来看，大地主田庄内的生产形式，与中小地主土地生产经营大致相同。穰（今河南邓州）人宁成："贳贷陂田千余顷，假贫民，役使数千家。"颜师古注云："假，谓雇赁也。"② 像宁成这样的大地主，其土地通常由上千家农户分片耕种，只收取地租。田庄内的农民称为"佃客"，大都是采用租佃方式耕种地主的土地，粮食收成双方分成。由于土地是分片向外租赁，所以生产安排一般由佃农自己决定，地主一般不统一管理，整个田庄没有形成规范的生产制度，也没有一个完整的经营体系。

---

① 胡如雷：《中国封建社会形态研究》，生活·读书·新知三联书店1979年版，第59页。
② （汉）班固：《汉书》卷90《酷吏·宁成传》，中华书局1959年版，第3650页。

第四章　汉唐赋役制度与农民负担

　　汉唐时期的中国古代社会经历了曲折的发展过程，有秦汉时期大一统的政治局面，也有魏晋南北朝时期分裂割据和军阀混战，在隋唐时期再次走向繁荣昌盛的强盛时期。在广大农民的辛勤耕耘下，封建统治阶级才得以维护其统治机器的正常运行，农业生产呈现出明显的周期性波动。各个阶段的统治者所采取的政策，主要是围绕如何统治广大农民阶级来制定，历代的政策对农民阶级的生产、生活方式有着重大影响。所以，研究汉唐时期农民的生产、生活方式，首先要考虑中原地区的自然条件与早期农业经济的发展特点。

　　封建社会主要由地主和农民两个阶级组成，地主阶级居于统治地位，依靠榨取地租、赋税来维持寄生生活。农民阶级是社会财富的创造者，同时也是受压迫者，居于被统治地位。中国封建社会的国家经济职能主要表现在赋役的征收，调节国家、地主、农民之间物质资料的再分配。由于维持国家运行和稳定的官僚、军队的存在，历代皇朝就必须通过征收赋税和徭役来满足这些人员的物质需求，正如马克思所说的："国家存在的经济体现就是捐税。""换句话说，就是君主们得以骄奢淫逸、人民以自己的血汗为代价付出的捐税。"[①] 在中国古代，赋役是国家的财政支柱，是历代皇朝依靠政治力量进行的社会财富再分配。

第一节　汉晋农民的身份地位及承担的赋役

　　西汉初期，军功地主阶级掌握着国家各级政权，随着社会的逐步稳定，

---

　　① ［德］马克思：《道德化的批判和批评化的道德》，《马克思恩格斯全集》第 4 卷，人民出版社 2016 年版，第 342 页。

汉朝的赐爵制度发生变化，军功地主的政治地位逐步下降，代之而起的是豪强地主。与之相对应，农民的身份随着历史的发展也在不断的变化。

一、汉代编户农民所承担的赋役

汉初，地主阶级上层是军功地主。军功地主出现于战国时期，在秦国发展较快。商鞅变法规定：没有军功只能富不能贵；根据军功大小享有不等的政治地位、占有多少不等的土地和封户。刘邦继续推行军功爵制，将追随他的高级将领 143 人封为列侯，依据军功大小划分为不同等级，享有不等数量的封户。复员军人依据军功大小划分爵位二十一级，占有一定量的土地和宅院。《张家山汉墓竹简》简三一〇至三一三记载：

> 关内侯九十五顷，大庶长九十顷，驷车庶长八十八顷，大上造八十六顷，少上造八十四顷，右更八十二顷，中更八十顷，左更七十八顷，右庶长七十六顷，左庶长七十四顷，五大夫廿五顷，公乘廿顷，公大夫九顷，官大夫七顷，大夫五顷，不更四顷，簪袅三顷，上造二顷，公士一顷半顷，公卒、士五（伍）、庶人各一顷，司寇、隐官各五十亩。不幸死者，令其后先择田，乃行其余。它子男欲为户，以受其□田予之。其已前为户而毋田宅，田宅不盈，得以盈。宅不比，不得。

又，《张家山汉墓竹简》简三一四至三一六记载：

> 宅之大方卅步。彻侯受百五宅，关内侯九十五宅，大庶长九十宅，驷车庶长八十八宅，大上造八十六宅，少上造八十四宅，右更八十二宅，中更八十宅，左更七十八宅，右庶长七十六宅，左庶长七十四宅，五大夫廿五宅，公乘廿宅，公大夫九宅，官大夫七宅，大夫五宅，不更四宅，簪袅三宅，上造二宅，公士一宅半宅，公卒、士五（伍）、庶人一宅，司寇、隐官半宅。欲为户者，许之。①

汉代的列侯和高爵地主掌管各级政权，享有政治经济特权，凭借国家机器强迫农民缴纳租赋、提供徭役。从文帝时起，汉朝赐爵制度发生变化。晁错进言："欲民务农，在于贵粟。贵粟之道，在于使民以粟为赏罚。今募天下

---

① 《张家山汉墓竹简（二四七号墓）》释文修订本，文物出版社 2006 年版，第 52 页。

入粟县官，得以拜爵，得以除罪。如此，富人有爵，农民有钱，粟有所渫。夫能入粟以受爵，皆有余者也。取于有余，以供上用，则贫民之赋可损，所谓损有余补不足，令出而民利者也。顺于民心，所补者三：一曰主用足，二曰民赋少，三曰劝农功。……神农之教曰：'有石城十仞，汤池百步，带甲百万，而亡粟，弗能守也。'以是观之，粟者，王者大用，政之本务。……爵者，上之所擅，出于口而亡穷。粟者，民之所种，生于地而不乏。夫得高爵与免罪，人之所甚欲也。使天下 [人] 入粟于边，以受爵免罪，不过三岁，塞下之粟必多矣。"① 文帝采纳晁错建议，将赐爵依据由军功大小转为向国家捐献粮食的多少，目的是为了发展农业生产，但也使豪强地主阶级势力越来越强，使他们凭借财富获得政治地位，逐步进入社会上层。

东汉皇帝刘秀出身于南阳豪强地主家庭，东汉时期豪强地主势力进一步发展。"豪人之室，连栋数百，膏田满野，奴婢千群，徒附万计。船车贾贩，周于四方。废居积贮，满于都城。琦赂宝货，巨室不能容。马牛羊豕，山谷不能受。妖童美妾，填乎绮室。倡讴（妓）[伎] 乐，列乎深堂。宾客待见而不敢去，车骑交错而不敢进。三牲之肉，臭而不可食。清醇之酎，败而不可饮。睇盼则人从其目之所视，喜怒则人随其心之所虑。"② 豪强地主把持着东汉各级政权，不断地兼并农民土地，在东汉末期拥有强大势力，逐渐发展成为割据势力。

汉代的国家编户主要分为两类：一是地主阶级，另一类是农民阶级。编户农民中的大多数是自耕农，他们是汉朝赋役的主要承担者。

汉朝自耕农来源主要有三：战国时期，奴隶制向封建制过渡时，随着国有土地向私有土地转化，很多井田农民转化成了自耕农，是汉初自耕农的来源之一。汉朝建立以后，追随刘邦的起义军士兵复员后获得少量土地成为自耕农。此外，自行垦荒获得土地的农民也是自耕农形成的途径之一。其中，"大规模的农民起义和农民战争是培植自耕农的主要条件，因为每一次剧烈的阶级大搏斗都有力地打击了地主阶级的大土地所有制，使之部分地分化为自耕农小块土地所有制"③。

① （汉）班固：《汉书》卷 24 上《食货志上》，中华书局 1962 年版，第 1133—1134 页。
② （南朝·宋）范晔：《后汉书》卷 49《仲长统传》，中华书局 1965 年版，第 1648 页。
③ 胡如雷：《中国封建社会形态研究》，生活·读书·新知三联书店 1979 年版，第 25 页。

五口之家、耕田百亩，指的就是自耕农。实际上，汉代大多数自耕农的土地不足百亩，人口稠密的中原地区则更少。陈平祖居户牖（今河南兰考北），仅有"田三十亩"①。《张家山汉墓竹简》简三一〇至三一六显示：获得军功爵位较低的司寇、隐官，复员以后回归故里只能获得土地"五十亩"和"半宅"的私有财产。说明自耕农的土地通常情况下是比较少的，百亩以下者占有一定比例。

自耕农户籍由官府控制，也就是编户齐民。郡县官员每年要向中央呈报辖区内户口数和垦田数，这也是考核地方官员政绩的主要依据。自耕农占编户齐民的大多数，是汉代赋役主要承担者。两汉时期，导致农民贫困的原因比较多，"除了不堪忍受的徭役、天灾人祸等等外，其中还有一个很重要的因素，这就是算赋、口钱、更赋及訾赋等各种名目的赋税征课很重"②。自耕农承担的赋税，主要包括田税、口赋、算赋。田税通常按亩征收，根据正常年景的亩产量计算，征收标准为"十五而税一"或"三十而税一"。严重灾荒之年，政府通常减免部分田赋。口赋是国家向儿童征收的，起初规定三至十四岁每人缴纳二十钱，汉武帝时增加为二十三钱。《汉仪注》云："民七岁至十四出口赋钱，人二十三。二十钱以食天子，其三钱者，武帝加口钱以补车骑马。"③ 农民从十五岁缴纳算赋，"民十五以上至五十六出赋钱，人百二十为一算，为治库兵车马"④。口赋、算赋均按人头征收，口赋和算赋虽不重复征收，对于勉强能维持生计的自耕农来说，按人头常年缴纳也是一项沉重负担。"汉宣以来，百姓赋敛一岁为四十余万万"⑤，"人头税就占 38 亿多。"⑥ 农民人多地少，有的甚至杀死孩子以减轻人头税负担。

自耕农承担的徭役分为力役、兵役和杂役。景帝时规定 20 岁开始服役，昭帝时改为 23 岁，56 岁以后不再服役。汉朝又规定，凡是法定年龄男子，都要服役。又规定，贵族、具有一定军功爵位者、六百石以上的文武官员、博士子弟、三老、孝悌、力田以及买爵至第九等（五大夫）以上者可以免役。

① （汉）司马迁：《史记》卷 56《陈丞相世家》，中华书局 1959 年版，第 2051 页。

② 黄今言：《汉代农民"背本趋末"的历史考察》，《中国经济史研究》2006 年第 4 期。

③ （汉）班固：《汉书》卷 7《昭帝本纪》注引《汉仪注》，中华书局 1962 年版，第 230 页。

④ （汉）班固：《汉书》卷 1 上《高帝本纪上》注引《汉仪注》，中华书局 1962 年版，第 46 页。

⑤ （汉）桓谭撰，朱谦之校辑：《新辑桓谭新论》卷 11《离事篇》，中华书局 2009 年版，第 49 页。

⑥ 晁福林主编《中国古代史》上，北京师范大学出版社 1994 年版，第 294 页。

承担徭役者是广大自耕农。

徭役通常又分为正卒、戍卒、更卒。每人一生在地方服兵役一年称为正卒，到京师或边疆戍守一年称为戍卒。每人每年到政府服役一个月称为更卒，成年男子每年服徭役一次，文帝时期一度改为"丁男三年而一事"①。文帝曾接受晁错建议"募民之欲往者"②戍守边疆，并一度废除"戍卒令"③。汉武帝拓边，农民的徭役不断增加，昭宣时期有所减轻，之后更加沉重。

贾谊对汉代自耕农的艰苦生活有详细描述："今农夫五口之家，其服役者不下二人，其能耕者不过百亩。百亩之收，不过百石，春耕夏耘，秋获冬藏。伐薪樵，治官府，给徭役。春不得避风尘，夏不得避暑热，秋不得避阴雨，冬不得避寒冻，四时之间亡日休息。又私自送往迎来，吊死问疾，养孤长幼在其中。勤苦如此，尚复被水旱之灾，急政暴（虐）［赋］，赋敛不时，朝令而暮改。当具有者半贾而卖，亡者取倍称之息。于是，有卖田宅鬻子孙以偿责者矣。"④自耕农的土地很少，不足以成为剥削别人劳动的手段，只能维持自己生产和生存。如果遇上灾荒之年，就无法完成赋税，甚至家破人亡。自耕农破产以后，一是沦为奴隶，二是成为流民，三是依附豪强地主成为佃农。

汉代的破产农民为了维持生计，靠为别人佣工糊口。雇农多为破产的流民，他们衣食无着，社会地位低下，受种种封建束缚，在社会生产中不占主要地位。

二、魏晋屯田农民及依附农民承担赋税问题

魏晋南北朝时期，占据统治地位的是门阀地主。门阀地主凭借身份地位和特权，把持着国家政权，农民阶级出现了新的身份，负担的赋税徭役也出现了一些变化。

屯田出现于汉朝，最早施行于边关，目的是为了解决因路途遥远运送军粮困难的问题，这种做法遂成为后世解决军粮问题的一种生产手段。曹操占据中原以后，为了解决军粮问题，招募流亡农民于许县（今河南许昌）屯田。

① （汉）班固：《汉书》卷64下《贾捐之传》，中华书局1962年版，第2832页。
② （汉）班固：《汉书》卷49《晁错传》，中华书局1962年版，第2286页。
③ （汉）班固：《史记》卷22《汉兴以来将相名臣年表》，中华书局1962年版，第1127页。
④ （汉）班固：《汉书》卷24上《食货志上》，中华书局1962年版，第1132页。

曹操在许昌屯田得谷百万斛以后，令所辖"州郡例置田官"①，在中原地区全面推广。"当时在洛阳、颖川、河内、南阳、弘农、上党等许多地方，都设有民屯组织。"②

屯田的首要条件是国家必须掌管较大数量的土地。东汉末年，中原地区在黄巾起义的冲击下，地主、自耕农流失殆尽，土地大量抛荒，出现了大量无主田。关于此时期的土地归属，马端临《文献通考》云："当时天下之田，既不在官，然亦终不在民。以为在官，则官无人收管；以为在民，则又无簿籍契券。"③曹操占据中原地区以后，将大量的无主荒地收归国家所有，成为曹魏集团施行屯田的基础。

农业生产离不开农民，农民是农业生产的主体。曹魏屯田制是国家经营农业的一种方式，有土地还必须有人耕种。曹操在打败颖川、汝南黄巾军以后，俘获众多人口和物资，黄巾军将士大都是农民出身，这些人口和物资为曹魏屯田提供了条件。史称曹操"破黄巾定许，得贼资业，当兴立屯田"④，说明曹魏屯田的主要力量可能是那些参加黄巾军起义的被俘农民。曹操屯田分为民屯和军屯两类，本书重点讨论民屯及其相关问题。

民屯，是政府招徕没有生产资料的流民从事农业生产，由政府提供种子及生产工具。屯田农民的生产资料靠政府部门提供，其身份大概属于国家佃农。民屯通常以50人为单位，称为一屯。国家对民屯采用军事管理方式，每屯设屯司马进行管理。屯司马之上设典农都尉、典农校尉、典农中郎将等官。屯田官员与郡县官员并列，互不统属，归中央直接领导。

屯田农民的生产资料由官府提供，所以要向官府缴纳很重的田租，缴纳比例依据是否由官府提供耕牛而定。屯田初期，曾实行"计牛输谷"法⑤，根据屯田农民租用耕牛数量收取田租，枣祗向曹操分析了依据耕牛收取田租的弊端，既不利于提高屯田农民积极性，也影响政府收入，后改为分成制。采用分成制收取地租，耕牛的因素依然考虑在内，政府提供耕牛，政府收取总收获量的六成，屯田农民剩下四成；屯田农民自备耕牛，按收获量对分，

---

① （晋）陈寿：《三国志》卷1《武帝本纪》裴注引《魏书》，中华书局1959年版，第14页。
② 朱绍侯主编：《中国古代史》中册，福建人民出版社1985年版，第9页。
③ （元）马端临：《通考》卷2《天赋考二》，中华书局1959年版，第42页。
④ （晋）陈寿：《三国志》卷16《任峻传》裴注引《魏武故事》，中华书局1959年版，第490页。
⑤ （晋）陈寿：《三国志》卷16《任峻传》，中华书局1959年版，第490页。

各得一半。这和汉朝豪强地主收取的"见税什五"地租相当，屯田农民受到的是超强制性经济剥削。屯田农民名为招募，实际上多为胁迫，不得随意离开，失去了自由人身份，有较强的人身依附关系。所以有"民不乐，多逃亡"①的记载。

魏末晋初，无论是否使用官府耕牛，官方的分成比例都在不断提高，国家对屯田农民剥削日益加重。傅玄在给皇帝的奏疏中云："持官牛者，官得八分，士得二分。持私牛及无牛者，官得七分，士得三分。"②屯田农民收益越来越少，无法维持生计，而产品大多被屯田官员据为己有。

屯田农民也经常承担各种徭役，"治廪系桥，运输租赋，除道理梁，墐涂室屋"③。到了曹魏后期，屯田农民承担的徭役更为频繁。正元二年（255），曹髦下诏："朕以寡德，不能式遏寇虐，乃令蜀贼陆梁边陲。洮西之战，至取负败，将士死亡，计以千数，或没命战场，冤魂不反，或牵掣虏手，流离异域，吾深痛愍，为之悼心。其令所在郡典农及安抚夷二护军各部大吏慰恤其门户，无差赋役一年；其力战死事者，皆如旧科，勿有所漏。"④官府令典农官抚慰出征军士家属，说明屯田农民也要服兵役。

曹魏后期，世家大族的政治地位再度膨胀。为了笼络世家大族，曹魏政府"给公卿以下租牛客户数各有差，自后小人惮役，多乐为之，贵势之门动有百数。又太原诸部亦以匈奴胡人为田客，多者数千"⑤。文中的"小人"，指的是自耕农。官府赏赐公卿客户，曹魏时期称之为"给客制度"，西晋时期发展为"荫户制度"。魏晋的这些举措，使世家大族享有了赋役蠲免权，助推了他们私有经济力量的增长。

晋武帝即位后，以典农中郎将、典农校尉为太守，典农都尉为县令长，屯田制结束。西晋颁布占田令，允许贵族、官僚依品位高低占有一定数量的土地和民户，目的是遏止土地兼并和防止隐瞒户口。晋朝的荫户数量有明文规定，只要有一定的社会政治地位，均有荫蔽农户的特权。

西晋占田荫客制度并没有认真执行，尚书郎李重说："人之田宅既无定

① （晋）陈寿：《三国志》卷11《袁涣传》，中华书局1959年版，第334页。
② （唐）房玄龄：《晋书》卷46《傅玄传》，中华书局1974年版，第1321页。
③ （晋）陈寿：《三国志》卷12《魏书·司马芝传》，中华书局1959年版，第389页。
④ （晋）陈寿：《三国志》卷4《魏书·高贵乡公曹髦》，中华书局1959年版，第133—134页。
⑤ （唐）房玄龄：《晋书》卷93《王恂传》，中华书局1974年版，第2412页。

限，则奴婢不宜偏制其数，惧徒为之法，实碎而难检。"① 官僚地主占有田地数额远远超过官府规定，西晋规定各级官僚的最高荫户数量也不可能起到限制作用，世家大族地主不仅占田无数，所荫蔽的户数也很多。

荫户制度是保障贵族地主经济特权的一种制度，荫户中除了宗族，还有衣食客、佃客等依附农民。荫户供主人役使，不担负国家的赋税徭役，这也是晋朝限制占田、荫户数量的原因。西晋灭亡前后，中原地区许多世家大族南迁之时，人口高达数千人。滞留故土的豪强大族坞堡内，多者数千家、少者数百家，说明中原地区豪强地主的荫户数量庞大。

三、魏晋时期自耕农承担的赋役

魏晋时期，屯田农民、荫户农民虽然大量存在，从事农业生产的主体仍然是自耕农。东汉末年，中原地区农民流失极为严重，曹魏统一北方以后，许多流民返乡，地方官员也积极招徕。为了鼓励农民从事农业生产，为官府提供赋税徭役，曹魏采用了激励政策："一年中与百姓，二年分税，三年计赋税。"② 农民回归故里的第一年，政府给以一定量的补贴以解决基本的生产、生活问题，第二年开始纳税，从第三年起承担各种赋税。

曹操打败袁绍、占领邺城（今河南安阳北）后，颁布田租户调令，规定编户农民向官府缴纳的赋税定额："田租亩粟四升，户绢二匹而绵二斤，余皆不得擅兴，藏强赋弱。"③ 户调制是赋税制度的重大改革，多少改变了汉代赋税以户口为主、自耕农负担沉重状况。户调制征收标准，是按财产划定户等，按户等摊派给每户要缴纳绵、绢数量，平均每户绢二匹、绵二斤。地主和自耕农都要按照户等缴纳赋税，农民负担比汉代轻一些。曹魏前期，一直限制、打击豪强地主，禁止地方营私舞弊，要求郡国守相监督严查，"无令强民有所隐藏，而弱民兼赋也"④。

晋代继续实行户调制，户调定额为："丁男之户，岁输绢三匹，绵三斤，女及次丁男为户者半输。"占田及缴纳田租的数量："男子一人占田七十亩，

①　（唐）房玄龄：《晋书》卷46《李重传》，中华书局1974年版，第1311页。
②　（唐）房玄龄：《晋书》卷26《食货志》，中华书局1974年版，第792页。
③　（唐）房玄龄：《晋书》卷26《食货志》，中华书局1974年版，第782页。
④　（晋）陈寿：《三国志》卷1《武帝本纪》裴注引《魏书》，中华书局1959年版，第26页。

女子三十亩。其外丁男课田五十亩，丁女二十亩，次丁男半之，女则不课。"丁男、丁女的年龄为："男女年十六已上至六十为正丁，十五已下至十三、六十一已上至六十五为次丁。"①占田制度下规定的占田数量，是政府允许农民耕种土地的最高限额，农民能否占到土地，政府不负责任。晋朝规定，农民无论是否占足田地，都必须按规定亩数缴纳田租，"凡民丁科田，夫五十亩，收租四斛，绢三匹，绵三斤。凡属诸侯，皆减租谷亩一斗，计所减以增诸侯；绢户一匹，以其绢为诸侯秩；又分民租户二斛，以为诸侯奉。其余租及旧调绢，二户三匹，绵三斤，书为公赋。九品相通，皆输于官。自如旧制"②。晋朝的租率为每亩谷八升。

魏晋时期赋税制度均采用户调制，从征收标准来看，曹魏侧重于财产，晋朝侧重于丁口。从西晋开始，人头税再次成为自耕农的沉重负担。而魏晋所采取的重农措施，有利于中原地区的恢复发展。

按照国家法令的规定，各级官僚也是政府征发赋役的对象，其实并非如此。官府通常是通过赏赐、豁免等手段将官僚地主应承担的赋税转嫁给自耕农。曹魏将租牛客户赏赐公卿以后，这些客户不再承担官府的赋役，而为公卿赋役，成了公卿之家的劳动者。东吴、蜀汉以致两晋都有类似的赏赐，变相地转走了官僚地主应承担的赋税。

曹魏的"赋役制度主要是剥削劳动人民的手段这一阶级实质，是通过两个方面的措施去实现的：一个是以作为赋税制度主干的田租、户调的丁租化与丁调化过程去实现的，因为田租的丁租化与户调的丁调化，等于否定了田租以私有土地数量为课税的依据的传统；户调的丁调化，也等于改变了户调按家赀高低征收的九品混通法。结果都落脚到了以丁为依据征收，自然对田少丁多的劳动人民不利，而对田多丁少、家赀高的世族地主却大有好处。此其一。另一个途径，就是通过赋税的豁免特权的授予去实现的。因为这时赋役豁免特权的享有者，绝大部分是高门世族地主和各级官吏"③。西晋所颁布的占田法，规定了各级官僚地主可以拥有依附农民的户数，以法令的形式给予他们免除赋役的特权。

---

① （唐）房玄龄：《晋书》卷26《食货志》，中华书局1974年版，第790页。
② （唐）徐坚：《初学记》卷27《宝器部·绢第九》，中华书局1962年版，第657—658页。
③ 高敏：《魏晋南北朝赋役豁免的对象与条件》，《江汉论坛》1990年第6期。

第二节　北朝的赋役制度

晋室南迁之后，鲜卑拓跋氏政治集团完成了中国北方的统一，建立北魏，与南朝对峙于淮河流域，史称南北朝时期。北魏末年分裂为东魏和西魏，后来北齐取代东魏，北周取代西魏，隋朝代周之后统一全国，分裂局面才告结束。北方先后出现的北魏、东魏、西魏、北齐、北周这几个朝代，史称北朝，所推行的赋役制度主要是以均田制为基础的租庸调制，对于农业生产和农民的生活有着重要影响。

一、北魏初期的九品混通制

北魏是鲜卑贵族建立的政权，入主中原后定都洛阳。北魏统治前期，对北方各族人民统治极为残酷，把大量汉人和其他民族人民变成鲜卑贵族的奴隶和杂户，驱使他们在战争中冲锋陷阵，与汉族地主之间也存在尖锐矛盾，中原地区各族人民也不断起来反抗。为了巩固在中原地区统治地位，北魏统治者放弃了原有游牧习俗，推行重农措施，实行均田制。赋税制度由"九品混通制"转变为"新租调制"，以缓和阶级矛盾和民族矛盾。

北魏初期，为了适应农耕区社会发展需要，拓跋珪下令："离散诸部，分土定居，不听迁徙，其君长大人皆同编户。"[1] 部落组织解散以后，各部鲜卑人民成为定居农民，承担国家赋税徭役。拓跋珪平定中山、信都等地以后，"徙山东六州民吏及徒何（辽西鲜卑）、高丽杂夷三十六万，百工伎巧十余万口，以充京师（平城）。"[2] 迁居代北的各族人民，"各给耕牛，计口授田"[3]，给每户一定数量的耕牛和土地，使他们从事农业生产。无论是否授田，辖区内各族人民均须上缴赋税。

赋税征收采用九品混通制："户调帛二匹、絮二斤、丝一斤、粟二十石。又入帛一匹二丈，委之州库，以供调外之费。至是，户增帛三匹，粟二石九

---

① （北齐）魏收：《魏书》卷83上《何讷传》，中华书局1974年版，第1812页。

② （北齐）魏收：《魏书》卷2《太祖本纪》，中华书局1974年版，第32页。

③ （北齐）魏收：《魏书》卷110《食货志》，中华书局1974年版，第2850页。

斗，以为官司之禄。后增调外帛满二匹。所调各随其土所出。"① 九品混通制，不是将赋税平均分配，而是按户等缴纳，由"县宰集乡邑三老计赀定课，衰多益寡，九品混通，不得纵富督贫，避强侵弱"②。并且根据贫富等级，确定缴纳田租的种类和地点："千里内纳粟，千里外纳米。上三品户人京师，中三品入他州要仓，下三品入本州。"③ 国家虽然规定了赋税定额，但户等通常由县令会同地主评定，其结果往往是"纵富督贫，避强侵弱"，地主的户等被压低，贫民的户等被抬高，大部分赋税转嫁到了贫民身上。

事实上，北魏前期的赋税征收十分混乱。官吏没有俸禄，全靠贪污和搜刮民财维持所需。征收赋税时，通过改用大斗、长尺等手段，无形中加重了对民众的剥削。政府部门通常无限制地向农民调发粮食、布帛，农民负担极为沉重。

二、均田制与新租调制

孝文帝在位初期，由冯太后主持朝政。冯太后本为汉人，熟悉农耕生产，知道土地对于普通农民的意义，因而全面推行均田制，平均徭役，以缓和日益尖锐的社会矛盾。均田制规定：

> 诸男夫十五以上，受露田四十亩，妇人二十亩，奴婢依良。丁牛一头受田三十亩，限四牛。所授之田率倍之，三易之田再倍之，以供耕作及还受之盈缩。
> 诸民年及课则受田，老免及身没则还田。奴婢、牛随有无以还受。
> 诸桑田不在还受之限，但通入倍分田。于分虽盈，没则还田，不得以充露田之数。不足者，以露田充倍。
> 诸初受田者，男夫一人给田二十亩，课莳余，种桑五十树，枣五株，榆三根。非桑之土，夫给一亩，依法课莳榆、枣。奴各依良。限三年种毕，不毕，夺其不毕之地。于桑榆地分杂莳余果及多种桑榆者不禁。
> 诸应还之田，不得种桑榆枣果，种者以违令论，地入还分。

① （北齐）魏收：《魏书》卷110《食货志》，中华书局1974年版，第2852页。
② （北齐）魏收：《魏书》卷四上《世祖本纪上》，中华书局1974年版，第86页。
③ （北齐）魏收：《魏书》卷110《食货志》，中华书局1974年版，第2852页。

诸桑田皆为世业，身终不还，恒从见口。有盈者无受无还，不足者受种如法。盈者得卖其盈，不足者得买所不足。不得卖其分，亦不得买过所足。

诸麻布之土，男夫及课，别给麻田十亩，妇人五亩，奴婢依良。皆从还受之法。

诸有举户老小癃残无授田者，年十一已上及癃者各授以半夫田，年逾七十者不还所受，寡妇守志者虽免课亦授妇田。

诸还受民田，恒以正月。若始受田而身亡，及卖买奴婢牛者，皆至明年正月乃得还受。

诸土广民稀之处，随力所及，官借民种莳。役有土居者，依法封授。

诸地狭之处，有进丁受田而不乐迁者，则以其家桑田为正田分，又不足不给倍田，又不足家内人别减分。无桑之乡准此为法。乐迁者听逐空荒，不限异州他郡，唯不听避劳就逸。其地足之处，不得无故而移。

诸民有新居者，三口给地一亩，以为居室，奴婢五口给一亩。男女十五以上，因其地分，口课种菜五分亩之一。

诸一人之分，正从正，倍从倍，不得隔越他畔。进丁受田者恒从所近。若同时俱受，先贫后富。再倍之田，放此为法。

诸远流配谪、无子孙及户绝者，墟宅、桑榆尽为公田，以供授受。授受之次，给其所亲；未给之间，亦借其所亲。

诸宰民之官，各随地给公田，刺史十五顷，太守十顷，治中别驾各八顷，县令、郡丞六顷。更代相付。卖者坐如律。①

中原是北魏实行均田制最早的地区，无论官僚、地主、农民、奴婢，均可以依法受田。均田制推行后，农民缴纳赋税采用新租调制："民调，一夫一妇帛一匹，粟二石。民年十五以上未娶者，四人出一夫一妇之调；奴任耕、婢任绩者，八口当未娶者四；耕牛二十头当奴婢八。其麻布之乡，一夫一妇布一匹，下至牛，以此为降。大率十匹为公调，二匹为调外费，三匹为内外百官俸，此外杂调。"② 均田制实行以后，人均负担略有减轻，这是因为地主的部分荫户农民被简括出来成为国家编户，承担赋役人口有所增加。

---

① （北齐）魏收：《魏书》卷 110《食货志》，中华书局 1974 年版，第 2853—2855 页。
② （北齐）魏收：《魏书》卷 110《食货志》，中华书局 1974 年版，第 2855 页。

北魏的徭役制度前后期变化较大。晋室南迁之后，中原地区陷于军阀混战之中，数个政权并存，屡动兵戈，各国统治者随心所欲，有章不循，徭役征发十分混乱。北魏时期徭役规定：丁男为 15 岁至 70 岁，次丁 12 岁至 14 岁，农民服役年龄应该在 15 岁至 70 岁。北魏前期，兵役、徭役繁重，除国家规定以外，地方官员也随意征发。孝文帝时期推行均田制，兵役采用"十丁取一"①，力役可能为每丁每年一个月。

北魏后期，兵役、徭役不断加重，中原农民负担更加繁重。"汝颍之地，率户从戎；河、冀之境，连丁转运。"中原地区总体状况是："死丧离旷，十室而九。细役烦徭，日月滋甚；苛兵酷吏，因逞威福。至使通原遥畛，田芜罕耘。连村接闬，蚕饥莫食。而监司因公以贪求，豪强恃私而逼掠。遂令鬻裋褐以益千金之资，制口腹而充一朝之急。"② 在沉重赋税徭役压迫下，均田农民不堪重负，便抛荒逃亡。一些成为豪强的依附农民，也有一些遁入空门。北魏佛寺繁荣也说明了编户齐民流失的严重。

三、北齐均田制度下土地的严重不均

北魏后期，均田制已经破坏，农民流失极为严重。东魏武定二年（544），"太保孙腾、大司马高隆之各为括户大使，凡获逃户六十余万。"③ 东魏辖境仅有中原地区，治所设于邺城的司州最盛时："领郡十二，县六十五，户三十七万一千六百七十五，口一百四十五万九千八百三十五。"④ 从司州户数与逃户数的对比可以看出，东魏初期农民逃亡问题的严重性。

普泰二年（532），高欢杀魏闵帝，立孝武帝元修，自任大丞相，总揽朝政。永熙三年（534），孝武帝逃亡关中，投靠宇文泰。高欢另立元善为帝，不久迁都于邺城（今河南安阳市北），北魏分离为东魏、西魏两个国家。公元 550 年，高洋废孝静帝元善，建国号为齐，史称北齐。东魏和北齐前期，中原地区土地兼并十分严重。河清三年（564），北齐颁布均田令，规定了各色人等受田之数：

① （北齐）魏收：《魏书》卷 7 上《高祖本纪上》，中华书局 1974 年版，第 139 页。
② （北齐）魏收：《魏书》卷 47《卢玄传附渊弟昶传》，中华书局 1974 年版，第 1056 页。
③ （北齐）魏收：《魏书》卷 12《孝静帝本纪》，中华书局 1974 年版，第 307 页。
④ （北齐）魏收：《魏书》卷 106 上《地形志上》，中华书局 1974 年版，第 2456 页。

职事及百姓请垦田者，名为永业田。奴婢受田者，亲王止三百人；嗣王止二百人；第二品嗣王已下及庶姓王，止一百五十人；正三品已上及皇宗，止一百人；七品已上，限止八十人；八品已下至庶人，限止六十人。奴婢限外不给田者，皆不输。其方百里外及州人，一夫受露田八十亩，妇四十亩。奴婢依良人，限数与在京百官同。丁牛一头，受田六十亩，限止四牛。又每丁给永业二十亩，为桑田。其中种桑五十根，榆三根，枣五根。不在还受之限。非此田者，悉入还受之分。土不宜桑者，给麻田，如桑田法。①

北齐颁布的均田令，准许高官可以有数百奴婢获得田地，为官僚地主阶级占据大量土地提供了方便，官僚地主依据奴婢的均田数就可拥有土地高达数千亩到数万亩。而编户农民无力收养奴婢，得到的田地相对要少得多。北齐颁布均田令的同时，也颁布了赋役法：

男子十八以上，六十五已下为丁；十六已上，十七已下为中；六十六已上为老；十五已下为小。率以十八受田，输租调，二十充兵，六十免力役，六十六退田，免租调。

率人一床，调绢一疋，绵八两，凡十斤绵中，折一斤作丝，垦租二石，义租五斗。奴婢各准良人之半。牛调二尺，垦租一斗，义租五升。垦租送台，义租纳郡，以备水旱。垦租皆依贫富为三枭。其赋税常调，则少者直出上户，中者及中户，多者及下户。上枭输远处，中枭输次远，下枭输当州仓。三年一校焉。租入台者，五百里内输粟，五百里外输米。入州镇者，输粟。人欲输钱者，准上绢收钱。诸州郡皆别置富人仓。初立之日，准所领中下户口数，得支一年之粮，逐当州谷价贱时，斟量割当年义租充入。谷贵，下价粜之；贱则还用所粜之物，依价籴贮。

每岁春月，各依乡土早晚，课入农桑。自春及秋，男十五已上，皆布田亩。桑蚕之月，妇女十五已上，皆营蚕桑。孟冬，刺史听审邦教之优劣，定殿最之科品。人有人力无牛，或有牛无力者，须令相便，皆得纳种。使地无遗利，人无游手焉。②

———
① （唐）魏徵：《隋书》卷24《食货志》，中华书局1973年版，第677页。
② （唐）魏徵：《隋书》卷24《食货志》，中华书局1973年版，第677—678页。

北齐赋税徭役摊派主要依据丁口, 官僚地主有的奴婢不计入丁口, 官职越高所承担的赋役就相对越少, 同时还享有免除赋役的特权。农民的田地少而赋役重, 只能是越来越贫困, 社会的贫富差距也越来越大。

北齐时期, 一般农民均田数目高于北魏, 说明中原地区人口流失、土地抛荒情况更为严重。北齐均田制不仅没有达到平均土地的目的, 反而加剧了地主大土地所有制的发展。中原地区豪族土地无数, 依附农民高达万家。齐文宣皇帝在位时, "政令严猛, 羊、毕诸豪, 颇被徙逐。至若瀛、冀诸刘, 清河张、宋, 并州王氏, 濮阳侯族, 诸如此辈, 一宗近将万室, 烟火连接, 比屋而居"①。北齐的赋税不均加剧了农民阶级的贫困, 最终出现的局面是: "强弱相凌, 恃势侵夺, 富有连畛亘陌, 贫无立锥之地。"②

第三节　隋唐赋役制度的变革

隋唐时期, 中国的政治、经济、文化有了巨大发展, 出现了数百年的繁荣景象, 这与隋唐所进行的改革密不可分。隋朝和唐朝前期, 沿用了北魏创立的均田制度, 推动了农业生产。在赋役方面也积极改革, 尽可能地减轻农民的负担。随着社会发展, 国家政治经济形势, 以及不同阶段所推行赋役制度也有较大变化。

一、隋朝的赋役制度

开皇二年 (582), 隋文帝颁布均田令, 基本上采用北齐制度, 赋税徭役却比北齐减轻许多。隋初, 赋役依丁口计算。开皇二年规定: "男女三岁已下为黄, 十岁已下为小, 十七已下为中, 十八已上为丁。丁从课役, 六十岁为老, 乃免。……丁男一床, 租粟三石。桑土调以绢绝, 麻土以布绢。绢以疋, 加绵三两。布以端疋, 加麻三斤。单丁及仆隶各半之。未受地者皆不课。" 赋役数量较前代减轻许多。开皇三年, 隋文帝继续省徭薄赋: "军人以二十一成

---

① (唐) 杜佑:《通典》卷3《食货典三·乡党》, 中华书局1988年版, 第62页。
② (唐) 杜佑:《通典》卷2《食货典三·田制》, 中华书局1988年版, 第27页。

丁。减十二番每岁为二十日役，减调绢一匹为二丈。"① 古制："布帛广二尺二寸为幅，长四丈为匹。"② 一匹又称为一疋。长度减少，意味着租调减少一半。农民成丁年龄提高三岁，意味着承担赋役期限减少三年。租调数量降低、服役时间缩短，减轻了农民负担，促进了社会经济恢复和农业发展。

隋朝以前，尽管各朝均明定农民应该缴纳的田租数量和赋役天数，但在具体执行过程中，各级官吏并不按规定数额执行，导致赋役征发无度。高颎"以人间课输，虽有定分，年常征纳，除注恒多，长吏肆情，文帐出没，复无定簿，难以推校，乃为输籍定样，请遍下诸州。每年正月五日，县令巡人，各随便近，五党三党，共为一团，依样定户上下。"③ 高颎的这项建议得到了隋文帝认可，并在全国推广。"输籍定样"使每户明白哪些是自己应该缴的，农户虽然不能逃税，但也能有效地遏制官吏的乱摊派和营私舞弊。隋初采取轻徭薄赋政策，农民承担的赋役比豪强地主剥削依附户轻得多，许多依附于豪强地主的农民自愿向国家申报户口，成为国家的编户，有效地削弱了豪强地主的势力。

隋朝的赋税徭役虽有定数，但在大业年间遭到破坏，中原地区尤甚。隋炀帝即位不久便大兴土木，无限制地征发徭役。中原地区的几项大工程，动用人力数量十分庞大。大业元年（605）营建东都洛阳时，"每月役丁二百万人"。营建东都和显仁宫的木料由江南诸州运至洛阳，"所经州县，递送往返，首尾相属，不绝者千里"。由于工程紧，劳动强度过重，"僵仆而毙者，十四五焉"。每月载死丁"东至城皋，北至河阳，车相望于道"④。

大业元年（605），开通济渠时，"发河南诸郡男女百余万"⑤；大业三年（607），"发河北十余郡丁男凿太行山，达于并州，以通驰道"⑥；大业四年（608），"诏发河北诸郡男女百余万开永济渠"⑦。由于徭役繁重，每项工程都要伤亡大量百姓，大业四年以后，中原地区的丁男已经不能满足徭役的

① （唐）魏徵：《隋书》卷 24《食货志》，中华书局 1973 年版，第 680—681 页。
② （汉）班固：《汉书》卷 24《食货志下》，中华书局 1962 年版，第 1149 页。
③ （唐）魏徵：《隋书》卷 24《食货志》，中华书局 1973 年版，第 681 页。
④ （唐）魏徵：《隋书》卷 24《食货志》，中华书局 1973 年版，第 686 页。
⑤ （唐）魏徵：《隋书》卷 3《炀帝本纪上》，中华书局 1973 年版，第 63 页。
⑥ （唐）魏徵：《隋书》卷 3《炀帝本纪上》，中华书局 1973 年版，第 68 页。
⑦ （唐）魏徵：《隋书》卷 3《炀帝本纪上》，中华书局 1973 年版，第 70 页。

需求，"始以妇人从役"①。

隋炀帝在位的十四年中，居住在京城时间不足一年，到处巡游。每次巡游，都给百姓带巨大灾难。譬如：隋炀帝南巡江都，第一次有二十万人，第二次五十万人，沿途五百里内的百姓都要贡献精美食品，地方官吏乘机大肆搜刮，中原地区百姓甚至要预交数年租调。

为了征伐高丽，隋炀帝遣元弘嗣在东莱（治所在今山东掖县）海口监造船只："诸州役丁苦其捶楚，官人督役，昼夜立于水中，略不敢息，自腰以下，无不生蛆，死者十三四。"② 大业七年（611），"五月，敕河南、淮南、江南、造戎车五万乘送高阳，供载衣甲幔幕，令兵士自挽之，发河南、北民夫以供军须。秋七月，发江、淮以南民夫及船运黎阳及洛口诸仓米至涿郡，舳舻相次千余里"。征讨高丽所需民夫，大部分是中原地区农民。由于牛车不够用，便征发六十万农民拉着鹿车运粮，二人一车运粮三石。"往还在道常数十万人，填咽于道，昼夜不绝，死者相枕，臭秽盈路。"③

大业年间，兵役更是中原人民的沉重负担。隋朝采用府兵制，中原是府兵最为集中地区。大业五年（609）西征吐谷浑，大业八年至十年（612—614）的三征高丽，隋炀帝从中原地区征调了大量兵丁。大业八年动用的兵力113万、民夫200多万，大部分来自中原。文献中很少见到隋炀帝增加赋役的律令，大都是减轻赋役的诏令，隋炀帝的暴政，"不在于常制、常典之轻重，而在于炀帝及其统治集团，蓄意破坏法治，强征非常之赋，行非常之役，用非常之法，残害百姓"④。隋炀帝时期农民的负担主要是力役和兵役，沉重的徭役使农民失去了从事农业生产的时间，导致了"黄河之北，则千里无烟，江淮之间，则鞠为茂草"⑤ 的凄凉景象，社会经济遭到严重破坏之后，衣食无着的人们不得不奋起抗争，引发了大规模农民起义而走向灭亡。

① （唐）魏徵：《隋书》卷24《食货志》，中华书局1973年版，第687页。

② （唐）魏徵：《隋书》卷74《酷吏·元弘嗣传》，中华书局1973年版，第1701页。

③ （宋）司马光：《资治通鉴》卷181，炀帝大业七年（611）五月、七月条，中华书局1956年版，第5654页。

④ 黄慧贤：《略伦隋炀帝之暴政》，《武汉大学学报》1983年第4期。

⑤ （唐）魏徵：《隋书》卷70《杨玄感传》，中华书局1973年版，第1617页。

二、唐朝的赋役制度

唐朝前期沿袭隋朝的均田制和赋役制度，在内容上有所调整。后期采用"两税法"，赋役征收依据财产的多少。

武德七年（624），唐朝颁布赋役制度："凡赋役之制有四，一曰租、二曰调、三曰役、四曰杂徭。课户每丁租粟二石。其调，随乡土所产绫绢絁各二丈，布加五分之一。输绫绢絁者，绵三两。输布者，麻三斤。皆书印焉。凡丁，岁役二旬。无事则收其庸，每日三尺。有事而加役者，旬有五日免调，三旬则租调俱免。凡庸调之物，仲秋敛之，季秋发于州。租则准州土收获早晚，量事而敛之。仲冬起输，孟春而纳毕。本州纳者，季冬而毕。"[1] 租庸调征收，以丁为准，比隋朝有所减轻。以庸代役制度化，使农民有更多时间从事生产，并成为唐朝前期国家财政收入的主要来源。

高宗、武则天以后，关中和中原地区土地兼并日益严重，均田农民大量破产逃亡。官府把逃亡人口赋税转加在未逃亡农民身上，导致更多的农民逃亡。到了唐玄宗时期，均田制和租庸调制已经不能与土地占有情况相适应，国家依据丁口征收赋税徭役已经不能适应社会现实，税制改革成为必然。

唐朝前期的社会比较稳定，耕作技术也有较大该改进，农户、人口呈现出较大的增长趋势，商品经济也有较大发展，土地买卖也日益频繁。唐代中期，"随着人口的增加，土地变为相对稀缺要素，均田制变成了无效率的制度，并最终被土地私有制所代替"[2]。唐德宗建中元年（780），朝廷根据宰相杨炎建议，施行"两税法"。两税法以唐朝前期的地税和户税为主，将各项税收统一于一起，分夏秋两次征收，故名"两税法"。两税法改变了前期以均田制为基础、以人丁为本的租庸调制，采用以财产（主要是土地、房产）多寡为主、划定户等的税收政策，是中国赋役制度史上一次较为全面改革。

地税源于唐初的"义仓税"。贞观二年（628），唐太宗下令："天下州县并置义仓"[3] 以备荒年。义仓税的缴纳办法为："亩税二升，粟、麦、秔、稻，随土地所宜。……商贾无田者，以其户为九等，出粟自五石至于五斗为

---

[1]　（后晋）刘昫：《旧唐书》卷43《职官志二》，中华书局1975年版，第1826页。
[2]　习建华：《中唐赋税制度变迁的分析》，《理论月刊》1998年第11期。
[3]　（后晋）刘昫：《旧唐书》卷2《太宗本纪上》，中华书局1975年版，第34页。

差。下下户及夷獠不取焉。"① 义仓在唐前期的灾荒之年发挥了一定作用。

唐高宗在位时期，"稍假义仓以给他费"②，义仓功能开始发生变化。中宗以后，国家财政拮据，义仓存粮用于填补政府亏空，义仓粮改称地税。义仓粮改为地税后，征收标准依旧。开元二十五年（737）定式："王公以下，每年户别据所种田，亩别税粟二升，以为义仓。其商贾户若无田及不足者，上上户税五石，上中以下递减各有差。"③ 代宗广德元年（763），地税"依旧每亩税二升"④。唐代中期，全国义仓储粮多于正仓，反映了地税在国家赋税收入中的重要地位。

两税法实行以后，唐朝的赋税征收"以资产为宗，不以丁身为本，资产少者税轻，多者税重"⑤。两税法中地税按亩征粟，户税征收标准也是依据土地多少划定户等，依据财产多少征收赋税的两税法应运而生，是唐代土地兼并、地主大土地所有制发展的必然结果。

两税法实施初期，唐政府规定："今后除两税外，辄率一钱，以枉法论。"⑥ 这种局面维持时间很短，不久两税额开始增加，又增添了许多苛捐杂税，人民负担日益加重，生活更加困难。同时，土地买卖限制逐渐放松，土地兼并日益加剧，雇佣劳动得到进一步发展。

三、赋税不均导致了农民贫困破产

在封建社会，"负担科役的各阶级、各阶层在社会经济中所处的地位不同，科役的征敛方式也会有所差异。中国封建社会缺乏严格的等级制，无论按丁、按口、按户、按亩、按赀征税，在法律上和政治上，庶族地主与农民均属于纳税居民，有时一部分具有特权身份的贵族地主也不能完全免除赋税负担。"⑦ 从国家政策角度来说，地主和农民都需要缴纳赋税，但在实际的赋税征收过程中，地主阶级应该缴纳的赋税往往以各种手段转嫁到农民身上。

---

① （宋）欧阳修：《新唐书》卷51《食货志一》，中华书局1975年版，第1344页。
② （宋）欧阳修：《新唐书》卷52《食货志二》，中华书局1975年版，第1352页。
③ （唐）杜佑：《通典》卷12《食货典十二》，中华书局1988年版，第291页。
④ （后晋）刘昫：《旧唐书》卷48《食货志二》，中华书局1975年版，第2091页。
⑤ （宋）欧阳修：《新唐书》卷52《食货志二》，中华书局1975年版，第1354页。
⑥ （后晋）刘昫：《旧唐书》卷12《德宗本纪》，中华书局1975年版，第324页。
⑦ 胡如雷：《中国封建社会形态研究》，生活·读书·新知三联书店1979年版，第75页。

　　汉唐时期，随着土地关系演变，国家赋税制度也不断调整。唐朝中期以前，国家采取"假民公田"①、"占田"、"均田"等政策扶植自耕农，将国家控制的土地租赁或分给贫民或流民，使他们成为国家的编户农民为政府提供赋税徭役，"自耕农的小块土地所有制在整个土地关系中还占相当可观的比重，所以按丁按口征税的部分在全部课役中占有重要地位"②。从秦汉到唐朝中期，由于自耕农大量存在，国家征收赋税便侧重于人口。汉朝田赋的政策通常为什五税一或三十税一，总赋税量中的绝大多数是国家按人头征收的口赋、算赋和更赋，平民百姓的赋税和徭役并不轻薄。文景时期减少田赋，却没有降低人头税，自耕农人均占有土地很少，国家降低田租给他们带来的实惠非常有限，庞大的人头税通常使他们难以承受。地主阶级地多人少，政府征收田租越少，地主的财富积累就越多，实力就越雄厚，更有力量兼并农民的土地。

　　唐中叶以后，商品经济的繁荣促进了地主大土地所有制发展，自耕农小块土地日益减少，失去土地的人口日益增多。日益贫困的农民无力缴纳按丁、按口征收的大量赋税，土地、财产数量成为唐代征收的赋税主要依据。国家依据财产征收赋税，破产农民依靠租种地主土地维持生活，租佃关系成为农业生产主流："农夫资巨室之土，巨家资农夫之力，彼此自相资，有无自相恤，而官不与也，故曰官不养民。农夫输于巨室，巨室输于州县，州县输于朝廷，以之禄士，以之饷军，经费万端，其如尽出于农也，故曰民养官矣。"③ 农民耕种地主土地向地主缴纳地租，地主向国家缴纳赋税，突出了田产的经济职能。

　　封建社会的剩余劳动通常表现为地租，国家征收赋税属于地租中的一部分，国家、地主、农民之间的斗争通常集中在地租的分割问题上。唐人陆贽说："官取其一，私取其十，稼人安得足食，公廪安得广储！"④ 国家赋税收入减少，农民生活贫困，主要原因在于地主阶级占去了大量地租。在瓜分地租的斗争中，历代的地主总是利用隐瞒户口、隐瞒田产等办法逃避课役；地主政权则用度田、括户等手段与地主进行斗法。

　　魏晋的户调制、隋唐的租庸调三项主要课役都是按丁征收的。每个朝代

①　（宋）徐天麟：《西汉会要》卷50《假民公田》，中华书局1957年版，第509页。
②　胡如雷：《中国封建社会形态研究》，生活·读书·新知三联书店1979年版，第80页。
③　（宋）王柏：《鲁斋集》卷7《赈济利害书》，商务印书馆1936年版，第129页。
④　（唐）陆贽：《陆贽集》卷22《均节赋税恤百姓六条》，中华书局2006年版，第769页。

的中后期，由于土地兼并造成自耕农的减少和赋税来源的枯竭，政府便不断地加重赋税徭役。国家赋税增加之时，地主总会以增税为借口对佃农增收地租，将国家增加的赋税转嫁于佃农，以维护其利益。地主阶级为了维护其统治，地主政权有时也实行蠲免课役政策，但由于汉唐时期的依附农民、荫户农民、佃农租种的是地主土地，国家不能与他们直接发生经济关系，地主上缴赋税减少而农民向地主缴纳的私租通常不会减少。汉代荀悦对地租与赋税的分割描述为："古者什一而税，以为天下之中正也。今汉氏或百一而税，可谓鲜矣。然豪强富人占田逾侈，输其赋大半，官收百之一税，民输大半之赋。官家之惠优于三代，豪强之暴酷于亡秦氏。上惠不通，威福分于豪强也。文帝不正其本而务除租税，适足以资豪强耳。"① 实际上，官府减免赋税通常是地主受益，雇农、佃农却得不到实惠。在地租量不变的情况下，赋税缴纳越少，地主积累的财富就越多，更有能力兼并土地扩大剥削范围，农民就更容易贫困破产。

---

① （宋）徐天麟：《西汉会要》卷 51《田租》，中华书局 1957 年版，第 517—518 页。

第五章　农村的基层管理

汉唐时期，农业是国家的经济支柱，是社会物质财富的主要来源，所以国家对农村的管理成为政治活动的重中之重。统治者已经认识到："党族闾里正长之职，皆当审择，各得一乡之选，以相监统。夫正长者，治民之基。基不倾者，上必安。"① 农村能否稳定，对国家政局影响至关重要，封建王朝为了维持其统治秩序，把体现国家意志的行政权力自上而下延伸到乡村基层，大致以"里"为乡村行政中心，辅之以邻保等组织，以实现其控制乡村目的。到了唐代，"村"级组织进入政府法令，成为国家农村控制的组成部分，实行乡里制与村坊制并行的基层管理模式。所以农村基层组织建设在汉唐时期不断进行改革，基层组织及其职能也不断地得到完善。

第一节　农村基层组织的演变

农村基层组织，在先秦时期已经形成。春秋战国时期的基层组织明显特征是"什伍制度"，以连坐之法将民户捆绑在一起，使之相互监督维持社会稳定。什伍之上有乡级组织，其组成人员的选任办法和权利义务史书中却没有明确记载。卜宪群先生认为春秋战国的基层组织及其权利，"在形式上依赖于乡里社会流传久远的自然社会秩序，但从春秋战国的历史实际来看，乡里政权的权利体系是一元化的，还没有出现典型的分割国家政权的其他权力体系"②。商周以血缘关系和宗法制度为特征的权力体系虽然在春秋战国时期被

---

① （唐）令狐德棻：《周书》卷23《苏绰传》，中华书局1971年版，第388页。
② 卜宪群：《春秋战国乡里社会的变化与国家基层权力的建立》，《清华大学学报》2007年第2期。

逐渐打破，出现了选任郡县官吏的管理制度，广大民众聚族而居的传统生产生活方式并没有改变，

商鞅变法："令民为什伍，而相牧司连坐。不告奸者腰斩，告奸者与斩敌首同赏，匿奸者与降敌同罚。民有二男以上不分异者，倍其赋。有军功者，各以率受上爵，为私斗者，各以轻重被刑大小。僇力本业，耕织致粟帛多者复其身。事末利及怠而贫者，举以为收孥。宗室非有军功论，不得为属籍。明尊卑爵秩等级，各以差次名田宅，臣妾衣服以家次。有功者显荣，无功者虽富无所芬华。"① 什伍相连，是秦国建立的基层组织，将自耕自足为家庭单位的松散农户组织起来，以连坐方式加强了对分散农户的管理和控制，对秦国发展起到了积极作用。

汉唐时期，国家对农村管理继续沿用先秦的"什伍制度"，采取连坐形式将农民组织在一起，一家犯法，邻里都要受到牵连和惩处。随着历史发展，各朝所采取的措施也在不断改进，具有阶段性特征。

一、汉魏两晋的亭里制度

秦朝崇尚法治，"事皆决于法"②，农村平民日常生活均受到法律限制。秦朝的国家财政主要是向自耕农家庭征收赋税，对农村的户籍管理也非常严格，将全国农户编制成册，由官府掌握各家户籍。为了加强对农村控制，在县级行政区内，设置了乡、里、亭、邮等基层组织。

秦汉时期，基层组织"邻""里"之上分为两套系统。一为乡党系统："五家为邻，五邻为里，四里为族，五族为党，五党为州，五州为乡。乡，万二千五百户也。邻长位下士，自此以上，稍等一级，至乡而为卿也。"③ 另一套为乡亭系统："大率十里一亭，亭有长。十亭一乡。"④ 两套系统均处于乡、里之间，乡在农村基层组织中级别最高。"乡有三老、有秩、啬夫、游徼。……县大率方百里，其民稠则减，稀则旷，乡、亭亦如之，皆秦制也。"⑤ 在职责方面，"乡与亭的区别也很大。乡级机构有教化、收赋税、听讼、维持

① （汉）司马迁：《史记》卷68《商君列传》，中华书局1959年版，第2230页。
② （汉）司马迁：《史记》卷6《秦始皇本纪》，中华书局1959年版，第238页。
③ （汉）班固：《汉书》卷24上《食货志上》，中华书局1962年版，第1121页。
④ （汉）班固：《汉书》卷19上《百官公卿表》，中华书局1962年版，第742页。
⑤ （汉）班固：《汉书》卷19上《百官公卿表》，中华书局1962年版，第742页。

治安等责，可以说包括基层民政的方方面面。亭长的职责就比较单一，只负责维持治安以及治安有关的事物。亭的人员构成为亭长与亭卒，这一事实本身就已表明：亭确实具有准军事性质，不同于乡里行政机构"[1]。乡、亭建置既有区域、范围因素，也有人口因素，可能以户口为主。人口稠密的中原地区，乡、亭管辖区可能更小。

"里"为秦汉时期基层组织的基本单位，主要依据户数划定，乡党系统、乡亭系统均建立在"里"之上。据《汉书·食货志》记载，里的户数是整齐划一的，即二十五户。以户数划定基层单位，是与秦汉时期的生产力发展水平和赋税制度相关，户口数目的相对固定，便于政府部门依据户口征收赋税、征发徭役。

西汉中期以后，土地兼并日益严重，越来越多的破产自耕农流徙他乡，每里的户数可能不足25，乡里制度可能受到一定影响。没有投靠豪强地主的流民可能聚集在山泽之间，形成一定规模的聚落，在聚落周围开荒种地或从事渔猎，作为谋生手段。由流民而形成的聚落是否采取乡里制度，文献记载十分匮乏，尚需进一步的研究。

三国时期，国家处于分裂状态，战争连绵不断，曹魏统治下的中原农村基层组织形式缺乏具体记载，"乡公""亭侯"的爵位封赏一直进行，说明乡里组织可能依然存在。西晋时期，乡、里组织的户数比较明确："县五百以上皆置乡，三千以上置二乡，五千以上置三乡，万以上置四乡，乡置啬夫一人。乡户不满千以下，置治书史一人，千以上置史、佐各一人，正一人；五千五百以上置史一人，佐二人。县率百户置里吏一人，其土广人稀，听随宜置里吏，限不得减五十户。户千以上，置校官掾一人。"[2]晋代农村管理沿用秦汉的乡里制度，但"里"的户数出现了较大变化，有秦汉时期的"二十五户"增加为"一百户"，并由官府任命"吏"一人，负责一"里"事务；每"乡"的户数可能不像秦汉时期那样整齐划一，数百户至几千户不等，并根据每乡人数多寡设置啬夫、史、佐、治书史之类不同的官职，以加强对乡、里基层组织的控制。

---

① 杨际平：《汉代内郡的官吏构成与乡、亭、里关系——东海郡尹湾汉简研究》，《厦门大学学报》1998年第4期。

② （唐）房玄龄：《晋书》卷24《职官志》，中华书局1974年版，第746—747页。

二、北魏的三长制

豪强地主出现于秦汉，中原地区大族尤多。他们广占田园，荫附大量民户，在农村拥有较大势力，郡、县官吏有时也对其有所敬畏。两晋时期，游牧民族入主中原，一些没有南迁的世家大族将宗族、部曲武装起来，缮制甲兵，修筑村寨，割据一地，形成"百室合户""千丁共籍"① 的坞堡。世家大族的首领被称为宗主，宗族成员、部曲被称之为"苞荫户"，苞荫户对宗主有着较强的依附关系，是一种事实上的地方组织。坞堡是历史发展特殊阶段的产物，拥有军事、经济、政治等多方面职能，是聚落与行政合二为一的基层组织。

北魏政权建立后，基层组织的推行受到地方上坞堡抵制。为了取得世家大族支持，北魏承认了宗主对于其依附农民的剥削权力，将坞堡作为地方基层组织，任命宗主为坞堡的官吏，监督管理堡内农民，形成了"宗主督护制"。北魏初期，"宗主督护制缓和了拓跋部统治者与地方豪强之间的矛盾。……不少宗族领袖开始与拓跋部统治者携起手来，共同压迫中原人民，镇压中原地区的农民起义"②。北魏实行宗主督护制以后，基本达到了"权以济事，危而获安，隆基固本，内和外辑"③ 的政治意图，对北魏政权的稳固起到了积极作用。

宗主督护制，只是北魏初期的权宜之计，对北魏统治存在较大的潜在威胁。国家财政主要来源于农民缴纳的赋税，宗主荫庇了大量农民，严重影响到国家的税收。宗主凭借坞堡和"宗主督护制"发展自己实力，大肆兼并土地，造成更多的自耕农破产而成为他们的荫户。当时，中原地区强大的宗族有清河崔氏、荥阳郑氏、赵郡李氏、范阳卢氏等。宗主通过联姻、结盟等方式相互勾结，形成了强大的门阀势力，向北魏统治者要求更高的政治地位。有些宗主则为非作歹、称霸一方，例如广平（今河北南部）人李波"宗族强盛，残掠生民"④。宗主督护制的弊端日益显露出来，豪强地主势力的发展威

---

① （唐）房玄龄：《晋书》卷 127《慕容德载记》，中华书局 1974 年版，第 3170 页。
② 李凭：《再论北魏宗主督护制》，《晋阳学刊》1995 年第 6 期。
③ （北齐）魏收：《魏书》卷 3《明元帝本纪》，中华书局 1974 年版，第 64 页。
④ （北齐）魏收：《魏书》卷 53《李孝伯传附李安世传》，第 1176 页。

胁到了北魏社会安定。

孝文帝在位时期，进行农村基层组织改革，废除了宗主督护制，实行"三长制"。宗主督护制使许多农民隐冒，五十、三十家方为一户，严重影响到编户数量和税收。李冲认为："三正治民，所由来远。"于是"创三长之制而上之"。三长制以均田制为基础，冯太后也认识到施行三长制的益处："课有常准，赋有恒分。苞荫之户可出，侥幸之人可止。"①

北魏三长制规定："五家立一邻长，五邻立一里长，五里立一党长，长取乡人强谨者。……三载亡愆则陟用，陟之一等。"② 邻长、里长、党长均由农村有一定威信的乡绅担任，并享受到一些利益。办事认真，三年内不出现差错者，还有升迁的机会。

三长制、均田制、租庸调制三位一体，只是一些荫户被检括出来重新附着在国家控制的土地上，向国家缴纳赋税的编户有所增加，并没有触动地主阶级的根本利益。农民得到了一定数量的可耕土地，负担有所减轻，有利于生产和生活条件的改善，也有利于农业生产的发展。

北魏三长制被北朝历代政府所沿用，各朝具体规定有所变化。北齐规定："百家为党族，二十家为闾，五家为比邻。"③ 隋朝初期，隋文帝颁布新令："五家为保，保有长。保五为闾，闾四为族，皆有正。畿外置里正，比闾正，党长比族正。"④ 虽然各级组织的名称不同，仍可以看出是北魏三长制的延续。北魏、北齐、北周和隋朝，通常有"三正"之说，可能为"三长"的另外一种称谓。

三、隋唐的村级组织

"村"作为农民在乡间的聚落之名，在东汉已经出现。据刘再聪先生研究："'村'字及具体村的名称最早见于东汉中后期。村的早期形态在先秦时已经存在，庐、丘、聚等是村的三种主要来源形式。南北朝时期是'村'的名称泛化时期，村开始具备社会意义，这是'村'进入国家地方行政体制并

---

① （北齐）魏收：《魏书》卷53《李冲传》，中华书局1974年版，第1180页。
② （北齐）魏收：《魏书》卷110《食货志》，中华书局1974年版，第2855页。
③ （唐）李百药：《北齐书》卷28《元孝友传》，中华书局1972年版，第385页。
④ （唐）魏徵：《隋书》卷24《食货志》，中华书局1973年版，第680页。

成为一级基层组织单位的必要条件。"① 村出现以后，于是有了村级组织和村级管理者，经过数个朝代形成的自然聚落，在唐代得到承认。村级组织以乡里制度为基础，大致按自然聚落设置。唐朝规定："在田野者为村，别置村正一人。其村满百家，增置一人。"是否设置村正，主要依据每村住户的多少，"其村居如（不）满十家者，隶入大村，不需别置村正"②。村级基层组织在唐朝正式确立下来，由于每村户数多少不一，通常存在跨村设置的情况，大概是以一个或数个村为一个村级单位。

北朝时期的中原地区，处于少数民族政权管理之下，乡里制度的施行情况文献记载不太明确，主要是"宗主督护制"和"三长制"。开皇九年（589），隋朝平陈统一中国之后，再次在农村推行乡里制度，《资治通鉴》记载："苏威奏请五百家置乡正，使治民，简辞讼。李德林以为：'本废乡官判事，为其里闾亲识，剖断不平，今令乡正专治五百家，恐为害更甚。且要荒小县，有不至五百家者，岂可使两县共管一乡！'帝不听。丙申，制：'五百家为乡，置乡正一人；百家为里，置里长一人。'"③ 隋朝乡里制度户数相对固定，即每"里"一百户，每"乡"五百户。从"乡正"的职责来看，隋朝的乡里制度在一定程度上是行政机构的重叠。

开皇十年（590），虞庆则等在关东诸道巡视还朝，奏云："五百家乡正，专理辞讼，不便于民。党与爱憎，公行货贿。""上乃令废之。"④ 谷更有先生认为："这里所说的'废之'，并非废掉了整个二长制，而是废除了五百家乡正专理民间辞讼的权力。"⑤ 终隋一代，乡级官员一直存在，只是名称有所改变。隋朝的乡里制度将农村的基层组织设置为五百家的乡、一百家的里、五家的保，采用三级制，存在诸多弊端，乡正里长办事效果不佳，故史书有隋文帝撤销"乡"的记载。

然而，在隋炀帝时期，有关乡正、里长的记载仍然存在，《隋书》卷67《裴蕴传》记载："蕴历为刺史，素知其情，因是条奏，皆令貌阅。若一人不

---

① 刘再聪：《村的起源及"村"概念的泛化——立足于唐以前的考察》，《史学月刊》2006年第12期。

② （唐）杜佑：《通典》卷3《食货典三·乡党》，中华书局1988年版，第63—64页。

③ （宋）司马光：《资治通鉴》卷177，隋文帝开皇九年（589）二月条，中华书局1956年版，第5513页。

④ （唐）魏徵：《隋书》卷42《李德林传》，中华书局1973年版，第1207页。

⑤ 谷更有：《唐宋国家与乡村社会》，中国社会科学出版社2006年版，第45页。

实，则官司解职，乡正里长皆远流配。"文中的"其情"，指的是"于时犹承高祖和平之后，禁网疏阔，户口多漏。或年及成丁，犹诈为小，未至于老，已免租赋"①。这条记载说明，文帝时期乡里制度废除以后，可能再次恢复，也可能是乡正里长的部分职责被政府收回。所以，隋文帝时期乡里制度设置与废除情况，有待进一步研究。

唐朝农村的基层组织以邻里为基础，主要采用乡里二级管理："诸户以百户为里，五里为乡，四家为邻，五家为保，每里置正一人。（若山谷阻险，地远人稀之处，听随便量置。）"②唐代每乡、每里的户数沿用隋制，唐太宗贞观九年（635）三月，乡级官员人数出现过定制："每乡置长一人，佐二人。"③值得注意的是，乡长的设置时间并不长，贞观十五年（641）十一月，唐太宗下令："废乡长。"④唐太宗设置乡级官员情况，文献没有太多的记载。

唐代乡官的大致情况可能为："五里为一乡，乡置耆老一人。以耆老平谨者，县补之，亦曰父老。"⑤对于里正的选任情况，唐朝规定："诸里正，县司选勋官六品以下白丁清平强干者充。"在人烟稀少的无人之处，"里正等并通取十八以上中男、残疾等充"⑥。乡、里官员的选拔任命，通常由县级政府官员主持。

村级组织大概在唐初已经设置，唐太宗在贞观十六年（642）批评说："盗贼之作，危害实深。州县官人，多求虚誉，苟言盗发，不欲陈告。村乡长正，知其此情，递相劝止，十不言一。假有被论，先劾物主，爰及邻伍，久婴缧绁。有一于斯，实亏教化，自今以后，勿使更然。"⑦以此而论，村级组织及村正长至迟在贞观年间列入国家法令。唐朝的"村与里的性质不同，设立行政村主要是为了加强行政管理，是治安的需要；分乡里主要是为了加强人口管理和赋役征收，是财政的需要。村正与里正的职能各有侧重，他们都对县府负责，没有服从和被服从的上下级关系。"⑧唐朝的村正长由"白丁"

①　（唐）魏徵：《隋书》卷67《裴蕴传》，中华书局1973年版，第1575页。
②　（唐）杜佑：《通典》卷3《食货典三·乡党》，中华书局1988年版，第63页。
③　（后晋）刘昫：《旧唐书》卷3《太宗本纪下》，中华书局1975年版，第44页。
④　（后晋）刘昫：《旧唐书》卷3《太宗本纪下》，中华书局1975年版，第53页。
⑤　（唐）杜佑：《通典》卷33《职官典十五·乡官》，中华书局1988年版，第924页。
⑥　（唐）杜佑：《通典》卷3《食货典三·乡党》，中华书局1988年版，第64页。
⑦　（宋）王溥：《唐会要》卷41《杂记》，上海古籍出版社2006年版，第872页。
⑧　谷更有：《唐代的村与村正》，《中国社会历史评论》2005第00期。

充任，人烟稀少的无人之处，或由"十八以上中男、残疾等充"①，充当维护治安的角色。

第二节 农村基层组织的社会职能

汉唐时期的农村基层组织，以秦朝"什伍制度"为基础，以"连坐"的形式将农民强行组织起来。为了维护其统治地位，防止农民反抗，统治者规定："什主十家，伍主五家，以相监察。民有善事恶事，以告监官。"② 一人犯法，罪及三族；一户违法，邻里均受到惩处。连坐法是对农民的残酷压迫，也是强加在人民身上的枷锁。

基层组织官员多由地主当中的强者充任，也有一些是由农民当中的富裕户或小地主充当。北魏规定："邻长复一夫，里长二，党长三。所复复征戍，余若民。三载亡愆则陟用，陟之一等。"③ 级别最低邻长管理五户农民，可以得到免除一人赋役的好处，级别越高得到的利益也就越多。办事认真，三年内不出现差错者，还有升迁机会。汉唐时期，各个朝代通常给予农村基层组织的正、长多少不等的利益，促使他们尽心为国家服务。基层各级正、长在获得一定利益的同时，也要承担相应的职责。

一、协助政府官员核实户口、征收赋税

国家征收赋税、征发徭役的对象是国家所控制的编户，因此各级官员对户口管理非常重视，农村基层的各级正、长要协助核实。譬如，汉代的"里魁掌一里百家。什主十家，伍主五家"④。北魏的"五家立一邻长，五邻立一里长，五里立一党长"⑤。北齐规定"十家为比邻，五十家为闾里，百家为族党"⑥。由于基层正、长所管辖民户数目大致固定不变，在长期与邻里相处中

---

① （唐）杜佑：《通典》卷3《食货典三·乡党》，中华书局1988年版，第64页。
② （南朝·宋）范晔：《后汉书》卷118《百官五·亭里条》，中华书局1962年版，第3625页。
③ （北齐）魏收：《魏书》卷110《食货志》，中华书局1974年版，第2855页。
④ （南朝·宋）范晔：《后汉书》卷118《百官五·亭里条》，中华书局1962年版，第3625页。
⑤ （北齐）魏徵：《魏书》卷110《食货志》，中华书局1974年版，第2855页。
⑥ （唐）魏徵：《隋书》卷24《食货志》，中华书局1973年版，第677页。

对各家的人丁、财产数目相当了解，政府官员通常依靠他们核实户口。

北魏推行三长制的目的，就是为了消除户口不实、赋税不均问题。孝文帝诏云："自昔以来，诸州户口，籍贯不实，包藏隐漏，废公罔私。富强者并兼有余，贫弱者糊口不足。赋税齐等，无轻重之殊；力役同科，无众寡之别。虽建九品之格，而丰埆之土未融；虽立均输之楷，而蚕绩之乡无异。致使淳化未树，民情偷薄。朕每思之，良怀深慨。今革旧从新，为里党之法，在所牧守，宜以喻民，使知去烦即简之要。"① 当时河北地区户口不实情况极为严重，韩均奉旨在河北五州检扣户口，"出十万户"②。

北齐、北周时期，中原地区战争频繁，官府征调的赋役异常沉重，许多农民隐瞒户口，或逃离家园依附豪强地主。"山东尚承齐俗，机巧奸伪，避役惰游者十六七。四方疲人，或诈老诈小，规免租赋。"山东指的是崤山以东，泛指中原地区。为了防范农户逃避赋役，高颎建议推行"输籍定样"之法，就是以基层组织"党"为基础展开的，由他们协助县政府进行。开皇五年（585），隋朝进行户口清查，称之为"大索貌阅"，核查结果，"计帐进四十四万三千丁，新附一百六十四万一千五百口"③。丁口数量增加，扩大了政府赋税来源，削弱了豪强地主势力，说明基层组织在核查户口过程中起到了重要作用。

劝课农桑、催交赋税，也是农村基层组织的职责。秦汉时期的啬夫有"消息百姓，均其役赋"④ 责任。北朝、隋唐的乡、里、邻、保官吏在"按比户口"的同时，还要"课植农桑，检查非违，催驱赋役"⑤。在《唐律疏议·户婚律》中，涉及里正负责部内核实户口、土地收授、劝课农桑的内容较多，如果在这些工作中出现失误，会给以相应的惩罚。

乡级组织贯穿于整个唐代，唐初乡长废除之后，乡中虽然设有耆老、父老，但主要负责礼仪教化工作，乡之中的政务则由里正负责。杜牧曾担任过州刺史，对县、乡办公程序有所记载："县令付案，案司出帖，分付里正，一

---

① （北齐）魏收：《魏书》卷110《食货志》，中华书局1974年版，第2856页。
② （北齐）魏收：《魏书》卷51《韩茂传附子均传》，中华书局1974年版，第1129页。
③ （唐）魏徵：《隋书》卷24《食货志》，中华书局1973年版，第681页。
④ （南朝·宋）范晔：《后汉书》卷118《百官五·亭里条》注引《风俗通》，中华书局1965年版，第3624页。
⑤ （唐）杜佑：《通典》卷3《食货典三·乡党》，中华书局1988年版，第63页。

乡只要两夫，事在一乡遍着。"① 里正不仅掌管一里的具体事务，而且掌乡中之政务，是农村基层组织的主要管理者。正如唐长孺先生所言："唐代籍账都以乡为单位，但乡却不置主管户口租调力役的乡官，这些职务分属所管五个里的里正。"② 核实户口、劝课农桑的目的，就是为了征收赋役，是基层组织的重要责任。

二、捕捉盗贼，执法监察

秦汉时期，基层组织有乡、亭两级。乡级组织中，治安主要由游徼负责。《百官公卿表》记载："大率十里一亭，亭有长。十亭一乡，乡有三老、有秩、啬夫、游徼。"其中，"游徼徼循禁贼盗"③。乡之下有"亭"级组织，亭长负责一亭之事，每亭设有专门负责捉拿"盗贼"的"卒"。《史记》记载："高祖为亭长，乃以竹皮为冠，令求盗之薛治之，时时冠之，及贵常冠，所谓'刘氏冠'乃是也。"汉高祖刘邦曾为亭长，"求盗"应该是其下属。裴骃《集解》引应劭语云："求盗者，旧时亭有两卒，其一为亭父，掌开闭扫除；一为求盗，掌逐捕盗贼。薛，鲁国县也。有作冠师，故往治之。"④ 求盗者应该是亭内缉拿盗贼的负责人，事实上捉拿盗贼也是汉代每一位农民的责任。"部落鼓鸣，男女遮迣"，指的就是一个村落一旦发现盗贼，就要擂鼓为号，村民无论男女均要"遮列而追捕"⑤。

和西汉相比，东汉基层组织"亭"的人员组成及禁盗贼的职责更明确。《后汉书·百官志》记载："亭有长，以禁盗贼。本注曰：亭长，主求捕盗贼，承望都尉。"刘昭注引《汉官仪》曰：

　　民年二十三为正，一岁以为卫士，一岁为材官骑士，习射御骑驰战阵。八月，太守、都尉、令、长、相、丞、尉会都试，课殿最。水家为楼船，亦习战射行船。（过）〔边〕郡太守各将万骑，行障塞烽火追虏。

① （唐）杜牧：《樊川文集》卷13《与汴州从史书》，上海古籍出版社1978年版，第198页。
② 唐长孺：《唐西州诸乡户口帐试释》，唐长孺主编：《敦煌吐鲁番文书初探》，武汉大学出版社1983年版，第166页。
③ （汉）班固：《汉书》卷19上《百官公卿表》，中华书局1962年版，第742页。
④ （汉）司马迁：《史记》卷8《高祖本纪》注，中华书局1959年版，第346页。
⑤ （汉）班固：《汉书》卷72《鲍宣传》颜师古注，中华书局1962年版，第3088—3089页。

置长史一人，丞一人，治兵民。当兵行长领。置部尉、千人、司马、候、农都尉，皆不治民，不给卫士。材官、楼船年五十六老衰，乃得免为民就田，应合选为亭长。亭课徼巡。尉、游徼、亭长皆习设备五兵。五兵：弓弩，戟，楯，刀剑，甲铠。鼓吏赤帻行滕，带剑佩刀，持楯披甲，设矛戟，习射。设十里一亭，亭长、亭侯；五里一邮，邮间相去二里半，司奸盗。亭长持二尺板以劾贼，索绳以收执贼。①

东汉的男子二十三岁就会列入军籍，练习骑射之术，每年八月接收由太守、都尉、县令、县长、封国的相以及县级官府中丞、尉等组成的考核机构的考核。五十六岁解除军籍后才能转为编户之民耕种土地，并获得遴选为亭长的资格。亭之下有邮，二者共同承担区域内捉拿奸盗的责任。

乡级之下不仅有亭，又设有里。"里有里魁，民有什伍，善恶以告。本注曰：里魁掌一里百家。什主十家，伍主五家，以相监察。民有善事恶事，以告监官。"② 里掌管什伍连坐，使百姓相互告发，类似于监察组织，最主要的责任是防止农民反叛。

为了达到使农村居民相互监察的目的，州郡县官吏通常采用挑拨离间手段使乡里居民相互猜疑、争斗。汉代，赵广汉任颍川郡（今河南许昌市及其周边）太守，"豪桀大姓相与为婚姻，吏俗朋党。广汉患之，厉使其中可用者受记，出有案问，既得罪名，行法罚之，广汉故漏泄其语，令相怨咎。又教吏为缿筒，及得投书，削其主名，而托以为豪桀大姓子弟所言。其后强宗大族家家结为仇仇，奸党散落，风俗大改。吏民相告讦，广汉得以为耳目，盗贼以故不发，发又辄得"③。为了激发邻里之间相互告发，一些地方官员通常在他们中间制造矛盾。

汉代，张敞在胶东，"明设购赏，开群盗令相捕斩除罪。……由是盗贼解散，船相捕斩。吏民歙然，国中遂平"④。农村之中的不法者，一般情况下会有联系，彼此之间所做过的事情也会有所了解。地方官员以利益相诱，激起

---

① （南朝·宋）范晔：《后汉书》卷118《百官五·亭里条》注引，中华书局1965年版，第3624—3625页。

② （南朝·宋）范晔：《后汉书》卷118《百官五·亭里条》，中华书局1965年版，第3625页。

③ （汉）班固：《汉书》卷76《赵广汉传》，中华书局1962年版，第3200页。

④ （汉）班固：《汉书》卷76《张敞传》，中华书局1962年版，第3220页。

他们之间相互残杀，大概属于统治者所说的"以相检察"①。

魏晋时期虽然战乱连年，但乡里等基层组织仍然广泛存在，虽然在名义上沿袭了秦汉时的职能，但影响有限。东汉中期"村"出现以后，又有了村级组织，村级管理者的名号繁杂：汉朝为"伯格长"，晋朝为"村参军"，南朝萧齐为"村长"，萧梁为"村司"，北周为"村正"。"由于村组织初成，汉隋之世的村官设置或出于治盗、或出于督战、或出于招抚、或出于役使，目的不同，执掌相异，名号也大相径庭。再加上各地原有的'郡邑岩穴之长，村屯邬壁之豪'等杂号，汉隋之间村官名目之繁杂混乱更不待言。"② 到了唐代，村级组织设立了"村正"，与里正等协同管理乡村社会，他们的职责之中亦有"检察非违"③ 一项。

三、负责农村居民教育

统治者认为："王者必因前王之礼，顺时施宜，有所损益，即民之心，稍稍制作，至太平而大备。周监于二代，礼文尤具，事为之制，曲为之防，故称礼经三百，威仪三千。于是教化浃洽，民用和睦，灾害不生，祸乱不作。"④ 国家应该"以教化为大务，立大学以教于国，设庠序以化于邑"。在"教化已明，习俗已成"的情况下，就能达到"天下尝无一人之狱"⑤ 的大治局面。

秦朝崇尚法治，而汉代则崇尚"教化"。刘向认为："设庠序，陈礼乐，隆雅颂之声，盛揖攘之容，以风化天下。如此而不治者，未之有也。……夫教化之比于刑法，刑法轻，是舍所重而急所轻也。且教化，所恃以为治也，刑法所以助治也。"⑥ 教化的实质，就是向农民灌输封建礼仪观念，对农村居民进行思想统治，使他们的言行符合统治者要求。

秦汉时期，通常由乡级组织的"三老掌教化"⑦。实际上，基层组织的每一位官员均有教化民众之责。真正从事教化活动的场所是"庠序"，所谓"里

---

① （南朝·宋）范晔：《后汉书》卷118《百官志五·亭里条》，中华书局1965年版，第3624页。
② 刘再聪：《唐朝"村正"考》，《中国农史》2007年第4期。
③ （唐）杜佑：《通典》卷3《食货典三·乡党》，中华书局1988年版，第63页。
④ （汉）班固：《汉书》卷22《礼乐志》，中华书局1962年版，第1029页。
⑤ （汉）班固：《汉书》卷22《礼乐志》，中华书局1962年版，第1032页。
⑥ （汉）班固：《汉书》卷22《礼乐志》，中华书局1962年版，第1033—1034页。
⑦ （汉）班固：《汉书》卷19上《百官公卿表》，中华书局1962年版，第742页。

有序而乡有庠。序以明教，庠则行礼而视化焉"①。颜师古云："庠序，教学之处也，所以养老而行礼焉。"② 庠序属于乡村学校，通常依据孩子年龄安排学习内容，根据成绩选送更高的学府，给以相应的名号："八岁入小学，学六甲五方书计之事，始知室家长幼之节。十五入大学，学先圣礼乐，而知朝廷君臣之礼。其有秀异者，移乡学于庠序。庠序之异者，移国学于少学。诸侯岁贡少学之异者于天子，学于大学，命曰造士。行同能偶，则别之以射，然后爵命焉。"③

乡村学校的教育目的，主要是培养民众的人伦、礼仪观念，使之遵守国家法制。王导云："夫风化之本在于正人伦，人伦之正存乎设庠序。庠序设，五教明，德礼洽通，彝伦攸叙，而有耻且格，父子兄弟夫妇长幼之序顺，而君臣之义固矣。《易》所谓'正家而天下定'者也。故圣王蒙以养正，少而教之，使化沾肌骨，习以成性，迁善远罪而不自知，行成德立，然后裁之以位。虽王之世子，犹与国子齿，使知道而后贵。其取才用士，咸先本之于学。故《周礼》，卿大夫献贤能之书于王，王拜而受之，所以尊道而贵士也。人知士之贵由道存，则退而修其身以及家，正其家以及乡，学于乡以登朝，反本复始，各求诸己，敦朴之业著，浮伪之竞息，教使然也。故以之事君则忠，用之莅下则仁。"④ 王导之言，说出了封建教化的真正目的。

第三节　农村基层官员的奖惩

先秦的"什伍"、汉代的"邻里"、北魏的"三长制"，均是通过"连坐"将农村居民强行连接在一起。一人违法，邻里各家均受到牵连，各级正、长也脱不了干系。有关连坐细节，北魏时期的记载相对较多。

一、预吏部选而入仕

汉魏、两晋时期，每乡有一万两千五百户，朝廷赏赐爵位通常称为"乡

---

① （汉）班固：《汉书》卷24上《食货志上》，中华书局1962年版，第1121页。
② （汉）班固：《汉书》卷56《董仲舒传》，中华书局1962年版，第2504页。
③ （汉）班固：《汉书》卷24上《食货志一》，中华书局1962年版，第1122页。
④ （唐）房玄龄：《晋书》卷65《王道传》，中华书局1974年版，第1747—1748页。

公""亭侯",也说明了乡、亭所掌管的土地人口在国家政治活动中的重要地位。乡级官员拥有行政、司法、教育、催征赋税、核查户口等权力,是县级官员的重要助手,也具有一定政治地位。

隋唐时期,乡级官员政治地位进一步提高,乡正可以预吏部选。隋炀帝大业末年,刘世龙"为晋阳乡长。高祖镇太原,裴寂数荐之……归心于高祖。……授银青光禄大夫"①。《隋书·卢恺传》记载:"(苏)威之从父弟彻、肃二人,并以乡正征诣吏部。彻文状后至而先任用,肃左足挛蹇,才用无算,恺以威故,授朝请郎。恺之朋党,事甚明白。"② 乡正被吏部征用,虽然存在朋党、人情等问题,但也说明乡正在隋朝具有入朝为官的资格。

农村基层组织中的里正也有凭自己才能得以提升官职者。例如,雍州栎阳人张长逊,"隋代为里长,平陈有功,累至五原郡通守。"③ 许州襄城人张善相,"大业末,为里长,每督县兵逐小盗,为众所附,遂据本郡"④。张长逊、张善相最终成为郡级官员,虽然有着诸多社会因素,但他们均出身于里长。

唐代政府对乡正、里正的衣着服饰,已经有明文规定:"诸州县佐史、乡正、里正、岳渎祝史、斋郎,并介帻,绛褠衣。"⑤ 这项规定出现在武德四年(621)颁布的《武德令》中,说明乡里制度在唐初已经实行,乡正里正的服饰规定,也说明了唐代乡里官员具有一定地位。

唐代,州县文书经常越过乡级组织直接下达到里正手上,由里正具体执行。王梵志诗:"佐史非台补,任官州县上。……有事检案追,出帖付里正。火急捉将来,险语唯须胱。"⑥ 州县佐吏到农村办理公事,一般直接找里正。杜牧多次出任州刺史,曾描述过到农村办事不通过乡正的原因:"某每任刺史,应是役夫及竹木瓦砖工巧之类,并自里板薄,要使役,即自检自差,不下文帖付县。若下县后,县令付案,案司出帖,分付里正,一乡只要两夫,事在一乡偏着,赤帖怀中藏却,巡门掠敛一偏,贫者即被差来。若籍在手中,

① （后晋）刘昫:《旧唐书》卷57《刘世龙传》,中华书局1975年版,第2295页。

② （唐）魏徵:《隋书》卷56《卢恺传》,中华书局1973年版,第1384页。

③ （后晋）刘昫:《旧唐书》卷57《张长逊传》,中华书局1975年版,第2301页。

④ （后晋）刘昫:《旧唐书》卷187上《忠义·张善相传》,中华书局1975年版,第4871页。

⑤ （后晋）刘昫:《旧唐书》卷45《舆服志》,中华书局1975年版,第1946页。

⑥ 陈尚君辑校:《全唐诗补编》,中华书局1992年版,第707页。

巡次差遣，不由里胥典正，无因更能用情。"① 里正通常是农村基层组织的主要办事人员。

里正由县司选任，也被县司看作属吏，到州县衙门（主要是县衙）轮值当差成为里正的一项工作。《旧唐书》卷188《张志宽传》载：

> 张志宽，蒲州安邑人。隋末丧父，哀毁骨立，为州里所称。贼帅王君廓屡为寇掠，闻其名，独不犯其间，邻里赖之而免者百余家。后为里正，诣县称母疾，急求归。县令问其状，对曰："母尝有所苦，志宽亦有所苦。向患心痛，知母有疾。"令怒曰："妖妄之辞也！"系之于狱。驰验其母，竟如所言。令异之，慰喻遣去。及丁母忧，负土成坟，庐于墓侧，手植松柏千余株。高祖闻之，遣使就吊，授员外散骑常侍，赐物四十段，表其门闾。②

又，《太平广记》卷430《张昇》载：

> 唐故吏部员外张昇随僖宗幸蜀，以年少未举，遂就摄涪州衙推。州司差里正游章当直。他日，遂告辞。问何在，章不答。但云："有老母及妻男，乞时为存问。"言讫而去。所具近邻，夜闻张家大哭。竖日，使问其由，言章夜辞其家，入山变虎而去。二三日，又闻张家大惊叫。翼日，又问其故。曰："章昨夜思家而归，身上半身已变，而尚能语。"（出《闻其缘》）③

张志宽是隋末唐初蒲州辖区内的一个里正，游章是唐末期涪州辖区内的一个里正。两人在衙门当值请假回家的缘由虽然有荒诞不经的成分，但也说明一个问题：终唐一代，里正在州、县衙门当值制度已经推行。张国刚先生认为："里正的主要工作内容之一是轮流到县衙里当差听调，而不仅仅在乡里办公。"④ 里正经常到县衙办公，为其在政务上与县曹司发生联系提供了便利。

① （唐）杜牧：《樊川文集》卷13《与汴州从事书》，上海古籍出版社1978年版，第198页。
② （后晋）刘昫：《旧唐书》卷188《张志宽传》，中华书局1975年版，第4918—4919页。
③ （宋）李昉：《太平广记》卷430《张昇》，中华书局1961年版，第3494页。
④ 张国刚：《唐代乡村基层组织及其演变》，《北京大学学报》2009年第5期。

二、免除或减免赋役

北魏以前，乡老、里正等基层组织管理者是否享有免除徭役的特权史书没有明确记载，具体情况有待于进一步研究。从北齐时起，已有三长可以免除赋役的政令，北齐元孝友云："令制：百家为党族，二十家为闾，五家为比邻。百家之内，有帅二十五人，征发皆免，苦乐不均。羊少狼多，复有蚕食。此之为弊久矣。"① 北齐的三长大都由乡里中小地主充任，还算不上官吏，可享有豁免赋役的特权，这应该是北齐政府对于三长的一种激励措施。

唐朝规定，农村的里正和城市中的坊正一样，"并免除课役"。村正则没有免除课役的明文规定，说明村正的地位不如里正和坊正。虽然法令没有规定村正可以免课役，但可以"杂役"的身份获得相应的减免。唐赋役令："诸漏刻生、漏童、药童、奉（觧）觧、羊车小史、岳渎斋郎、兽医生，诸村正、执衣、墓户，并免杂徭。外兼掌固、典事、屯典事、亦准此。"② 唐代的村正可以免除部分杂役，这也是唐制规定的。

村正能免除课役的数量，需要根据其服杂役的天数计算。《通典》云："诸丁匠岁役工二十日，有闰之年加二日。须留役者，满十五日免调，三十日租调俱免，（从日少者见役日折免。）通正役并不过五十日。（正役谓二十日庸也。）"③ 村正属于常年性的工作，服杂役的天数并不好统计，也存在较大的地域差别。村正多为白丁担任，也有中男残疾人充任的情况，正丁和中男服役天数存在差别，能够免除的赋役也就可能存在差异。据刘再聪先生研究，"丁男任职村正长可以免去正役，中男充任村正长可以免去杂徭，免除的范围及程度不完全相同，且仅限于自身。"④ 如果按服役天数计算的话，事务繁杂的人烟稠密的地方，村正课役全免的可能性还是很大的。

三、连带责任与惩罚

征收租调之时，基层组织通常要承担较大责任。北魏规定："若一匹之

---

① （唐）李百药：《北齐书》卷28《元孝友传》，中华书局1972年版，第385页。
② 《天一阁明钞本天圣令校证》，中华书局2006年版，第273页。
③ （唐）杜佑：《通典》卷6《食货典六·赋税下》，中华书局1988年版，第109—110页。
④ 刘再聪：《唐朝"村正"考》，《中国农史》2007年第4期。

滥，一斤之恶，则鞭户主，连三长。"① 均田制下，政府部门所掌握的每个基层组织的户口、土地通常不变，缴纳的租调、承担的徭役通常也没有太大变化，人口流失出现的亏空通常由邻里内部填补。《关东风俗传》云，有人不种地外游，"三正卖其口田，以供租课"②，说明农户、人口一旦流失，邻里之间要负担他们应缴的租调。农村问题关系重大，政府把连带责任强加在邻里、三长身上，借以加强对农村的管理，保证编户农民的稳定，保证赋税的来源。

正在服役的丁夫或边兵如果逃走，"三长及近亲，若实隐之，征其代输"③。对于私度僧尼之事，也要由邻里承担相应责任，灵太后下令："私度之僧，皆由三长罪不及已，容多隐滥。自今有一人私度，皆以违旨论。邻长为首，里、党各相降一等。"④

北周的"党族闾里正长之职，皆当审择，各得一乡之选，以相监统"⑤。隋朝规定，保、里、族之间要"以相检察"。唐朝农村基层组织的"村坊邻里，递相督察"⑥。均是在强调连坐，基层组织内部一旦出现问题，各级正、长也要受到牵连。

《唐律疏议》规定里正要承担的连带责任更多、也更具体，诸如管辖区域内田地出现荒芜者，也要依据荒芜的程度承担相应的责罚甚至判处有期徒刑。如：

《户婚律》"诸里正不觉脱漏增减"条规定：

> 诸里正不觉脱漏增减者，一口答四十，三口加一等；过杖一百，十口加一等，罪止徒三年。（不觉脱户者，听从漏口法。州县脱户亦准此。）若知情者，各同家长法。

> 【疏】议曰：里正之任，掌案比户口，收手实，造籍书。不觉脱漏户口者，脱谓脱户，漏谓漏口，及增减年状，一口答四十，三口加一等；过杖一百，十口加一等，罪止徒三年。里正不觉脱户者，听从漏口法，不限户内口之多少，皆计口科之。州县脱户，亦准此计口科罪，不依脱

---

① （北齐）魏收：《魏书》卷78《张普惠传》，中华书局1974年版，第1736页。

② （唐）杜佑：《通典》卷2《食货典二·田制》引，中华书局1988年版，第28页。

③ （北齐）魏收：《魏书》卷19中《任城王云传附子澄传》，中华书局1974年版，第475页。

④ （北齐）魏收：《魏书》卷114《释老志》，中华书局1974年版，第3043页。

⑤ （唐）令狐德棻：《周书》卷23《苏绰传》，中华书局1971年版，第388页。

⑥ （后晋）刘昫：《旧唐书》卷48《食货志上》，中华书局1975年版，第2089页。

户为法。若知脱漏增减之情者，总计里内脱漏增减之口，同家长罪法。州县计口，罪亦准此。其脱、漏户口之中，若有知情、不知情者，亦依并满之法为罪。①

《户婚律》"诸里正及官司，妄脱漏增减以增减课役"规定：

> 诸里正及官司，妄脱漏增减以出入课役，一口徒一年，二口加一等。赃重，入己者以枉法论，至死者加役流；入官者坐赃论。

【疏】议曰：里正及州、县官司，各于所部之内，妄为脱漏户口，或增减年状，以出入课役，一口徒一年，二口加一等，十五口流三千里。若有因脱漏增减，取其课调入己，计赃得罪，重于脱漏增减口罪者，即准赃以枉法论，计赃至死者加役流；其赃入官者，坐赃论。其品官受赃虽轻，以枉法论，一匹以上即除名，不必要须赃重。众人之物，亦累倍而论之。②

《户婚律》"部内田畴荒芜"条规定：

> 诸部内田畴荒芜者，以十分论，一分笞三十，一分加一等，罪止徒一年。（州县以长官为首，佐职为从。）户主犯者，亦计所荒芜五分论，一分笞三十，一分加一等。

【疏】议曰："部内"，谓州县及里正所管田。称"畴"者，言田之畴类，或云："畴，地畔也。"不耕谓之荒，不锄谓之芜。若部内总计，准口受田，十分之中，一分荒芜者，笞三十。假若管田百顷，十顷荒芜，笞三十。"一分加一等"，谓十顷加一等，九十顷荒芜者，罪止徒一年。"州县各以长官为首，佐职为从"，县以令为首，丞、尉为从；州即刺史为首，长史、司马、司户为从；里正一身得罪。无四等罪名者，止依首从为坐。其检、勾品官为"佐职"。其主典，律无罪名。户主犯者，亦计所荒芜五分论：计户内所受之田，假有受田五十亩，十亩荒芜，户主笞三十，故云"一分笞三十"。"一分加一等"，即二十亩笞四十，三十亩笞五十，四十亩杖六十，五十亩杖七十。其受田多者，各准此法为罪。③

① （唐）长孙无忌：《唐律疏议》卷12《户婚律》，中华书局1983年版，第233页。
② （唐）长孙无忌：《唐律疏议》卷12《户婚律》，中华书局1983年版，第235页。
③ （唐）长孙无忌：《唐律疏议》卷13《户婚律》，中华书局1983年版，第248页。

《户婚律》"给授田课农桑违法"条规定：

诸里正，依令："授人田，课农桑。"若应受而不授，应还而不收，应课而不课，如此事类违法者，失一事，答四十；（一事，谓失一事于一人。若于一人失数事及一事失之于数人，皆累为坐。）

【疏】议曰：依《田令》："户内永业田，每亩课植桑五十根以上，榆、枣各十根以上。土地不宜者，任依乡法。"又条："应收授之田，每年起十月一日，里正预校勘造簿，县令总集应退应受之人，对共给授。"又条："授田：先课役，后不课役；先无，后少；先贫，后富。"其里正皆须依令造簿通送及课农桑。若应合受田而不授，应合还公田而不收，应合课田农而不课，应课植桑、枣而不植，如此事类违法者，每一事有失，合答四十。①

乡村的基层组织管理者事无巨细，但他们所做的工作对于社会稳定发展至关重要，历代官府对其都有相应的奖惩办法。在唐代，里正要做的工作很多，上面仅列举了核查户口、劝课农桑的部分奖惩办法。疏议对这些条款均有详细的解读，如果工作兢兢业业，成效显著、成绩突出，就会给予入仕、免除徭役等奖励；如果消极怠工，玩忽职守，就会受到惩罚，严重者会被判刑一至两年，惩罚措施也非常严苛。而其他乡村组织的管理人员，官府也会根据工作成效给予相应的奖惩，其奖惩力度低于里正。

---

① （唐）长孙无忌：《唐律疏议》卷13《户婚律》，中华书局1996年版，第249页。

第六章　农业生产的周期破坏

从秦汉到隋唐，中国古代社会经历了千年的发展历程，由统一到分裂再到统一，可以划分为三个明显阶段。在这漫长的历史过程中，地主阶级对中原地区农民的剥削程度呈周期性变化，每次农民起义爆发以后中原地区农业生产也遭到严重破坏，统治阶级的政策变化也有着明显的阶段性特征。

农业生产的破坏，通常由两种原因造成，即通常所说的"天灾人祸"。天灾是由不以人的意志为转移而出现的自然灾害，主要包括旱灾、水灾、雪灾、地震等，汉唐时期的自然灾害对农业生产的影响非常严重，主要是由于生产力水平低下造成的。人祸通常是统治阶级对农民的残酷压迫剥削所引发的农民起义，战争期间农民被杀、逃亡，导致农业人口锐减、土地荒芜，对农业生产的破坏程度不亚于自然灾害，甚至有过之而无不及。

第一节　土地兼并与农民周期性贫困

汉唐时期的农民是当时国家所需财富的生产者，广大农民阶级创造了巨大财富，但他们却不能完全享有自己的劳动成果，大部分被地主阶级以地租、赋税的方式所占有，这主要决定于那个时代的土地制度。在中国历史上，土地所有权有国有土地、地主的土地和自耕农的土地三种主要形式，"其中国有土地和地主的土地虽然表现形式不同，但就阶级性而言，均属于地主阶级所占有，都是对农民进行剥削的生产手段；地主的土地和自耕农的土地虽然具有截然相反的阶级内容，但却均属于私人所有的土地"①。三种土地所有制下的土地面积是不平衡的，如果从地主阶级和农民阶级两个方面进行比较就会

---

① 胡如雷：《中国封建社会形态研究》，生活·读书·新知三联书店 1979 年版，第 11 页。

发现，人口总数非常少的地主阶级占据着大部分土地，人均土地占有量非常高；全国人口绝大多数的农民阶级仅占有小部分土地，人均土地占有量非常低。在以农业生产为主的汉唐时期，土地是最重要的生产资料，土地的多寡决定了农民阶级社会地位和生活水平的高下。

一、土地买卖是土地兼并的基础

从秦汉时期开始，土地兼并就愈演愈烈，土地兼并的结果使自耕农大量破产和农民起义不断爆发，这种状况在汉唐时期呈现周期性变化。

关于这种情况产生的原因，马端临说："盖自秦开阡陌之后，田即为庶人所擅，然亦惟富者、贵者可得之。富者有赀，可以买田；贵者有力，可以占田。"[1] 商鞅变法，使农民从世袭奴隶主贵族土地制下解脱出来，成为独立的小土地所有者，土地可以买卖的法令也为后世土地兼并大开方便之门。军功贵族得到国家赏赐的大量土地，积累了大量财富；商人依靠投机经营，也能够积累大量钱财。官僚、地主、商人可以用积累的财富购买土地，使土地兼并成为可能，推动了地主大土地所有制发展。"在有赀者可以随意买田的情况下，地主占有土地的多少，主要取决于其经济力量的大小，而不取决于等级身份的高低，从而封建国家就不可能根据政治、法律地位，为土地的占有划定有效的界限。……统治者既无法把全国土地按等级分赐，也无法在地主阶级内部缔造出一系列的等级依附关系。"[2] 汉唐时期各朝政府均有鼓励自耕农从事农业生产政策，也不断出台限制土地兼并措施，但都没能有效地遏制住地主大土地所有制的发展。

土地兼并的可怕后果，就是农民起义不断爆发，大、小地主在农民革命的浪潮中被消灭，社会经济遭受着周期性破坏，封建统治者之间不断地重复着改朝换代。为了遏制土地兼并，汉唐时期的一些政治家提出恢复"井田制"主张，各朝统治者也不断重复着限制土地兼并禁令，王莽的"行王田"、西晋的"占田制"、北魏至隋唐的"均田制"，均在土地买卖和土地兼并的事实面前归于失败。明朝人邱浚说："井田既废之后，田不在官而在民，是以贫富不均。一时识治体者，咸慨古法之善，而卒无可复之理。于是有限田之议、均

---

① （元）马端临：《文献通考》卷 2《田赋考》，中华书局 1986 年版，第 43 页。
② 胡如雷：《中国封建社会形态研究》，生活·读书·新知三联书店 1979 年版，第 51 页。

田之制、口分世业之法。然皆议之而不果行,行之而不能久,何也? 其为法虽各有可取,然不免拂人情而不宜于土俗,可以暂而不可以常也。终莫若听民自便之为得也。"① 丘浚的言论反映了地主阶级的利益和要求,在当时条件下具有不可避免性。上至皇帝、官僚,下至庶族地主,他们处于统治人民、剥削人民的位置,所制定的政策是地主阶级意志的表现,在各项政策执行中总是以维护他们的既得利益为中心。

唐代以前,土地兼并虽然剧烈,但关于土地买卖的记载却不多。秦汉、魏晋南北朝时期,自然经济比较浓厚,土地变动的频率不是太高,"地主对土地的占有在空间上就易于连成一片"②,更容易形成大的田庄。从唐朝开始,商品经济有了较大发展,土地买卖逐渐频繁,地主阶级的观念是:"贫富无定式,田宅无定主,有钱则买,无钱则卖。"③ 纵观中国封建社会,人们所奉行的观念是:"以末致财,用本守之。"④ 官僚、地主、商人拥有财富,通过买卖土地扩大田园家产是他们的本性。

地主阶级兼并土地往往以自耕农的小块土地为主,主要是由于自耕农土地存在极大的不稳定性。与佃农、雇农相比,自耕农拥有自己的小块土地,虽然承担国家的赋税徭役,却摆脱了地租剥削。在耕种相同数量土地的情况下,自耕农要比佃农、雇农多得到一些生活和生产资料,有利于再生产的开展。然而,天下可耕土地数量在一个时期往往是相对稳定的,地主阶级占有的土地越多,农民阶级所占有的土地势必减少。自耕农所拥有的土地一旦低于维持基本生活所必需的数量,就会走上破产道路。

胡如雷先生认为,自耕农所需土地的最低限量取决于几个主要条件:"最低必要劳动总额、亩产量和亩赋税量。"⑤ 在通常情况下,自耕农维持生计和进行再生产的最低必要劳动总额是相对稳定的,亩产量和亩赋税量通常是一个变数,这个变数与自然条件和国家赋税制度密切相关。一旦遇上灾荒年份,亩产量必然减少,即使国家征收的赋税数量不变,自耕农所需土地最低限量也要增加;即使正常年景,国家赋税不断增加,自耕农所需土地最低限量也

---

① (明) 丘浚:《大学衍义补》14《制民之产》,京华出版社1999年版,第133页。
② 胡如雷:《中国封建社会形态研究》,生活·读书·新知三联书店1979年版,第49页。
③ (宋) 袁采:《袁氏世范》卷下《富家置产当存仁心》,天津古籍出版社2016年版,第171页。
④ (汉) 司马迁:《史记》卷129《货殖列传》,中华书局1959年版,第3281页。
⑤ 胡如雷:《中国封建社会形态研究》,生活·读书·新知三联书店1979年版,第124—125页。

要不断增加。

中原地区是历代人口相对稠密地区，自耕农要想增加自己的耕地存在许多困难。如果购买土地，则需要支付一定数量的地价，自耕农的积蓄往往难以支付；如果开垦荒地，虽然不需要支付地价，中原地区却是可供开垦的荒地不多。如果在一些河滩、山地开垦土地种植作物的话，却也是一种严重的经济冒险，这些地带易于遭受水灾、旱灾。由于种种因素的限制，自耕农要想扩大耕地面积是非常困难的。

灾荒之年或国家赋税的增加，自耕农往往失去从事再生产的条件，被迫出卖仅有的小块土地借以渡过难关。一旦失去土地，自耕农也就失去了维持家庭存在的基础而破产，成为官僚地主家庭的佃农或雇农。广大农民出卖土地通常是被迫的，但地主购买土地却是主动的，甚至不择手段。总的来说，土地可以买卖，是地主阶级不断地兼并土地的前提。

二、土地制度是土地兼并的根源

秦朝建立之后，土地兼并愈演愈烈、苛捐杂税日益繁重导致一切社会矛盾的尖锐化，也是秦末的社会动乱和经济遭受严重破坏的根源。董仲舒《又言限民名田》云：

> 古者税民不过什一，其求易共；使民不过三日，其力易足。民财，内足以养老尽孝，外足以事上共税，下足以畜妻子极爱，故民说从上。至秦则不然，用商鞅之法，改帝王之制，除井田，民得卖买，富者田连阡陌，贫者亡立锥之地。又颛川泽之利，管山林之饶，荒淫越制，踰侈以相高；邑有人君之尊，里有公侯之富，小民安得不困？又加月为更卒，已复为正，一岁屯戍，一岁力役，三十倍于古。田租口赋盐铁之利，二十倍于古。或耕豪民之田，见税什五，故贫民常衣牛马之衣，而食犬彘之食。重以贪暴之吏，刑戮妄加，民愁亡聊，亡逃山林，转为盗贼。赭衣半道，颛戮岁以千万数。汉兴，循而未改。古井田法虽难卒行，宜少近古，限民名田，以尽不足，塞并兼之路。盐铁皆颛于民，去奴婢，除专戮之威。转赋数，省徭役，以宽民力，然后可养治也。[1]

———————————————

[1]　（汉）董仲舒：《董仲舒集》，学苑出版社 2003 年版，第 394 页。

引文中的"公侯之商"疑为"公侯之富"之误。董仲舒是汉朝儒学家，在这段话中明确指出了秦朝土地兼并、赋役过重所引发的社会问题。董仲舒把"秦朝的一切问题都加在商鞅身上，是不足取的"①。钱穆先生的看法是："秦代政治的失败，最主要的在其役使民力之逾量。"② 秦朝依靠武力统一六国，许多因军功而享受政治特权者获得了大量土地，过着富如公侯、尊似君王的生活，而农民则在沉重赋役盘剥下大量破产，因无法忍受统治阶级的压迫而聚啸山林。

农民的贫困是秦汉土地制度造成的，这种制度使军功地主占据了大量土地，控制着生产资源。军功地主的形成与秦朝的一系列政策密切相关，战国时期的秦孝公即位以后，决定招揽人才、改革图强，商鞅自魏国入秦后，提出了一套变法图强的发展措施。在土地制度方面，"废井田，制阡陌，任其所耕，不限多少。数年之间，国富兵强，天下无敌"③。秦国通过商鞅变法逐渐强大，尚军功制度极大提高了军队的战斗力，也造就了一大批军功地主。这从《商君书·境内》所记载的制度可以窥其一斑：

> 四境之内，丈夫女子皆有名于上，生者著，死者削。其有爵者乞，无爵者以为庶子。级乞一人。其无役事也，其庶子役其大夫月六日。其役事也，随而养之。

> 军爵自一级已下至小夫，命曰校、徒、操、士。公爵自二级已上至不更，命曰卒。其战也，五人来薄为伍，一人羽，而轻其四人；能人得一首，则复夫劳爵。其县过三日有不致士、大夫劳爵，能。五人一屯长，百人一将。其战，百将、屯长不得斩首。得三十三首以上盈论，百将、屯长赐爵一级。五百主，短兵五十人。二五百主，将之主，短兵百。千石之令，短兵百人；八百之令，短兵八十人；七百之令，短兵七十人；六百之令，短兵六十人；国封尉，短兵千人；将，短兵四千人。战及死事，吏而□短兵，能一首则优。能攻城围邑，斩首八千已上则盈论；野战，斩首二千则盈论，吏自操及校以上大将尽赏，行间之吏也。

> 故爵公士也，就为上造也；故爵上造，就为簪袅；就为不更；故爵

① 田昌五：《论秦末农民起义的历史根源和社会后果》，《历史研究》1965年第4期。
② 钱穆：《国史大纲》，商务印书馆1994年版，第127页。
③ （唐）杜佑：《通典》卷1《田制上》，中华书局1988年版，第6页。

为大夫。爵吏而为县尉，则赐虏；六加，五千六百。爵大夫而为国治，就为官大夫；故爵官大夫，就为公大夫；就为公乘；就为五大夫，则税邑三百家。故爵五大夫皆有赐邑三百家，有赐税三百家。爵五大夫有税邑六百家者，受客；大将、御、参皆赐爵三级。故客卿、相论盈，就正卿；就为大庶长；故大庶长，就为左更；故四更也，就为大良造。

以战故暴首三，乃校；三日，将军以不疑致士、大夫劳爵。其县四尉，訾由丞尉，能得爵首一者，赏爵一级，益田一顷，益宅九亩，一除庶子一人，乃得入兵官之吏。

其狱法：高爵訾下爵级；高爵能，无给有爵人隶仆；爵自二级以上，有刑罪则贬；爵自一级以下，有刑罪则已。小夫死，以上至大夫，其官级一等，其墓树，级一树。

其攻城围邑也，国司空訾莫城之广厚之数；国尉分地，以徒、校分积尺而攻之。为期曰："先已者当为最启，后已者訾为最殿，再訾则废。"内通则积薪，积薪则燔柱。陷队之士，面十八人。陷队之士知疾斗，不得斩首。队五人，则陷队之士，人赐爵一级；死，则一人后；不能死之，千人环睹谏黥劓于城下。国尉分地，以中卒随之。将军为木台，与国正监，与正御史参望之。其先入者，举为最启；其后入者，举为最殿。其陷队也，尽其几者，几者不足，乃以欲级益之。[1]

《境内》一章中所记载的制度侧重于军事，为了保证重战政策的有效施行，秦国规定境内所有居民必须登记户口，并且依据爵位的等级享有相应的奴仆数量和赋役、司法特权。爵位的高低主要依据在战争中立功的大小、多少而定，其标准是斩杀敌人数量的多少，《韩非子》云："商君之法曰：'斩一首者爵一级，欲为官者为五十石之官；斩二首者爵二级，欲为官者为百石之官。'官爵之迁与斩首之功相称也。"[2] 军官的卫兵数目依据军官的等级而定，在战斗中的表现是论功行赏的依据，判定军人立功受赏、升爵增禄或者是有罪受罚也有明文规定，这些具体的条文说明秦国推行的是以厚赏重罚来提高军队战斗力的重战政策。

---

① （战国）商鞅等著，章诗同注：《商君书》卷5《境内》，上海人民出版社1974年版，第63—66页。

② （清）王先慎：《韩非子集解》卷17《定法》，中华书局1998年版，第399页。

汉朝以降，土地制度都是为官僚地主阶级服务的，无论是曹魏的屯田制、晋朝的占田制和北魏创立的均田制，只是出于维护社会稳定的需要对官僚地主阶级肆意兼并土地作出的一些限制措施，都没有改变为他们服务的本质。这种循环式的社会问题，在中国古代一次又一次地重演，也在不断重复着社会生产的周期性破坏。

三、战争对农业生产的周期性破坏

秦朝实行军功爵制以后，通过奖励军功的措施造就了一批军功贵族，也提高了军队的战斗力。"秦以武力把为六国旧势力所压制的氏族公社残余的集体劳动者解放出来成为个体小农，授以土地，入则以耕，出则以战，秦所以能灭六国，就依靠了这股新兴的政治力量。""始皇统一六国后，并没有把小农利益巩固起来，反而在他们身上榨取最苦重的徭役和赋税，使之陷于绝境。"① 由于秦朝统治者没有控制军功地主阶级对土地的大肆兼并，导致农民丧失了基本的生产生活资料，引发了社会矛盾的尖锐化。

陈胜、吴广领导的秦末农民起义爆发于大泽乡（今安徽宿县境内），都城设立于陈（今河南淮阳），与秦军鏖战的场所主要在今河南、河北南部、安徽和江苏北部；楚汉相争，刘邦与项羽相拒于鸿沟（今河南荥阳市境内）数年。在秦汉之际的社会大动荡中，中原地区的破坏程度虽然无明文记载，人口的逃亡和伤亡自然不在少数。《史记》记载："汉兴，接秦之弊，丈夫从军旅，老弱转粮饟，作业剧而财匮，自天子不能具钧驷，而将相或乘牛车。齐民无藏盖。"② 尽管《史记》记载的是全国的总体情况，但当时全国人口主要分布在中原地区，从侧面反映了中原地区的社会状况。作为秦末主要战场的中原地区，人口的流失程度可能超过其他地区。

两汉交替之际，苛政繁多，"民摇手触禁，不得耕桑，徭役烦剧，而枯旱蝗虫相因。又用制作未定，上自公侯，下至小吏，皆不得奉禄，而私赋敛，货赂上流，狱讼不决。吏用苛暴立威，旁缘莽禁，侵刻小民。富者不得自保，贫者无以自存，起为盗贼，依阻山泽，吏不能禽而覆蔽之，浸淫日广，于是

① 贺昌群：《秦末农民起义的原因及其历史作用》，《历史研究》1961 年第 6 期。
② （汉）司马迁：《史记》卷 30《平准书第八》，中华书局 1959 年版，第 1417 页。

青、徐、荆楚之地往往万数"①。绿林、赤眉起义爆发后，绿林军的活动中心在南阳、洛阳一带，赤眉军主要活动在黄河两岸，中原地区仍然是主要军事交战区，农业生产再次受到严重破坏。

东汉末年，黄巾起义爆发，中原地区再次陷入战火之中。黄巾军起义主要集中在冀州（河北南部、河南北部）、颍川（河南中部）、南阳（河南西南部、湖北北部），进攻的重点是东汉都城洛阳（今河南洛阳）。黄巾军经过九个月的奋战先后失败，东汉政府施行血腥报复："州郡所诛，一郡数千人。"②中原地区农民遭到残酷杀戮，劳动人口大减，土地大量抛荒，粮食缺乏。"袁绍之在河北，军人仰食桑葚。袁术在江、淮，取给蒲蠃。"③曹操占领兖、豫二州之后，为了解决军粮问题只得在许下屯田，无主荒地的大量存在证明了生产发达的中原地区已经成为荒无人烟之地。

隋朝建立之初，在黄河两岸进行了几次大规模的军事行动，借以消灭地方割据势力。隋末农民起义的主战场依然在中原地区，洛阳成为争夺的焦点。隋末农民战争结束之后，中原地区的残破极为严重。唐高祖云："自隋氏失驭，行政板荡，豺狼竞起，肆行凶虐。征求无度，侵夺任己，下民困扰，各靡聊生。丧乱之余，百不存一。"多年的战争，造成了"大河南北，乱离永久。师旅荐兴，加之饥馑，百姓劳弊，此焉特甚"④。贞观六年（632），魏徵云："今自伊、洛以东，暨乎海、岱，崔莽巨泽，茫茫千里，人烟断绝，鸡犬不闻，道路萧条，进退艰阻。"⑤唐朝经过十余年的发展，中原地区在贞观前期的苍凉程度依然可见。

每次改朝换代之后，中原地区人口减少程度可能有所不同，但人口锐减的事实则是不容怀疑。从事农业生产人口锐减，原因主要有两个方面：一是一些不愿意忍受封建地主政权残暴统治的农民逃离家园；二是一些丁壮年人在战争中丧生。人口稀少，势必造成了许多良田荒芜、粮食短缺、物资匮乏和物价上涨。新朝代建立之初，中原地区社会经济的破坏程度都极为严重。

---

①　（汉）班固：《汉书》卷24下《食货志下》，中华书局1962年版，第1185页。

②　（宋）司马光：《资治通鉴》卷58，东汉灵帝中平元年（184）十一月条，中华书局1956年版，第1875页。

③　（晋）陈寿：《三国志》卷1《魏书·武帝本纪》注引《魏书》，中华书局1969年版，第14页。

④　（宋）宋敏求：《唐大诏令集》卷111《简徭役诏》，中华书局2008年版，第578页。

⑤　（唐）吴兢：《贞观政要》卷2《纳谏第五》，上海古籍出版社1978年版，第70页。

汉唐时期各朝建立之初，中原地区的残破程度史籍记载虽然零星，但人烟稀少、土地荒芜却是事实。

第二节　自然灾害对农业生产的影响

汉唐时期的气候波动很大，秦汉较温暖，两汉之际出现短期寒冷，魏晋南北朝是相对寒冷期，隋唐为温暖期，不同历史阶段出现的灾害种类以及灾情的影响程度有较大差别。自然灾害通常表现为水、旱、风、雪、霜、寒、雷、雹、蝗、地震等，其中以洪涝、干旱、冻害最为常见，也对农业生产影响最大。这种自然现象在古代一些学者看来是天的意识体现方式。董仲舒云："国家将有失道之败，而天乃先出灾害以谴告之，不知自省，又出怪异以警惧之，尚不知变，而伤败乃至。以此见天心之仁爱人君而欲止其乱也。自非大亡道之世者，天尽欲扶持而全安之，事在强勉而已矣。"[1] 又云："天地之物有不常之变者，谓之异，小者谓之灾。灾常先至而异乃随之。灾者，天之遣也；异者，天之威也。遣之而不知，乃畏之以威。《诗》云：'畏天之威。'殆此谓也。凡灾异之本，尽生于国家之失。国家之失乃始萌芽，而天出灾害以谴告之；谴告之而不知变，乃见怪异以警骇之，警骇之尚不知畏恐，其殃咎乃至。以此见天意之仁而不欲陷人也。"[2] 董仲舒的天人感应学说将"天"神话为具有人格意义的主宰者，把自然界所出现的各种现象归之于上天意志的体现，将自然灾害出现与国家政治得失相联系虽然有些荒诞，但也不失为劝谏统治者施行仁政的一种方式。

在天人感应思想的支配下，术数家们提出："水旱、蝗螟、风雹、雷火、山崩、水溢、泉竭、雪霜不时、雨非其物，或发为气雾、虹霓、光怪之类，此天地灾异之大者，皆生于乱政。而考其所发，验以人事，往往近其所失，而以类至。"[3] 受五行学说的影响，历代正史中大都有《五行志》，借自然灾异以讽谏朝政得失，为现代人了解历史的自然灾害提供了资料依据。从这些

① （汉）董仲舒：《天人三策》（一），《董仲舒集》，学苑出版社 2003 年版，第 6 页。
② 苏舆撰，钟哲点校：《春秋繁露义证》卷 8《必仁且智》，中华书局 1992 年版，第 259 页。
③ （宋）欧阳修：《新唐书》卷 34《五行志一》，中华书局 1975 年版，第 872 页。

记载中可以看出，汉唐时期各种灾害出现的频率是不一样的，不同阶段对照见下表：

表6-1　两汉、魏晋南北朝、隋唐灾害对照表[①]

灾种	西汉前	东汉	魏晋南北朝	隋唐
雨涝	27	43	105	97
干旱	15	27	120	33
冻害	14	1	53	29
合计	56	71	278	159
次/年	0.31	0.36	0.77	0.55

　　汉唐时期的农业生产水平虽然不断提高，但抵抗自然灾害的能力依然有限，粮食收成在很大程度上取决于自然气候的影响。重大自然灾害发生之时，通常会造成农作物大幅度减产，甚至颗粒无收。相对而言，魏晋南北朝时期灾害发生率是两汉的两倍多，是隋唐的一倍多。其中，冻害发生频繁，说明了魏晋南北朝是相对寒冷时期。

一、洪灾与旱灾

　　中国的地形西高东低，东面为广阔的太平洋，夏秋季节受海洋季风的影响非常明显，降雨在几个月内比较集中。尤其是中原地区，夏秋季节经常受到来自太平洋台风外围气旋的影响，甚至遭受台风的直接影响，易发生强降雨和洪涝灾害。洪涝灾害在汉唐时期相当普遍，关于这方面记载主要见于正史中的《五行志》。洪涝灾害一般可分为两类：一为暴雨或长期阴雨所致，一为河流决口所致。

　　中原地区水灾多是因长期阴雨或暴雨而形成，对农业生产有很大危害。《古今注》云："光武建武六年（30）九月，大雨连月，苗稼更生，鼠巢树上。十七年，洛阳暴雨，坏民庐舍，压杀人，伤害禾稼。"又如："和帝永元十年（98），十三年，十四年，十五年，皆淫雨伤稼。"[②] 阴雨连绵，庄稼长期浸泡在雨水之中，且得不到阳光照射，会严重影响农业生产。

　　长期大雨，通常会引起河水暴涨，山洪暴发，这种情况在汉唐时期非常

---

① 秦冬梅：《试论魏晋南北朝时期的气候异常与农业生产》，《中国农史》2003年第1期。
② （南朝·宋）范晔：《后汉书》卷103《五行志一》，中华书局1965年版，第3269页。

普遍。例如：汉武帝元鼎二年（前 115 年），"夏，大水，关东饿死者以千数。"① 王莽天凤二年（15），"邯郸以北大雨雾，水出，深者数丈，流杀数千人。"② 魏明帝太和四年（230）八月，"大雨霖三十余日，伊、洛、河、汉皆溢，岁以凶饥"③。唐贞元年二年（786）夏季的连日大雨，引发了"众心恐惧"④，民心不安。因雨水过大引发的洪涝灾害不绝于史，尤其是暴雨引发的河水暴涨，对人民生命财产威胁更为严重。

河流决口，对中原农业生产的影响史籍多有记载。西汉时期一次河灾，"岁不登数年，人或相食，方二三千里"⑤。中原地区河流纵横交错，淮河、黄河两大流域在历史上数次决口，对中原地区农业生产与社会发展影响很大。黄河下游多次改道，致使华北地区许多湖泊沼泽在汉唐时期消失，许多良田沙化，对农业生产造成了严重影响。

旱灾是因为降雨偏少而引发的灾害，尤其是夏季，由于太平洋副热带高压的影响，中原地区会出现极端高温天气，在雨水不足的情况下农作物会因为缺乏水分而枯死，从而形成旱灾。据文献记载，汉唐时期因干旱而造成的重大灾害达二百多次。据秦冬梅研究，西汉有 15 次，东汉 27 次，魏晋南北朝 120 次，隋唐 33 次（见前表 6-1）。史籍对自然灾害的记载划分为不同等级，将对农业影响不大的旱情记载为"不雨"，即"不伤二谷谓之不雨"⑥。中原地区种植的谷物主要是粟、麦，这两种作物比较耐旱，如果这两种农作物受到影响，一般记载为"旱"，《汉书》卷 26《天文志》、《后汉书》卷 3《章帝本纪》、《晋书》卷 28《五行志》等，均有因干旱影响麦子种植的记载。

旱情严重之时，河流枯竭也是很常见的。晋怀帝时出现一次大旱，"江、汉、河、洛皆竭，可涉"⑦。大旱往往连年不断，如，"贞观元年夏，山东大旱。二年春，旱。三年春、夏，旱。四年春，旱。自太上皇传位至此，而比年水旱"⑧。如果旱灾经常连年出现，对农业生产的影响可想而知。旱情严重

---

① （汉）班固：《汉书》卷 6《武帝本纪》，中华书局 1962 年版，第 182 页。
② （汉）班固：《汉书》卷 99 中《王莽传中》，中华书局 1962 年版，第 4141 页。
③ （南朝·梁）沈约：《宋书》卷 33《五行志一》，中华书局 1974 年版，第 884 页。
④ （宋）欧阳修：《新唐书》卷 34《五行志一》，中华书局 1975 年版，第 877 页。
⑤ （汉）班固：《汉书》卷 24 下《食货志下》，中华书局 1962 年版，第 1172 页。
⑥ （唐）房玄龄：《晋书》卷 28《五行志中》，中华书局 1974 年版，第 837 页。
⑦ （唐）房玄龄：《晋书》卷 5《怀帝本纪》，中华书局 1974 年版，第 119 页。
⑧ （宋）欧阳修：《新唐书》卷 35《五行志二》，中华书局 1975 年版，第 915 页。

时，不仅影响农业生产，甚至出现饮水困难。汉武帝时，"夏，大旱，民多喝死"①。颜师古注："中热而死也。"如果记载为"大旱"，则说明旱情十分严重，粮食可能绝收，出现粮荒。

旱灾通常与蝗灾相连。汉唐时期的史籍中关于"大旱，蝗"的记载相当多，如《东观汉记》记载：

> 王莽时，雒阳以东米石二千，莽遣三公将运关东诸仓赈贷穷乏，又分遣大夫谒者教民煮木为酪，酪不可食，重为烦扰，流民入关者数十万人。置养赡官以廪之，盗发其廪，民饿死者十七八，人民相食。末年，天下大旱，蝗虫蔽天，盗贼群起，四方溃畔。②

旱灾和蝗灾经常同时发生，比如晋代惠帝之后，"政教陵夷，至于永嘉，丧乱弥甚。雍州以东，人多饥乏，更相鬻卖，奔迸流移，不可胜数。幽、并、司、冀、秦、雍六州大蝗，草木及牛马毛皆尽。又大疾疫，兼以饥馑，百姓又为寇贼所杀，流尸满河，白骨蔽野。刘曜之逼，朝廷议欲迁都仓垣，人多相食，饥疫总至，百官流亡者十八九。"③唐懿宗时："淮北大水，征赋不能办，人人思乱。及庞勋反，附者六七万。自关东至海大旱，冬蔬皆尽，贫者以蓬子为面，槐叶为齑。"④水灾、旱灾、蝗灾对农业生产影响尤为严重，这些灾害发生时通常寸草不留，农作物颗粒无收。人民在衣食无着的情况下就会到处流动，成为有着巨大社会隐患的流民。

二、霜冻与雪灾

汉唐时期的各个历史阶段均有冻灾的记载，相对而言南北朝时期出现的频率更高。冬季，中原地区受北方西伯利亚冷空气南下的影响，经常出现极端的严寒天气，出现大范围冷冻灾害。冻灾一般分为霜冻和雪灾，霜冻多是由于初霜在秋季提前到来或终霜在来年春季向后推移，这主要与北方寒流南下的早或晚等气候因素有关。

---

① （汉）班固：《汉书》卷6《武帝本纪》，中华书局1962年版，第195页。
② （汉）刘珍等撰，吴树平校注：《东观汉记校注》卷1《世祖光武皇帝》，中华书局2008年版，第2页。
③ （唐）房玄龄：《晋书》卷26《食货志》，中华书局1974年版，第791页。
④ （宋）欧阳修：《新唐书》卷52《食货志二》，中华书局1975年版，第1362页。

霜的提前或推迟，通常是气温寒冷的表现，对农作物生长影响较大。如《魏书·五行志》记载：

霜　京房《易传》曰：兴兵妄诛，兹谓亡法，厥灾霜，夏杀五谷，冬杀麦，诛不原情，兹谓不仁，夏先大霜。

太祖天赐五年七月冀州陨霜。

世祖太延元年七月庚辰，大陨霜，杀草木。

高宗和平六年四月乙丑，陨霜。

高祖太和三年七月，雍、朔二州及枹罕、吐京、薄骨律、敦煌、仇池镇并大霜，禾豆尽死。

六年四月，颍川郡陨霜。

七年三月，肆州风霜，杀菽。

九年四月，雍、青二州陨霜。

六月，洛、肆、相三州及司州灵丘、广昌镇陨霜。

十四年八月乙未，汾州陨霜。

世宗景明元年四月丙子，夏州陨霜杀草。

六月丁亥，建兴郡陨霜杀草。

八月乙亥，雍、并、朔、夏、汾五州，司州之正平、平阳频暴风陨霜。

二年三月辛亥，齐州陨霜，杀桑麦。

四年三月壬戌，雍州陨霜，杀桑麦。

辛巳，青州陨霜，杀桑麦。

正始元年五月壬戌，武川镇陨霜。

六月辛卯，怀朔镇陨霜。

七月戊辰，东秦州陨霜。

八月庚子，河州陨霜杀稼。

二年四月，齐州陨霜。

五月壬申，恒、汾二州陨霜杀稼。

七月辛巳，豳、岐二州陨霜。

乙未，敦煌陨霜。

戊戌恒州陨霜。

三年六月丙申，安州陨霜。

四年三月乙丑，齿州频陨霜。

四月乙卯，敦煌频陨霜。

八月，河州陨霜。

永平元年三月乙酉，岐、齿二州陨霜。

己丑，并州陨霜。

四月戊午，敦煌陨霜。

二年四月辛亥，武州镇陨霜。

延昌四年三月癸亥，河南八州陨霜。

肃肃熙平元年七月，河南北十一州霜。①

又如，《新唐书·五行志》记载：

贞观元年秋，霜杀稼。京房《易传》曰："人君刑罚妄行，则天应之以陨霜。"三年，北边霜杀稼。

永徽二年，绥、延等州霜杀稼。

调露元年八月，邠、泾、宁、庆、原五州霜。

证圣元年六月，睦州陨霜，杀草。吴、越地燠而盛夏陨霜，昔所未有。四年四月，延州霜杀草。四月纯阳用事，象人群当布惠于天下，而反陨霜，是无阳也。

开元十二年八月，潞、绥等州霜杀稼。十五年，天下州十七，霜杀稼。

元和二年七月，邠、宁等州霜杀稼。九年三月丁卯，陨霜，杀桑。十四年四月，淄、青陨霜，杀恶草及荆棘，而不害嘉谷。

宝历元年八月，邠州霜杀稼。

大和三年秋，京畿奉先等八县早霜，杀稼。

大中三年春，陨霜，杀桑。

中和元年春，霜。秋，河东早霜，杀稼。②

史书通常将霜冻记载为"陨霜""陨霜杀草""陨霜杀桑""陨霜杀稼"

① （北齐）魏收：《魏书》卷112上《五行志上》，中华书局1974年版，第2906—2908页。

② （宋）欧阳修：《新唐书》卷36《五行志三》，中华书局1975年版，第942—943页。

"杀苗稼果实""陨霜杀菽草""陨霜伤谷""陨霜伤桑麦""陨霜杀稻菽"等，用词不同则说明对霜冻农作物的影响程度不同，并多与《易传》的相关说法相联系。比如："吴孙权嘉禾三年九月朔，陨霜伤谷。案刘向说，'诛罚不由君，出在臣下之象也。'是时，校事吕壹专作威福，与汉元帝时石显用事陨霜同应。班固书九月二日，陈寿言朔，皆明未可以伤谷也。壹后亦伏诛。京房《易传》曰：'兴兵妄诛兹谓亡法，厥灾霜，夏杀五谷，冬杀麦。诛不原情兹谓不仁，其霜，夏先大雷风，冬先雨，乃陨霜，有芒角。贤圣遭害，其霜附木不下地。佞人依刑兹谓私贼，其霜在草根土隙间。不教而诛兹谓虐，其霜反在草下。'"①古人认为"陨霜"是国家妄兴刀兵或刑罚过当等引起的天罚，列入《五行志中》以警示后世。

　　霜灾在汉唐时期经常发生，严重时会造成粮食产量锐减。西汉元帝永光二年（前42）的春秋两次霜冻，导致"天下大饥"②。由于严重影响国家的赋税收入，所以史籍对此有较多记载。

　　相对而言，雪灾造成的冻害比霜灾更为严重。汉唐时期，中原地区有许多年份降雪很大，有时连续数月。西汉末期的一次大雪，"关东尤甚，深者一丈，竹柏或枯"③。北齐河清二年（563）十二月，"大雨雪连月，南北千余里平地数尺"④。雪灾是由严寒天气引起的，持续冰冻天气对人民的生命威胁极大。譬如：汉武帝时期的一场大雪，"民冻死"⑤；隋末唐初的一次大雪，致使王世充的"士卒冻死者殆尽"⑥；元和十一年（816）十一月，李愬率军讨伐割据蔡州（治所今河南汝南）的吴元济，"会大雨雪，天晦，凛风偃旗裂肤，马皆缩慄，士抱戈冻死于道十一二"⑦。

三、自然灾害多为数灾并行

　　自然灾害种类繁多，除上文提到的水灾、旱灾、冻灾以外，还有风灾、

①　（唐）房玄龄：《晋书》卷29《五行志下》，中华书局1974年版，第872页。
②　（汉）班固：《汉书》卷27中之下《五行志》，中华书局1962年版，第1427页。
③　（汉）班固：《汉书》卷99下《王莽传下》，中华书局1962年版，第4141页。
④　（唐）李百药：《北齐书》卷7《武成本纪》，中华书局1972年版，第92页。
⑤　（汉）班固：《汉书》卷6《武帝本纪》，中华书局1962年版，第174页。
⑥　（后晋）刘昫：《旧唐书》卷53《李密传》，中华书局1975年版，第2220页。
⑦　（宋）欧阳修：《新唐书》卷154《李愬传》，中华书局1975年版，第4876页。

冰雹、地震等。各种自然灾害对农业生产的影响都是巨大的，往往造成粮食收成的减少和绝收，甚至威胁民众的生命和财产安全。

然而，各种自然灾害往往是如影相随、同时出现。如东汉灵帝建宁二年（169）四月，"京都大风雨雹，拔郊道树十围已上百余枚。其后晨迎气黄郊，道于雒水西桥，逢暴风雨，道卤簿车或发盖，百官沾濡，还不至郊，使有司行礼"①。大风与暴雨相随的概率较大，突发性较大，往往使人防不胜防，破坏程度也较为严重。

又如，唐德宗贞元十七年（801）二月，"丁酉（初五），雨雹。己亥（初七），雨霜。戊申（十六）夜，雷震，雨雹。庚戌（十八），大雨雪兼雹"②。二月出现冰雹天气的情况不多，属于异常气候现象。雷电和冰雹往往同时出现，通常还伴随有骤风暴雨，对夏秋作物的影响非常，经常会导致颗粒无收。

地震是很难提前预防的自然灾害，有时会持续很长时间。如唐德宗在位时：

> 贞元三年（787）十一月己卯夜，京师地震，是夕者三，巢鸟皆惊，人多去室。东都、蒲、陕亦然。四年正月朔日，德宗御含元殿受朝贺。是日质明，殿阶及栏槛三十余间，无故自坏，甲士死者十余人。其夜，京师地震。二日又震，三日又震，十八日又震，十九日又震，二十日又震。帝谓宰臣曰："盖朕寡德，屡致后土震惊，但当修政，以答天谴耳。"二十三日又震，二十四日又震，二十五日又震，时金、房州尤甚，江溢山裂，屋宇多坏，人皆露处。至二月三日壬午，又震，甲申又震，乙酉又震，丙申又震。三月甲寅，又震，己未又震，庚午又震，辛未又震。京师地生毛，或白或黄，有长尺余者。五月丁卯，又震。八月甲辰，又震，其声如雷。九年四月辛酉，京师又震，有声如雷。河中尤甚，坏城垒庐舍，地裂水涌。十年四月戊申，又震。十三年十月乙未日午时，震从东来，须臾而止。③

---

① （南朝·宋）范晔：《后汉书》卷106《五行志四》，中华书局1965年版，第3335页。

② （后晋）刘昫：《旧唐书》13《德宗本纪》，中华书局1975年版，第394页。

③ （后晋）刘昫：《旧唐书》37《五行志》，中华书局1975年版，第1348页。

　　唐德宗朝的京师地震持续数年，地震发生之时，山崩地裂等灾害往往会伴随而来。每次地震发生，都会造成房倒屋塌，人员伤亡惨重。由于地震很难提前预知，无法事先作出相应的防范，对人们的生命财产威胁极大。

　　如晋武帝太康二年（281），"二月辛酉，陨霜于济南、琅邪，伤麦。壬申，琅邪雨雹，伤麦。三月甲午，河东陨霜，害桑。五月丙戌（初六），城阳、章武、琅邪伤麦。庚寅，河东、乐安、东平、济阴、弘农、濮阳、齐国、顿丘、魏郡、河内、汲郡、上党雨雹，伤禾稼。郡国十七雨雹。七月，上党雨雹"①。一个时期的异常气候频繁出现，通常影响到社会的发展。

第三节　　政府的应对政策

　　中国古代的官僚贵族等特殊群体大都占有庞大的地产，"他们拥有众多田产，没有采取大规模经营，而是将土地分散给小农耕作。小农经济是广大农村生产结构的主体，原则上是小农户自行支配土地和产品，自耕农如此，佃种他人田土的佃农在生产实际操作中亦复如此，他们在保证交租纳税以外，可以因地制宜，因时制宜，独立自主地进行个体经营。以家庭为单位，或多或少拥有传统的农业工具，依靠自己家人的劳动，自主地进行生产，甚至耕织结合，以使自己获得较多的经济效益。由于小农经济自身的弱点以及政治和社会的诸多原因，往往导致他们贫困破产，以致流亡"②。从土地的经营模式来看，大土地所有者是将土地分散租给少地或无地的农民耕种收取地租，几乎不需要承担可能出现的风险。无论是自耕农还是佃农，个体家庭的经济十分脆弱，抵抗天灾人祸风险的能力很低。同时，个体农民处于社会底层，通常受到地主、商人、高利贷者的残酷剥削，极易破产，这是中国几千年封建社会的普遍现象。

　　在这漫长的历史过程中，地主阶级对中原地区农民的剥削程度呈周期性变化，每次农民起义爆发以后中原地区农业生产也遭到严重破坏，统治阶级的政策变化也有着明显的阶段性特征。汉唐时期，少则几十年、多则数百年

---

① （唐）房玄龄：《晋书》卷29《五行志下》，中华书局1974年版，第873—874页。
② 张泽咸：《汉晋唐时期农业综论》，《中国社会科学院研究生院学报》2003年第5期。

就会发生一次大规模的社会波动，每次社会波动都会引发较大的经济波动，尤其在改朝换代之际的农业生产破坏更为严重，新的皇朝建立之后又会推行一系列休养生息的政策措施，引导农民重建家园恢复农业生产。

一、无为而治是汉唐时期各朝前期的基本政策

无为而治是中国古代政治哲学中的一个命题，先秦儒、道、法等不同学派的学者大都将君主"无为"作为一项施政原则加以论述，数千年来从未断绝。每个新兴皇朝建立之初，统治者都会将这一理念运用到施政方略之中，使之成为社会恢复、发展的重要政策之一。

现存文献中，有关"无为"的最早论述见于《老子》："以正治国，以奇用兵，以无事取天下。吾何以知其然哉？以此。天下多忌讳，而民弥贫；民多利器，国家滋昏；人多伎巧，奇物滋起；法令滋彰，盗贼多有。故圣人云，我无为而民自化，我好静而民自正，我无事而民自富，我无欲而民自朴。"关于《老子》所引圣人之语，王弼注云："上之所欲，民从之速也。我之所欲唯无欲，而民亦无欲而自朴也。此四者，崇本以息末也。"① 老子的无为是一种独特的政治命题，"实际上是'无为'与'无不为'、'为无为'的统一。他的'无为'并不是消极的'不为'，而是要人们顺应规律有所作为，也就是'无为而无不为'，'为无为'。'无为'只是其现象和手段，'无不为'才是本质和目的"②。老子认为统治者只有在无为无欲的状态下才能够为社会提供一个和谐的发展环境，百姓自然而然能够自化、自正、自富、自朴，也就无须使用苛刻的法令进行约束，更不需要严酷的刑罚进行惩处。老子的"无为"并不是无所事事的不作为，而是一种顺应自然规律的治国模式，主张统治者尽可能地以道德引领民众，使百姓真心归附。

老子所处的春秋时代是一个乱世，诸侯国之间的争霸战争给社会带来了沉重灾难，民溃事件经常发生。老子的"无为"旨在批评统治者为了实现个人的私欲频繁地发动战争，《老子》云："以道佐人主者，不以兵强天下，其事好还。师之所处，荆棘生焉。大军之后，必有凶年。"王弼注云："以道佐

① （三国·魏）王弼注，楼宇烈校释：《老子道德经注·五十七章》，中华书局2011年版，第154—155页。
② 薛东：《浅谈老子的"无为而治"》，《学习月刊》1987年第10期。

人主，尚不可以兵强于天下，况人主躬于道者乎？为（始）［治］者务欲立功生事，而有道者务欲还反无为，故云'其事好还'也。言师凶害之物也。无有所济，必有所伤，贼害人民，残荒田亩，故曰'荆棘生焉'。"① 老子主张顺其自然，以"道"治天下，认为武力只会使社会遭到严重破坏，导致民不聊生。河上公云："农事废，田不修。天应之以恶气，即害五谷，五谷尽则伤人也。"② 对于普通民众而言，衣食无忧应该是他们最大的心愿，能够过上安居乐业的生活才是最重要的，一旦遇到战争，这种生活理念便会荡然无存。诸侯的争霸战争是为了实现个人在政治上的"有为"，这种"有为"是以牺牲民众的利益为前提的。统治者发动战争以后，就会无休止地征调民力修筑攻防工程、打造兵器、运送物资等，百姓不堪重负就会四散逃亡，田地无人耕种就会荆棘丛生，国家就会大乱。

统治者为了实现"有为"，就会不断地加重对民众的剥削以满足物质上的需要，最终造成民贫难治。《老子》云："民之饥，以其上食税之多，是以饥。民之难治，以其上之有为，是以难治。民之轻死，以其求生之厚，是以轻死。"王弼注云："民之所以僻，治之所以乱，皆由上，不由其下也。"③ 广大民众是社会存在和发展的基础，"老百姓轻生犯死，铤而走险，一切根子都在统治者身上，特别是统治者追求生活享受横征暴敛的缘故。"④ 百姓的贫困和社会不稳定是因为统治者过分追求物质享受造成的，过分地征收赋税使民众陷于饥荒的境地，他们为了生存下去就会反叛，国家就难以治理，社会难治的根源是统治者的横征暴敛，引发了下层民众的不满而难以治理。老子把统治者过度征发赋役称之为强盗行径，《老子》云："使我介然有知，行于大道，唯施是畏。大道甚夷，而民好径。朝甚除，田甚芜、仓甚虚。服文彩，带利剑，厌饮食，财货有余，是为盗夸。非道也哉！"按照王弼的注解就是："凡物，不以道得之，则皆邪也，邪则盗也。"⑤ 老子强烈反对统治者剥削和掠夺民众，认为这种强盗行径极易引发社会动荡。

① （三国·魏）王弼注，楼宇烈校释：《老子道德经注·三十章》，中华书局 2011 年版，第 80 页。
② 王卡点校：《老子道德经河上公章句》卷 2《俭武第三十》，中华书局 1997 年版，第 121 页。
③ （三国·魏）王弼注，楼宇烈校释：《老子道德经注·七十五章》，中华书局 2011 年版，第 192 页。
④ 卢良彦：《老子新解》，台州师专图书馆资料室 1982 年版，第 131 页。
⑤ （三国·魏）王弼注，楼宇烈校释：《老子道德经注·五十三章》，中华书局 2011 年版，第 145 页。

　　古代社会的生活资料大都来源于农业，在生产力还比较低下的春秋时期，农业生产在很大程上受自然条件的制约，生活资料匮乏是一种普遍现象。对于统治者而言，他们占有的大量生活资料并不是通过个人劳动获得的，而是因为他们掌握着国家政权，通过税收的方式从广大民众手中征调的。广大民众是社会财富的创造者，但他们人均占据的生产资料很少，丰年尚能维持生计，一旦遇到灾荒就会衣食无着，为了生存可能会铤而走险。中国古代，生产、生活资料的再分配是一个无法调和的矛盾，老子认为，要想维持社会的和谐稳定，统治者就要避免生活资料浪费，于是提出了节俭的主张。《老子》云："天下皆谓我道大，似不肖。夫唯大，故似不肖。若肖，久矣其细也夫。我有三宝，持而保之。一曰慈，二曰俭，三曰不敢为天下先。慈，故能勇；俭，故能广；不敢为天下先，故能成器长。今舍慈且勇，舍俭且广，舍后且先，死矣！夫慈，以战则胜，以守则固，天将救之，以慈为之。"对老子之三宝，后世学者有着不同解释。王弼云："夫慈，以陈则胜，以守则固，故能勇也。节俭爱费，天下不匮，故能广也。唯后外其身，为物所归，然后乃能立成器为天下利，为物之长也。"① 河上公云："以慈仁，故能勇于忠孝也。天子身能节俭，故民日用广矣。不敢为天下首先。成器长，谓得道人也。我能为道人之长也。"② 王弼、河上公的注解虽有差异，但有一点是相通的，统治者只有节俭、爱民，才能维持国家的长治久安。

　　为了避免重蹈前朝灭亡的覆辙，新兴朝代的皇帝和大臣都要总结前朝灭亡的教训，并采取相应的措施。陆贾批评秦始皇说："秦始皇设刑罚，为车裂之诛，以敛奸邪，筑长城于戎境，以备胡、越，征大吞小，威震天下，将帅横行，以服外国，蒙恬讨乱于外，李斯治法于内，事逾烦天下逾乱，法逾滋而天下奸逾炽，兵马益设而敌人逾多。秦非不欲治也，然失之者，乃举措太众、刑罚太极故也。"③ 陆贾的上书深得刘邦的称赞，将"无为而治"定为基本国策。魏晋南北朝数百年的混乱割据，统治者为了争权夺利，大多以搜刮民财维持其短暂统治，重视农业生产虽多流于空文，但也有克制自己私欲的皇帝。这些皇帝多为开国之君，建国之初推行一些发展农业生产的政策措施，

---

　　① （三国·魏）王弼注，楼宇烈校释：《老子道德经注·六十七章》，中华书局 2011 年版，第176 页。

　　② 王卡点校：《老子道德经河上公章句》卷 4《三宝第六十七》，中华书局 1997 年版，第 263 页。

　　③ （汉）陆贾撰，王利器校注：《新语校注》卷上《无为》，中华书局 1986 年版，第 62 页。

然而却不能持之以恒。唐朝建立后，大一统政治局面形成，发展生产成为当务之急。唐太宗云："夫安人宁国，惟在于君，君无为则人乐，君多欲则人苦。"① 无为而治，为汉唐时期各朝建立初期所采用。具体而言，就是劝民务农、减轻赋税、徭役，让普通百姓把主要精力放在恢复发展生产上；通过约法省禁来缓和阶级矛盾，巩固封建统治。

各朝建立前期，统治者一般都比较重视农业生产、劝民务农，重农思想、民本思想在他们言行中多有体现。汉文帝前元二年（前 178 年）下诏："农，天下之大本也，民所恃以生也，而民或不务本而事末，故生不遂。朕忧其然，故今兹亲率群臣农以劝之。"② 三国时期，杨阜云："致治在于任贤，兴国在于务农。若舍贤而任所私，此忘治之甚者也。广开宫馆，高为台榭，以妨民务，此害农之甚者也。百工不敦其器，而竞作奇巧，以合上欲，此伤本之甚者也。"③ 社会的发展需要以发展农业生产为前提，要保证不影响农民的耕作时间，做到"不夺农时"。对于统治者来说，首先要有重视农业生产的思想、有体谅百姓的恻隐之心。唐太宗云："凡稼穑艰难，皆出人力，不夺其时，常有此饭？"④ 如何才能不夺农时，让百姓有饭吃，唐太宗云："凡事皆须务本。国以人为本，人以衣食为本，凡营衣食，以不失时为本。夫不失时者，在人君简静乃可致耳。若兵戈屡动，土木不息，而欲不夺农时，其可得乎？"⑤ 要想不夺农时、发展生产，统治者就必须采取无为统治。

二、劝课农桑和增加农业人口

汉唐时期的皇帝重视农业的方式有不同之处，也有相同之处。

举行"籍田""亲蚕"仪式，是汉唐各朝向民众表示重视农业生产和蚕桑纺织业发展的一项措施。《礼记·祭统》云："天子亲耕于南郊，以共齐盛；王后蚕于北郊，以共纯服。诸侯耕于东郊，亦以供齐盛；夫人蚕于北郊，以共冕服。天子、诸侯非莫耕也，王后、夫人非莫蚕也，身致其诚信。"籍田、

---

① （唐）吴兢：《贞观政要》卷 8《劝农第三十》，上海古籍出版社 1978 年版，第 237 页。
② （汉）班固：《汉书》卷 4《文帝本纪》，中华书局 1962 年版，第 118 页。
③ （晋）陈寿：《三国志》卷 25《魏书·杨阜传》，中华书局 1959 年版，第 706 页。
④ （唐）吴兢：《贞观政要》卷 4《教戒太子诸王第十一》，上海古籍出版社 1978 年版，第 125 页。
⑤ （唐）吴兢：《贞观政要》卷 8《劝农第三十》，上海古籍出版社 1978 年版，第 237 页。

亲蚕是古代吉礼的一种，是每年春耕之前天子率诸侯亲自耕田的典礼，体现了"人君、夫人各竭力从事于耕、蚕也"①。礼成之后，百姓及时春耕，开始农业生产。

汉文帝恢复了先秦时期的"籍田"制度，"亲率耕，以给宗庙粢盛"②。汉景帝在诏书中讲："朕亲耕，后亲桑，以奉宗庙粢盛祭服，为天下先。"③说明在汉朝前期，皇后"亲蚕"活动和皇帝的"籍田"活动已经成为劝民从事农桑生产的一项举措。

天子"籍田"活动在南北朝时期曾经中断，唐太宗贞观三年（629）正月十八日的诏书中云："周宣在位，已坠兹礼，近代以来，弥多所缺。朕祗承大宝，宪章典故，今将履千亩于近郊，复三推于旧制，宜令有司，式尊典礼。"④贞观三年（629）正月，唐太宗举行"籍田"仪式之时："亲祭先农，躬御耒耜，籍于千亩之甸。"自晋代以来中断数百年的"籍田"仪式，使围观的文武官员、百姓为之振奋，"莫不骇跃"，岑文本作《籍田颂》大加赞美。⑤"籍田"活动是汉唐皇帝劝农的一项措施，表明了国家对农业生产的重视。

封建社会的生产除了农业，还有蚕桑业，种桑养蚕在男耕女织家庭生产活动中占有重要地位，也是封建国家赋税的重要一个方面。汉唐时期的统治者重视桑蚕业的发展，"亲蚕"活动多由皇后进行。从汉朝起，皇后"亲蚕"时的装束有明文规定："蚕，青上缥下，皆深衣制，隐领袖缘以绦。"⑥晋朝皇后"亲蚕"着装："亲蚕则青上缥下，皆深衣制，隐领袖缘以绦。"⑦大体上沿袭汉朝制度。隋唐皇后"亲蚕"之时："鞠衣，黄罗为之。……亲蚕则服之。"⑧从两晋至隋唐，皇后"亲蚕"活动不绝于史书，说明国家对于蚕桑业的重视。

增加农业人口，是汉唐时期发展农业的措施之一。改朝换代之际，一些农民成为军人，一些农民逃亡山泽，一些农民被掠为奴婢，从事农业生产的

① （唐）孔颖达：《礼记正义》卷49《祭统》，北京大学出版社2000年版，第1573—1574页。
② （汉）班固：《汉书》卷4《文帝本纪》，中华书局1962年版，第117页。
③ （汉）班固：《汉书》卷5《景帝本纪》，中华书局1962年版，第151页。
④ （宋）宋敏求：《唐大诏令集》卷74《贞观三年籍田诏》，中华书局2008年版，第414页。
⑤ （后晋）刘昫：《旧唐书》卷24《礼仪志四》，中华书局1975年版，第912页。
⑥ （南朝·宋）范晔：《后汉书》卷120《舆服志下》，中华书局1965年版，第3676页。
⑦ （唐）房玄龄：《晋书》卷25《舆服志》，中华书局1974年版，第774页。
⑧ （唐）魏徵：《隋书》卷12《礼仪志七》，中华书局1973年版，第260页。

人口锐减，增加农业生产人口成为新兴朝代的共性问题。

一是让军人从事劳动。刘邦在政权稳定以后，于汉高祖五年（前202年）五月开始组织军队复员，从政策上给以照顾："诸侯子在关中者，复之十二岁，其归者半之。民前或相聚保山泽，不书名数，今天下已定，令各归其县，复故爵田宅，吏以文法教训辨告，勿笞辱。民以饥饿自卖为人奴婢者，皆免为庶人。军吏卒会赦，其亡罪而亡爵及不满大夫者，皆赐爵为大夫。"① 这里的"诸侯子"指的是原籍在关中地区以外的所有军士，中原地区的将士回归原籍，优惠政策低于留在关中者，说明汉初对于中原地区生产的恢复重视程度低于关中地区。

东汉末年，黄河南北在经过几次大规模的战争破坏后，人民逃亡殆尽，田园荒芜，占据中原地区的一些割据势力由于筹集不到粮食而土崩瓦解。曹操"以任峻为典农中郎将，募百姓屯田于许下，得谷百万斛。郡国例置田官，数年之中，所在积粟，仓廪皆满"②。曹操招募民众，给以土地、耕牛、种子，使中原地区的劳动人口大增，农业生产有所恢复，为统一北方打下基础。《魏书》记载："是岁乃募民屯田许下，得谷百万斛。于是州郡例置田官，所在积谷。征伐四方，无运粮之劳，遂兼灭群贼，克平天下。"③ 曹操以招募的形式增加农业劳动力，农民在官府的管理下从事生产。为了弥补劳动力不足，曹魏在实行民屯的同时，又组织了军屯，实行了"寓兵于农"的生产措施，对残破的中原地区社会生产起到了积极的促进作用。

南北朝时期，西魏、北周均采用府兵制，施行"寓兵于农"的"耕战结合"政策，尽最大限度增加了劳动人手。隋朝和唐朝前期，继续在全国实行府兵制。中原地区的府兵在农忙时节从事生产，对于当地的农业生产有所推动。

二是招抚流亡、释放奴婢。为了使流亡农民回归故里，奴婢恢复平民身份，重新成为政府的编户齐民，汉唐时期各朝都实行了相应措施。汉高祖五年（前202年）五月，刘邦下诏招抚流民、释放奴婢。东汉建立后，刘秀从建武二年（26）至十四年（38）先后六次下诏释放奴婢，可见奴婢问题在两

---

① （汉）班固：《汉书》卷1下《高帝本纪下》，中华书局1962年版，第54页。
② （唐）杜佑：《通典》卷2《食货典二·屯田》，中华书局1988年版，第41页。
③ （晋）陈寿：《三国志》卷1《魏书·武帝本纪》裴注引《魏书》，中华书局1959年版，第14页。

汉交替时期非常严重。普通民众有许多是因为债务和饥饿而沦为奴婢，还有一些是被掠卖为奴婢，这种现象在一个朝代后期更加普遍。

唐朝初年，为了解决劳动力不足，唐太宗在即位之时下诏："亡命山泽，挟藏军器，百日不首，复罪如初。敢以赦前事告言者，以其罪罪之。"[①] 隋末农民战争中，非李唐集团的起义军在唐朝建立初期，依然聚啸山林，唐太宗以特赦方式召唤他们回归故里，不仅消除了隐患，也增加了劳动力。

三是赎买流落异域人民。赎回隋朝末年流落到其他民族地区的中原人士，是唐朝初期增加劳动力的又一种方法。贞观年间，唐太宗数次从北方草原赎回汉人，"赎回外流人口约 200 万，极大地缓解了中原劳动力严重缺乏的问题"[②]。这 200 万人可能是赎回的总人数，中原地区应该也有被赎回者。

四是鼓励人口增长。汉唐时期均采取过相应的政策，支持人口自然发展。汉高祖七年（200）正月，汉朝政府下令："民产子，复勿事二岁。"[③] 颜师古云："勿事，不役使也。"[④] 贞观三年（629）四月，唐太宗下诏："妇人正月以来生男者，粟一石。"每户生一个孩子，政府便给以政策上的支持，可见汉唐初期对人口发展的重视。

三、轻徭薄赋减轻农民负担

赋税是封建国家统治机构正常运行的经济支柱，农业是汉唐时期物质财富的主要来源，各级官僚、军队的供养均来源于赋税，统治阶级所需的各种物资归根结底要由农民承担。在农业产品数量一定的情况下，赋税征收比例对农业再生产影响很大。这是因为："赋税和徭役是全部社会剩余产品、剩余劳动中的一个特殊组成部分，一个特定的扣除部分。"[⑤] 国家的赋税征收政策，在很大程度上决定了农业生产能否顺利发展。

发展农业生产的前提，在于国家能否给农民留下进行再生产和扩大再生产所需的物质资料。在汉唐时期，生产力发展水平并不发达，中原地区的生

---

① （宋）宋敏求：《唐大诏令集》卷 2《太宗即位诏》，中华书局 2008 年版，第 6 页。

② 章翊中、尹集彬：《唐初统治集团的重农思想表现及其发展农业的措施》，《南昌高专学报》2001 年第 4 期。

③ （汉）班固：《汉书》卷 1 下《高帝本纪》注引，中华书局 1962 年版，第 63—64 页。

④ （宋）宋敏求：《唐大诏令集》卷 80《赐孝义高年粟帛诏》，中华书局 2008 年版，第 460 页。

⑤ 胡如雷：《中国封建社会形态研究》，生活·读书·新知三联书店 1979 年版，第 75 页。

产水平也不一致，有些区域依然离不开刀耕火种，农产品数量依然很少。汉唐时期各朝建立之初，大都施行一些有利于农业恢复、发展的政策，尽可能给农民留下从事扩大再生产的物质资料。

西汉初期，刘邦采取了"十五税一"的赋税政策，遭受战乱和灾害比较严重的地区则免除租税，比秦朝的"太半之赋"减轻了许多，但曾一度中断。汉惠帝即位以后，为了收买民心，"减田租，复十五税一"①。文帝前元二年（前178年）下诏："赐天下民今年田租之半。"②景帝二年（前155年）："令民半出田租，三十而税一也。"③汉朝前期的薄赋政策，极大地提高了农民生产积极性，出现了社会稳定、经济繁荣的"文景之治"，史称"吏安其官，民乐其业，蓄积岁增，户口浸息。"④

隋文帝一生，"躬履俭约，六宫咸服浣濯之衣。乘舆供御有故敝者，随令补用，皆不改作。非享燕之事，所食不过一肉而已。"在隋文帝倡导下，隋朝前期一直保持节俭之风，各级官员多能身体力行，尽管隋朝不断地减免百姓赋税，到了开皇十二年（592），仍然是"库藏皆满"，积聚了大量财富。这一年隋文帝下令："河北、河东今年田租，三分减一，兵减半，功调全免。"⑤隋朝的河北，指的是今黄河以北的河南北部、山东西北部和河北全省，河东指的是山西省中南部，这是减免中原地区北部赋税的明文记载。隋文帝一方面躬行节俭，另一方面轻徭薄赋，农民负担有所减轻，唐初魏徵等人曾给予高度评价："躬节俭，平徭赋，仓廪实，法令行，君子咸乐其生，小人各安其业，强无陵弱，众不暴寡，人物殷阜，朝野欢娱。二十年间，天下无事，区宇之内晏如也。"⑥

唐朝前期，统治者主张以静治国，让百姓静下心来从事生产，恢复发展社会经济。李渊在武德六年（623）三月《简徭役诏》中说："爰命朕躬，廓定凶灾，乂宁区域，念此黎庶，凋弊日久，新获安堵，衣食未丰。所以每给优复，蠲其徭赋。不许差科，辄有劳扰。义存简静，使务农桑。"⑦四月，李

---

①（汉）班固：《汉书》卷2《惠帝本纪》，中华书局1962年版，第85页。
②（汉）班固：《汉书》卷4《文帝本纪》，中华书局1962年版，第118页。
③（汉）班固：《汉书》卷24上《食货志上》，中华书局1962年版，第1135页。
④（汉）班固：《汉书》卷23《刑法志》，中华书局1962年版，第1097页。
⑤（唐）魏徵：《隋书》卷24《食货志》，中华书局1973年版，第682页。
⑥（唐）魏徵：《隋书》卷2《高祖本纪下》，中华书局1973年版，第55页。
⑦（宋）宋敏求：《唐大诏令集》卷111《简徭役诏》，中华书局2008年版，第578页。

渊再次诏令全国："今贼寇已平，天下无事，百姓安堵，各务耕织，家给人足，即事可期。所以新附之民，特蠲徭赋，欲其休息，更无烦扰，使获安静，自修产业。……非有别敕，不得差科。不遵诏者，重加推罚。"[1] 李世民即位以后，也强调"国家未安，百姓未富，且当静以抚之"[2]。唐朝初期的皇帝主张以静治国，不误农时，倡导"去奢省费，轻徭薄赋，选用廉吏，使民衣食有余"[3]。

汉唐各朝建立之初，帝王将相们大都亲身经历过农民战争，有些本身就是农民起义军的首领，对于前朝后期繁重课税压榨下的农民生活有着深刻认识，对农民运动的力量有着亲身感受。在全国统治建立之后，统治者多能认识到"君，舟也；人，水也。水能载舟，亦能覆舟"[4] 的道理，大都执行轻徭薄赋、与民休息的治国方针。轻徭薄赋政策的施行，为新兴皇朝的社会稳定和经济发展提供了政策保障。

① （宋）宋敏求：《唐大诏令集》卷 111《禁止迎送营建差科诏》，中华书局 2008 年版，第 578 页。

② （宋）司马光：《资治通鉴》卷 191，唐高祖武德九年（626）八月条，中华书局 1956 年版，第 6020 页。

③ （宋）司马光：《资治通鉴》卷 192，唐高祖武德九年（626）十一月条，中华书局 1956 年版，第 6026 页。

④ （唐）吴兢：《贞观政要》卷 1《政体第二》，上海古籍出版社 1987 年版，第 16 页。

第七章 农产品贸易

农作物种植受自然因素影响较大，风调雨顺之年有较好的收成，而灾荒之年往往歉收，甚至会颗粒无收，因此粮食价格也会因年景而出现波动。中国古代的农产品主要是粮食，粮价的高低直接关系到人们的生活和社会稳定，所以官府对粮食贸易十分重视，历代也有官员学者论及这一问题。《汉书·食货志》云："籴甚贵伤民，甚贱伤农；民伤则离散，农伤则国贫。故甚贵与甚贱，其伤一也。善为国者，使民毋伤而农益劝。"关于此处的"民"，韦昭云："此民谓士工商也。"① 社会是由从事不同行业者组成的共同体，"农"是从事农业生产的群体，他们是社会财富的创造者，如果粮食价格太低的话影响他们的生产积极性。"民"是从事非农业生产者的士、工、商等人，他们需要购买农民生产出来的粮食维持生活，如果粮价过高会影响到他们的日常生活。在农产品贸易过程中，只有在粮食价格相对稳定的情况下，才能保障社会各阶层的衣食问题，才能共同推动社会的繁荣昌盛。

第一节 商业与农业的关系

商业是一种经济现象，是人类发展到一定历史阶段的产物。早期的商业活动是物与物的简单交换，交易双方以自己的物品直接兑换。《系辞》曰："包犠氏没，神农氏作，斲木为耜，揉木为耒，耒耨之利以教天下，盖取诸益。日中而市，致天下之民，聚天下之货，交易而退，各得其所，盖取诸噬嗑。"王弼注云："噬嗑，合也。市人之所聚，异方之所合，设法以合物，噬嗑之义也。"孔颖达正义云："一者制耒耜，取于益卦，以利益民也。二者日

---

① （汉）班固：《汉书》卷24上《食货志上》注引，中华书局1962年版，第1124—1125页。

中为市，聚合天下之货，设法以合物，取于噬嗑，象物噬齿，乃得通也。"①
按照王弼和孔颖达的解释，早期的商业活动就是双方之间的物物交换，只有
所持物品能够满足彼此所需就可以达成交易，就像齿轮间的相互吻合。这种
交换方式说明，交易双方应该相距不能太远，需要在半天时间内到达约定俗
成的交易地点，才能够在中午时刻实现交易，再用半天的时间回到家中。

随着生产技术的进步，人们能制造的产品日渐丰富，劳动所得的生活资
料出现剩余，产品的交换不再局限于物与物之间，以某种物品为媒介的多方
交易逐渐出现。在早期文献中，有许多关于商品交换的传说，这是文字出现
以后整理而成的资料，其中难免存在作者的主观想象，即便如此，也为现代
人了解早期的商业贸易提供了参考依据。

一、商业的功能与货币文化

远古时期，人类受所生活的区域内地形、地貌、气候等自然条件的影响，
形成了有着不同生活习惯的部落群体，并逐步形成了具有不同文化特征的民
族。不同的自然条件，也孕育出了不同的物产。先秦秦汉时期，人们对于不
同地区的物产已有较为详细的了解，正如《史记·货殖列传》所云："山西饶
材、竹、谷、纑、旄、玉石；山东多鱼、盐、漆、丝、声色；江南出枏、梓、
姜、桂、金、锡、连、丹沙、犀、玳瑁、珠玑、齿革；龙门、碣石北多马、
牛、羊、旃裘、筋角；铜、铁则千里往往山出棋置：此其大较也。"② 在人们
的日常生活中，粮食是必不可少的生活资料，各地均有与之环境相适应的农
作物品种，并由此而形成了不同的饮食习惯。

人们生活在社会环境之中不是仅有粮食就可以满足生活需求，生产中所
需要的各类工具需要有不同的材质打造，还需要药材、衣服等维持身体健康
的特殊物品。人们需求多种多样，一个区域的物产再丰富也难以样样具备，
只有通过不同区域间物品交换才能满足日常所需。《周书》云："农不出则乏
其食，工不出则乏其事，商不出则三宝绝，虞不出则财匮少。"③ 商业是商人
获得生活资料的主要途径，也能为农民提供生产中所需要的物品，同时把他

---

① （唐）孔颖达：《周易正义》卷8《系辞下》，北京大学出版社2000年版，第351页。
② （汉）司马迁：《史记》卷129《货殖列传》，中华书局1959年版，第3253—3254页。
③ （汉）司马迁：《史记》卷129《货殖列传》，中华书局1959年版，第3255页。

们剩余的农产品转卖给所需之人。商业也是促进社会经济繁荣的一个行业，对人们的生产生活和社会发展有着积极作用。

商业起源于何时并无定论，商品交换的方式也只能依据考古资料作出推测。在石器时代的遗址中，贝壳是很常见的物品之一，即使在远离贝类水生物的地方也多有发现，到了铜器时代，贝壳的出土量更大，这可能因为贝壳是人们进行商品活动的早期货币。关于贝壳成为货币的原因，卫聚贤先生认为：

> 在陶瓷铜铁未发明以前，贝壳为人类唯一的饮水器具，犹以直径约尺，其盛水可供一人一次，二人一次饮用的贝壳为最需要。但这样大的贝壳，是沿海滨湖之地始有，故沿海滨湖以打鱼为生的民族，拾得大的贝壳，以换平原以畋猎为生民族的牛羊豕鹿等。
>
> 陶器发明了，用陶器就可以盛水，不再拿牛羊豕鹿去换失其效用的贝壳。但陶器发明在新石器时代，新石器时代距今约 5 万年，而贝壳作为饮具在渔猎时代，渔猎时代距今约 40 万年，要人类用贝壳为媒介物。由渔猎时代经过游牧时代，以至农业时代，在这样长的 35 万年，用贝已成为习惯，故仍用贝为媒介物，但不如从前那样找到大贝就可用，是要选择一种形状美观，而且要不太大而便于携带的。①

这段话出自卫聚贤先生的《中国最古货币——贝壳》，最早发表于《古泉学》1936 年第 2 期，是较早论述货币起源的力作。"贝"是人们最早使用的货币，给人们从事商业活动带来了便利，逐渐成为财富的一种象征。到了铜器时代，人们开始将铜铸造成"贝"的形状使用，"铜贝"逐渐代替自然生成的"贝"成为货币。

货币是随着产品交换而出现的，"商业产生以后，商品交换的地区范围和品种范围均有扩大，货币（海贝是主要的货币材料）已成为商品交换的媒介、储藏手段，以及财富的象征。商代和西周时期，都是以贝作为主要的货币形态的。金属货币还极少发现"②。春秋战国时期，各诸侯国开始大规模地铸造铜质货币用于商业交换。

---

① 卫聚贤：《中国最古的货币——贝壳》，《内蒙古金融研究》2003 年第 S1 期。
② 余鑫炎：《中国商业史》，中国商业出版社 1987 年版，第 16 页。

　　由于诸侯国各自为政，铸造的铜币形状、大小各异，流通于本国及邻近地带。货币品种主要有"中原地区的布币，西部地区的圜钱，北部和东部地区的刀币，以及南部地区的蚁鼻钱。它们分别脱胎于曾经充当过实物货币的农具铲、工具纺轮、刀削以及海贝，它们的原形都是具有实用价值的东西"①。钱币虽然是为商品交易而铸造，但其形制大都以当地的主要生产工具为原形，有着丰富的文化内涵。

　　南方流行的蚁鼻钱却是象物之形，这一名称最早见于宋代洪遵的《泉志》一书，其文云："旧谱曰：此钱其形上狭下广，背平，面凸起，长七分，下阔三分，上锐处可阔一分，重十二铢，面有文，如刻镂，不类字，世谓之蚁鼻钱。"②按照洪遵的说法，蚁鼻钱是后世发现这种"铜贝"以后，根据其形状而约定俗成的说法。蚁鼻钱流行于南方的原因大概与南方水资源丰富有关，贝类在渔猎采集时代就是人们重要食物来源，农业时代仍然是最喜爱的食物之一，人们对其极为熟悉。商业出现以后，贝壳是最早作为货币使用的媒介，这大概是南方流行铜贝的因素之一。蚁鼻钱在"安徽发现最多，河南次之，在陕西、山东亦有发现"③。这说明当时的钱币体系虽然有明显的区域性特点，但也说明跨区域商业活动的广泛。

　　春秋战国时期的币制比较混乱，"金为三品，或黄，或白，或赤；或钱，或布，或刀，或龟贝"。三品指的是三种材质的金属，黄金、白银、赤铜。钱、布、刀、龟贝也就是前面所说的四种主要货币形制。秦统一以后，将货币分为二等："黄金以溢名，为上币；铜钱识曰半两，重如其文，为下币。而珠玉、龟贝、银锡之属为器饰宝藏，不为币。"④铜钱即秦国流通的货币，"大概在公元前336年，也就是战国秦惠文王二年的时候，方孔的'半两'圆钱开始铸行"。秦始皇"把这种方孔圆形的铜钱推行到全国，成为统一的流通货币的形制，这种制度一直延续了两千年"⑤。秦朝以后，数千年间虽然对铜钱多有改革，也只是大小轻重有所变化，形制没有太大的改变。

　　① 戴志强：《古代中国的钱币》，《中国钱币》2003年第2期。
　　② （宋）洪遵等著，任仁仁校点：《泉志（外三种）》卷9《蚁鼻钱》，上海书店出版社2018年版，第119页。
　　③ 伍腾飞：《楚蚁鼻钱研究综述》，《闽台缘》2021年第2期。
　　④ （汉）司马迁：《史记》卷30《平准书》，中华书局1959年版，第1442页。
　　⑤ 戴志强：《古代中国的钱币》，《中国钱币》2003年第2期。

　　唐武德四年（621），唐高祖进行钱币改革，"废五铢钱，行开元通宝钱，径八分，重二铢四累，积十文重一两，一千文重六斤四两。仍置钱监于洛、并、幽、益等州。秦王、齐王各赐三炉铸钱，右仆射裴寂赐一炉。敢有盗铸者身死，家口配没"①。唐初的铜钱因上面有"开元通宝"四字，故称开元通宝钱，实行铸钱管制制度，铜钱滥铸情况才有所改变。从唐代开始，历代所铸铜钱上面均有字样，大都是在任皇帝的年号，成为钱币史上又一种文化现象。铜钱在中国古代延续的数千年间，融入的文化因素日益丰富，但纺轮形制始终没有改变，体现了古代对耕织农业生产的重视。

二、重农抑商与商业的发展

　　农业和工商业是社会生产的两个方面，农业和工商业是社会发展到一定历史阶段的社会大分工的结果，可以说是社会进步的表现。但在中国古代所重视的是农业，只强调农业在国家政务中的重要性，而轻视工商业的社会经济活动的价值。最早的重农抑商言论出现在《管子》一书中，《治国篇》云：

　　　　凡治国之道，必先富民，民富则易治也，民贫则难治也。奚以知其然也？民富则安乡重家，安乡重家则敬上畏罪，敬上畏罪则易治也。民贫则危乡轻家，危乡轻家则敢陵上犯禁，陵上犯禁则难治也。故治国常富，而乱国必贫。是以善为国者，必先富民，然后治之。昔者七十九代之君，法制不一，号令不同，然俱王天下者，何也？必国富而粟多也。夫富国多粟，生于农，故先王贵之。

　　　　凡为国之急者，必先禁末作文巧。末作文巧禁，则民无所游食。民无所游食，则必农。民事农则田垦，田垦则粟多，粟多则国富，国富者兵强，兵强者战胜，战胜者地广。是以先王知众民、强兵、广地、富国之必生于粟也，故禁末作，止奇巧，而利农事。今为末作奇巧者，一日作而五日食。农夫终岁之作，不足以自食也。然则民舍本事而事末作。舍本事而事末作，则田荒而国贫矣。②

---

　　① （后晋）刘昫：《旧唐书》卷48《食货志》，中华书局1975年版，第2094页。
　　② （春秋）管仲撰，黎翔凤校注：《管子校注》卷15《治国》，中华书局2004年版，第924—925页。

在《管子》一书中，农业被看作"本业"，工商业被看作"末业"，提出"重本禁末"的命题。《管子》重视农业，是因为农业能够生产出供人们食用的"粟"。在生产力还比较低下的春秋时期，人们的农业生产能力有限，农作物的收成还很低，解决人们的生活资料在国家事务中是最为重要的事情，是富国强兵的根本。《国语》云："恪恭于农，修其疆畔，日服其镈，不解于时，财用不乏，民用和同。是时也，王事惟农是务，无有求利于其官，以干农功。三时务农，而一时讲武，故征则有威，守则有财。若是，乃能媚于神。而和于民矣，则享祀时至而布施优裕也。"① 春秋战国时期，生产力依然比较低下，对于一个国家而言，统治者最重要的事情是发展农业，要用春、夏、秋三个季节的时间从事农耕，在冬季练兵。统治者不能穷兵黩武耽误农业生产，只有在财力富足的情况下才能立于不败之地。相比较而言，商业却不能直接产出人们所必需的生活资料，是通过农产品交换获得利润的行业。《管子》认为商业的存在势必影响从事农耕生产的人员数量，参加农业生产的人员少了，农业的产出也就相对减少，不利积"粟"富国强兵，主张禁止商业活动。

禁止商业是不切实际的，农业的生产工具需要手工业者制造，也需要通过商业途径流通到农民的手中，于是在战国时期出现了"重农抑商"的政治主张。首倡重农抑商政策者可能是商鞅。商鞅是战国时期的改革家，秦国通过商鞅的变法完成了封建制度的变革，实现了富国强兵的目标。《农战》云：

百人农、一人居者，王；十人农、一人居者，强；半农、半居者，危。故治国者欲民之农也。国不农，则与诸侯争权，不能自持也，则众力不足也。故诸侯挠其弱，乘其衰，土地侵削而不振则无及已。

圣人知治国之要，故令民归心于农。归心于农，则民朴而可正也，纷纷则不易使也，信可以守战也。壹则少诈而重居，壹则可以赏罚进也，壹则可以外用也。夫民之亲上、死制也，以其旦暮从事于农。夫民之不可用也，见言谈游士事君之可以尊身也，商贾之可以富家也，技艺之足以糊口也。民见此三者之便且利也，则必避农，避农则民轻其居，轻其居则必不为上守战也。凡治国者，患民之散而不可抟也，是以圣人作壹，抟之也。国作壹一岁者，十岁强；作壹十岁者，百岁强；作壹百岁者，

① 徐元诰撰，王树民，沈长云点校：《国语集解》卷1《周语上》，中华书局2002年版，第21页。

千岁强，千岁强者王。君修赏罚以辅壹教，是以其教有所常而政有成也。

王者得治民之至要，故不待赏赐而民亲上，不待爵禄而民从事，不待刑罚而民致死。国危主忧，说者成伍，无益于安危也。夫国危主忧也者，强敌、大国也。人君不能服强敌、破大国也，则修守备，便地形，抟民力，以待外事，然后患可以去，而王可致也。是以明君修政作壹，去无用，止浮学事淫之民，壹之农，然后国家可富，而民力可抟也。①

商鞅所谓的"壹"，就是让民众专心从事农战；"抟"，就是将全民的力量集中起来，致力于农战。商鞅认为，工商业者不从事农耕生产就可以获得营生之资，这对于辛辛苦苦从事耕作的农民是一种诱惑。如果不加以压制，农民见商业可以致富、手工业可以维持生计的话，就会"避农"，重农政策就会落空。

在《商君书》中，商鞅有许多关于重农抑商的论述和相关措施。"在重农政策方面，商鞅主要是运用经济力量来进行的；而在抑商方面，他却更多的是运用了政治的强制。"②商鞅提出的重农措施，一是用官爵奖励专心从事农业生产的劳动者；二是提高粮食价格，让农民获得实在的利益。抑商措施则是限制商人买卖粮食，加重商业赋税，将商人的家属登记造册派服徭役，迫使他们弃商务农。

秦汉时期，国家对于商业的抑制措施有所加强，并推出许多法令。如：盐铁官营、算缗令、告缗令、均输、平准等。甚至下令："贾人不得衣丝乘车，重税租以困辱之。……市井子孙亦不得（宦为史）[为官吏]。"③秦汉以后，中国历代皇朝虽然重视农业、抑制商业，但都没有达到预期的目的。"至力农畜，工虞商贾，为权利以成富，大者倾郡，中者倾县，下者倾乡里者，不可胜数。"④正如晁错所言："法律贱商人，商人已富贵矣；尊农夫，农夫已贫贱矣。"⑤封建统治者尽管压制商业，商业仍然处于缓慢的发展之中。

隋唐时期，国家对商业依然采取限制措施，主要分为政治压制和经济制

①　（战国）商鞅等著，章诗同注：《商君书》卷5《境内》，上海人民出版社1974年版，第13—15页。

②　余天炽：《战国秦汉的重农抑商政策及其历史检讨》，《华南师范大学学报》1984年第1期。

③　（汉）班固：《汉书》卷24下《食货志下》，中华书局1962年版，第1153页。

④　（汉）司马迁：《史记》卷129《货殖列传》，中华书局1959年版，第3281—3282页。

⑤　（汉）班固：《汉书》卷24上《食货志》，中华书局1962年版，第1133页。

裁。唐律规定："凡官人身及同居大功已上亲自执工商，家专其业，皆不得入仕。"① 又规定："士农工商，四人各业。食禄之家，不得与下人争利。工商杂类，不得预于士伍。"② 唐代限制工商业者入仕为官，也不准官员入市经商。这些限制措施虽然对某些商人产生了影响，但对整个商业的发展影响不大。中唐以后，官僚地主阶级大多涉足商业，积累了大量财富，这从前文提到的官僚地主大都拥有庞大的田庄，有的甚至多达几十处便可得到印证。

中唐以后，商人及其子弟入仕限制有所松弛，准许参加科举考试。商人在积累财富以后，参政欲望也在增强，积极谋求入仕的捷径，出入于公卿之家。有些官员为了获取钱财置办田产，也积极与商贾交通谋求财富，遂致贿赂公行，买官卖官日益严重。《资治通鉴》卷 242 唐穆宗长庆二年（822）三月条记载：

> 初，上在东宫，闻天下厌苦宪宗用兵，故即位，务优假将卒以求姑息。三月，壬辰，诏："神策六军使及南牙常参武官具由历、功绩，牒送中书，量加奖擢。其诸道大将久次及有功者，悉奏闻，与除官。应天下诸军，各委本道据守旧额，不得辄有减省。"于是商贾、胥吏争赂藩镇，牒补列将而荐之，即升朝籍。③

唐朝前期虽然极力压制工商业的发展，但随着经济的发展对外贸易和文化交流，抑商政策逐渐松弛。在对外贸易和交往过程中，周边国家经常有使团来华朝贡或进行互市贸易，也有许多朝臣奉旨出使各国。在广泛的政治、经济、文化交往中，越来越多的人看到了商业贸易的积极作用，传统的抑商思想观念也在发生变化，限制商业、商人的政策逐渐松弛。唐代中后期"商人地位的提升，只能说动摇了重农抑商思想的社会基础，并不意味着重农抑商思想的终结"④。唐宋以后，历代皇朝虽然不再极力压制商业的发展，但重农思想依然在治理国家中占据重要地位。

---

① （唐）李林甫：《唐六典》卷 2《尚书吏部》，中华书局 1992 年版，第 34 页。
② （后晋）刘昫：《旧唐书》卷 48《食货志》，中华书局 1973 年版，第 2089 页。
③ （宋）司马光：《资治通鉴》卷 242，唐穆宗长庆二年（822）三月条，中华书局 1956 年版，第 7811—7812 页。
④ 蔡泽琛、赵波：《重农抑商思想的历史演变——以唐宋时期为中心的讨论》，《求索》2004 年第 11 期。

三、小工商业有助于农民维持生计

和农业相比，工商业致富较快，很早就被人们认识到："用贫求富，农不如工，工不如商，刺绣文不如倚市门，此言末业，贫者之资也。"① 自耕农仅有少量土地和生产资料，一旦破产失去土地，大多沦为地主阶级的佃户、雇农。但也有一些农民"舍本逐末"，依靠少量资金从事商贩行业，也能维持一家生计。

出现这种情况的原因，主要是农业生产周期长，从播种到收获还要受到多种自然条件影响。在拥有相同资金的情况下，从事农业生产需要购买土地、耕畜、农具、种子等，还需要准备较长时间的生活费用，收获好坏还是个未知数。用数目相同的资金从事商业，周转相对较快，获得利润也较快。《太平广记》卷 165《王叟》云：

> 叟尝巡行客坊，忽见一客方食，盘餐丰盛。叟问其业，客云："唯卖杂粉、香药而已。"叟疑其作贼，问："汝有几财，而衣食过丰也？"此人云："唯有五千之本，逐日食利，但存其本，不望其余，故衣食常得足耳。"叟遂大悟。②

胡如雷先生认为："如果一个农民只有'五千之本'，是很难维持简单再生产的。"③《太平广记》中的小商人凭借五千文的钱资本租赁王叟家店铺从事商业，却能过上足衣足食的生活，说明商业是贫民谋生的一种手段。

通常情况下，"商贾求利，东西南北各用智巧，好衣美食，岁有十二之利，而不出租税"。相比而言，"农夫父子暴露中野，不避寒暑，捽草杷土，手足胼胝，已奉谷租，又出稿税，乡部私求，不可胜供"④。汉唐时期的赋税主要由编户齐民承担，统治者依靠农村乡里组织把农民牢牢地控制在一起，农民很难逃避赋税徭役。商人通常居无定所，其财产通常为珠宝金银，便于隐藏逃税。正如唐人陆贽所言："资产之中，事情不一：有藏于襟怀、囊箧，物虽贵而人莫能窥；有积于场圃、囷仓，直虽轻而众以为富。有流通蕃息之

---

① （汉）司马迁：《史记》卷 129《货殖列传》，中华书局 1959 年版，第 3274 页。
② （宋）李昉：《太平广记》卷 165《王叟》，中华书局 1961 年版，第 1210 页。
③ 胡如雷：《中国封建社会形态研究》，生活·读书·新知三联书店 1979 年版，第 219 页。
④ （汉）班固：《汉书》卷 72《贡禹传》，中华书局 1962 年版，第 3075 页。

货，数虽寡而计日收赢；有庐舍器用之资，价虽高而终岁无利。"① 农民财产外露，且不容易隐藏转移，无法逃避赋税，商人则易于逃税。

汉唐时期，农村社会虽然以男耕女织的自然经济为主，但这种经济模式并不能完全满足小农家庭经济需求。首先，农民家庭所需要的食盐、生产工具等物品多由手工业者制造，农民只有通过货币或以物易物的贸易方式得到。其次，汉唐时期，农民向官府缴纳的赋税通常表现为货币，农民不得不出卖自己的农产品来换取。

农民的收入是粮食，而在许多情况下却要用钱。汉朝的口赋和算赋征收的是货币，每人每年要缴纳的货币大致为一百二十文。魏晋南北朝至隋唐的赋税虽以谷帛为主，通常是"谷帛之外，又责之以钱"。白居易云："夫赋敛之〔失其〕本者，量桑地以出租，计夫家以出庸：租庸者，谷帛而已。今则谷帛之外，又责之以钱。钱者，桑地不生铜，私家不敢铸；业于农者，何从得之？至乃吏胥追征，官限迫蹙，则易其所有，以赴公程。"② 农民出卖农产品换取货币，是多种原因促成的，虽然是被迫之下的无奈之举，但也是农产品贸易的组成部分，促进了商业的发展。

第二节　集市贸易与市镇繁荣

在中国古代，商品交易通常有相对稳定的场所。这些场所大都是相邻不是很远的居民约定俗成的地方，方便于彼此间的商品交换。这些场所通常称为"市"或者"市井"，《风俗通义》云："市，恃也，养赡老少，恃以不匮也。亦谓之市井。俗说：市井者，谓至市鬻卖者，当于井上洗濯，令其物香洁，及自严饰，乃到市也。"③ 在《周礼》一书中有关于"市"的管理人员设置等记载，说明集市大概在商周时期已经初具规模。到了秦汉时期，集市贸易已经较为普遍，这也是社会生产力发展到一定阶段的必然结果。农民出卖农产品，通常要到商业市场。市场通常设在郡县所在的城市之中，魏晋南北

---

① （唐）陆贽：《陆贽集》卷22《均节赋税恤百姓六条》，中华书局2006年版，第722—723页。
② （唐）白居易：《白居易集》卷63《息犹堕》，中华书局1979年版，第1311页。
③ （汉）应劭撰，王利器校注：《风俗通义校注》，中华书局1981年版，第580页。

朝以后，农村的农产品贸易场所草市与墟市逐渐盛行。

一、汉唐时期的城中市场

秦汉大一统政治局面的形成，为广大民众营造了一个相对稳定的生产生活环境，经济的繁荣也促进了商业的发展，形成了长安、洛阳、邯郸、宛城等几个大城市。这些城市中人口众多，大都是从事非农业生产的商人和手工业者，在他们的辛苦劳作下，这些城市逐步发展成为繁华的商业贸易中心。到了唐代，这种区域性的商业城市已经遍布全国，这些城市大都分布于交通便利之地，兼有区域性的政治经济文化中心地位。这些城市中都设有专门从事商业贸易的"市"，其规模大小没有统一的规定。

汉唐时期的城市之中，设有专门从事商业贸易的"市"，以都城长安的"市"最为繁荣，有东市和西市两个商业贸易区。政府派员对"市"进行管理，这也是抑商政策的一种表现。王莽在位时，"于长安及五都立五均官，更名长安东西市令及洛阳、邯郸、临淄、宛、成都市长皆为五均司市（称）师。东市称京，西市称畿，洛阳称中，余四都各用东西南北为称，皆置交易丞五人，钱府丞一人。工商能采金银铜连锡登龟取贝者，皆自占司市钱府，顺时气而取之"①。西汉前期"市"的管理者称为"市令"，王莽将其改为"五均司市师"。这些官员的职责是将市区内从事商业活动的人员登记造册、收取租税、评定物价等。市场官员还负有监管交易的责任，监察商贸活动中是否存在违禁物品。

唐代城市中采取的是坊、市分区制度，"坊"是居民区，"市"是商业区，坊内禁止商业活动。唐代长安城内有东市和西市两个商业区，均占有两坊之地。以东市为例，"东市，南北居二坊之地，当中东市局，次东平准局，东北隅放生池"。注云："隋曰都会市，东、西、南、北各六百步，四面各开二门，定四面街各广百步。北街当皇城南之大街，东出春明门，广狭不易于旧，东西及南面三街向内开拓，广于旧街。市内货财二百二十行，四面立邸，四方珍奇皆所积集。万年县户口减于长安，又公卿以下居止多在朱雀街东，第宅所占略尽，由是商贾所凑，多归西市。东市有口马牛驴行，自此之外，

---

① （汉）班固：《汉书》卷24下《食货志下》，中华书局1962年版，第1180页。

繁杂稍劣于西市矣。"① 唐代长安城的西市与东市的布局近似,里面设立有邸店,应该是商户进行交易或囤积货物之所。市内事务有官府派员管理,并有严格的制度规定,《唐六典》云:

> 两京诸市署:各令一人,从六品上;丞各二人,正八品上。京、都诸市令掌百族交易之事;丞为之贰。凡建标立候,陈肆辨物,以二物平市,以三贾均市。凡与官交易及悬平赃物,并用中贾。其造弓矢、长刀,官为立样,仍题工人姓名,然后听鬻之;诸器物亦如之。以伪滥之物交易者,没官;短狭不中量者,还主。凡卖买奴婢、牛马,用本司、本部公验以立券。凡卖买不和而榷固,及更出开闭共限一价,若参市而规自入者,并禁之。凡市以日午,击鼓三百声而众以会;日入前七刻,击钲三百声而众以散。丞兼掌监印、勾稽。录事掌受事发辰。②

唐代的"市"是封闭性空间,有着严格的开闭制度。唐律规定:"越官府廨垣及坊市垣篱者,杖七十。"疏议:"坊市者,谓京城及诸州、县等坊市。"坊市门的开闭也有规定,唐律规定:"错下键及不由轮而开者,杖六十。余门,各减二等。"疏议:"余门,谓县及坊市之类。"③ 唐代"市"的四周建有围墙,四周有门,市门的管理人员听到皇宫中的"晓鼓"响起开门,傍晚鼓声响起关门。

汉唐时期,城市商业大致可分为市集贸易、铺户零售、转运贸易三种形态。手工业作坊通常集中在城市之中,他们的产品多在自家店铺出卖,"商贾大者积贮倍息,小者坐列贩卖,操其奇赢,日游都市,乘上之急,所卖必倍"④。汉唐时期,城市中坊市管理严格,店铺通常设在市场之中,农民进行农产品交换主要是在市内铺户间进行,店铺是农民换取必需品的主要场所。

中原地区的城市市集特点在战国时期已经形成:"市,朝则满,夕则虚。"⑤ 在汉唐时期经过千余年的发展,这种特点依然没有太大的变化。到了

---

① (宋)宋敏求撰,辛德勇、郎洁点校:《长安志》卷8《东市》,三秦出版社2013年版,第291页。
② (唐)李林甫:《唐六典》卷20《太府寺》,中华书局1992年版,第542—544页。
③ (唐)长孙无忌:《唐律疏议》卷8《违禁》,中华书局1983年版,第170—171页。
④ (汉)班固:《汉书》卷24上《食货志上》,中华书局1962年版,第1132页。
⑤ (汉)刘向:《战国策》卷11《齐策四·孟尝君逐于齐而复反》,上海古籍出版社1985年版,第406页。

唐代，国家对城市市集的管理更为严格："诸非州县之所，不得置市。其市当以午时击鼓二百下，而众大会；日入前七刻击钲三百下，散。"① 唐宋以前，生产力水平落后，农民可用于出卖的农产品十分有限，为了换取必需的货币或生产、生活必需品，通常要到郡、县所在的城市。戴叔伦《女耕田行》诗云："截绢买刀都市中。"② 说明最常用的工具也要到城市中换取。

二、农村市集贸易的草市与墟市

集市是古代农村的传统贸易形式，在自然经济时代，农民以耕织持家，需要购买锅碗瓢勺等生活用品和锄头、镰刀之类的农具以及纺织工具从事生产活动。个体农民大都没有过多的剩余产品可用于交换，农村的集市为自耕农之间、自耕农与手工业者之间交换所需物品提供了便利。农村的集市贸易至迟在汉朝已经存在，《风俗通义》引《春秋井田记》云："人年三十，受田百亩，以食五口，五口为一户，父母妻子也。公田十亩，庐舍五亩，成田一顷十五亩，八家而九顷二十亩，共为一井。庐舍在内，贵人也；公田次之，重公也；私田在外，贱私也。井田之义：一曰无泄地气，二曰无费一家，三曰同风俗，四曰合巧拙，五曰通财货。因井为市，交易而退，故称市井也。"③ 井田是由八家农户耕种的土地组成，在城邑中的可能性不大，一般在乡鄙之中。因井为市从事交易活动，应该是在这几家农户之间进行，这说明市在农村已经早已存在。

秦汉时期，农村的集市通常以基层单位的名称称之为乡市、里市、亭市等。秦朝末年，陈胜等九百人屯大泽乡，起义之前，"乃丹书帛曰'陈胜王'，置人所罾鱼腹中。卒买鱼烹食，得鱼腹中书，固以怪之矣"④。戍卒能够在大泽乡买鱼，说明大泽乡内应该有集市存在。里市见于《春秋繁露·求雨》："令民阖邑里南门，置水其外。开邑里北门，具老豭猪一，置之于里北门之外。市中亦置豭猪一，闻鼓声，皆烧豭猪尾。"⑤ 亭市见于《殽阬君神祠碑》：

① （宋）王溥：《唐会要》卷86《市》，上海古籍出版社2006年版，第1874页。
② （唐）戴叔伦著，蒋寅校注：《戴叔伦诗集校注》卷2《女耕田行》，上海古籍出版社2010年版，第172页。
③ （汉）应劭撰，王利器校注：《风俗通义校注》，中华书局1981年版，第580—581页。
④ （汉）司马迁：《史记》卷48《陈涉世家》，中华书局1959年版，第1950页。
⑤ 苏舆撰，钟哲点校：《春秋繁露义证》卷16《求雨》，中华书局1992年版，第429—430页。

"自亡新已来，其祀堕废，坑稍堙塞，堤坊沮溃，漂没田畴，寖败亭市。"神祠修建的时间为"光和四年（181）"①，光和是东汉灵帝的第三个年号，说明汉代农村存在亭市。秦汉时期的农村设有乡、里、亭等基层组织，基层组织一般都会设在交通方便、人口相对较多的聚落之中，为了方便商品买卖很容易形成集市。

南北朝至隋唐时期，农村市集又称为"草市"。草市之名最早见于《南齐书》："建（昌）〔武〕四年（497），王晏出至草市，马惊走，鼓步从车而归。"② 南齐鄱阳王萧宝夤，永元三年（501）出镇石头城。"其秋，雍州刺史张欣泰等谋起事于新亭，杀台内诸主帅，事在《欣泰传》。难作之日，前南谯太守王灵秀奔往石头，率城内将吏见力，去车脚载宝夤向台城，百姓数千人皆空手随后，京邑骚乱。宝夤至杜姥宅，日已欲暗，城门闭，城上人射之，众弃宝夤逃走。宝夤逃亡三日，戎服诣草市尉，尉驰以启帝，帝迎宝夤入宫问之。"③ 南齐设置"尉"对草市进行管理，说明草市比较普遍。史籍中关于中原地区市集的记载很少而且零散，但在较大的村庄应该有集市的存在。

唐代中期以后，农村集市的记载逐渐增多。唐玄宗开元十三年（725），横海军节度使郑权奏："当道管德州安德县，渡黄河，南与齐州临邑县邻接，有灌家口草市一所。顷者，成德军于市北十里筑城，名福城，割管内安德、平原、平昌三县五都，置都知管勾当。臣今请于此置前件城，缘隔黄河与齐州临邑县对岸，又居安德、平原、平昌三县界，疆境阔远，易动难安，伏请于此置县，为上县。请以归化为名。"④ 诏从之。《旧唐书》卷16《穆宗本纪》的记载是"置归化县于福城草市"⑤，灌口草市与福城草市相距仅有十里，可见草市分布相当密集。

唐代的北方草市，也见于诗文之中。王建《汴路即事》："千里河烟直，青槐夹岸长。天涯同此路，人语各殊方。草市迎江货，津桥税海商。回看故宫柳，憔悴不成行。"⑥ 王建诗中描述的便是开封城外汴河码头草市上商业情

① （宋）洪适：《隶释》卷2《殽阮君神祠碑》，中华书局1986年版，第32页。
② （南朝·梁）萧子显：《南齐书》卷19《五行志》，中华书局1972年版，第386页。
③ （南朝·梁）萧子显：《南齐书》卷50《萧宝夤传》，中华书局1972年版，第865页。
④ （宋）王溥：《唐会要》卷71《州县置设下》，上海古籍出版社2006年版，第1497页。
⑤ （后晋）刘昫：《旧唐书》卷16《穆宗本纪》，中华书局1975年版，第489页。
⑥ （唐）王建撰，尹占华校注：《王建诗校注》卷5《汴路即事》，巴蜀书社2006年版，第188页。

况。农村集市又称为"墟",这种叫法流行于南方。柳宗元《柳州峒氓》云:"郡城南下接通津,异服殊音不可亲。青箬裹盐归峒客,绿荷包饭趁虚人。"注引《青箱纪录》云:"岭南人呼市为虚。盖市之所在,有人则满,无人则虚。而岭南村市满时少,虚时多,故谓之虚。"① 虚又写作"墟",是和"草市"一样的定期市集,通常为三五日一次。由于各地给予集市的名称不同,人们到集市进行交易也就有了不同称呼:"南方谓之趁墟,北方谓之赶集,又谓之赶会,京师谓之赶庙。"② 农民可用于交换的产品不多,这种形式更适于农村市场。

汉唐时期,草市、墟市并没有得到认可,所以关于这方面的记载很少。中唐以后,农村市场发展较快,在社会经济中的地位越来越重要,文献中的记载也越来越多,在中原农村可能广泛存在。草市、墟市是适应农村发展而自然形成的,便于农村居民互通有无,是社会经济发展的结果。

---

① (唐)柳宗元:《柳宗元集》卷42《柳州峒氓》注引《青箱纪录》,中华书局1979年版,第1169页。

② (清)阙名:《燕京杂记》,北京古籍出版社1986年版,第120页。

结　语

先秦汉唐时期，中原地区是国家的统治重心，更是历代皇朝的政治中心。中华文明的起源尽管多元一体，但中原地区的农耕文明是其他地区无法比拟的。中原地区土地肥沃、气候适宜，自然条件优越，农业发达，人口稠密、物产丰富，是古代粮食生产的重要地区，也是封建王朝赋税的主要来源区。所谓"得中原者得天下"，指的便是统治者能否得到中原地区人民的支持，只有在中原地区稳定、繁荣的条件下，一个皇朝才能稳定发展、才能繁荣昌盛。中原地区长期作为古代的政治、经济、文化中心，也是中华民族形成发展的核心区域，从五帝时代到北宋皇朝，大都建都于黄河流域，充分说明了中原地区在中国历史上的重要地位。

在人类历史的早期，人们征服自然和改造自然的能力十分低下，只能活动于生活资料天然丰足的地方才能生存。中原地区土地肥沃、土质疏松易于耕作，雨水丰富、四季分明，为农耕文明的产生奠定了基础。在百万年前的旧石器时代，中原地区就留下了原始人活动的痕迹，新石器时期的文化遗址更是星罗棋布，优越的自然环境是中原地区成为中华文明的重要起源地的基础条件。

人类在世界上出现很早，并不是有了人类就有了农业，最初的人类是凭借双手从自然界采集现成的食物，这种生活方式称之为采集经济。随着社会的发展，人类开始使用石块、木棒等原始工具用于采集活动，在逐步认识到原始工具给日常生活带来便利之后，开始制作简单石质工具用于采集活动，人类社会步入漫长的旧石器时代。

最初的采集农业可能仅是将野生的谷物加以保护管理，待其成熟以后再进行采摘，经过漫长时间的发展，人们对野生谷物的生长规律有了更为广泛的了解，于是便有意识地将采集的谷物种子播撒在土壤之中，让其发芽出土后自然成长，成熟后再进行采集，在经过漫长的发展之后，原始农业逐渐产生。随着工具制作技术的进步，用于耕作的农具日渐增多，采集农业逐渐发展为耕作农业。最初的畜牧养殖应该是伴随着狩猎活动而出现的，随着狩猎工具的改进和人们捕捉猎物技术的提高，收获的猎物在满足日常生活需要的情况下会出现剩余，受伤的、幼小的等活着的动物可能暂时留下来以待不时之需。被保留下来的动物中，一些性格温驯且易于饲养的逐渐被人们驯化为家畜，于是便有了原始畜牧业。农作物种植和家畜养殖成为农业生产的两个方面，并一直延续到现代。

农业诞生之初，大地上树木成林、荆棘遍布、杂草丛生，并不能种植农作物。为了种植粮食，先民用制作的石斧、石锛等工具砍伐树木、杂草，经过一段时间的晾晒后用火焚烧，在清理出来的场地上播下种子等待收获。这种耕作方式称为"刀耕火种"，是最为原始的农业生产方式。锄耕农业出现于新石器时代，裴李岗文化时期属于锄耕农业的前期，磨制的石器、骨器工具被广泛使用于农业生产之中；仰韶文化时期称之为后期，石质、骨质、陶质生产工具无论是形制和打磨技术都有明显进步，出现了穿孔的石斧、石锄、石刀、陶刀等工具，穿孔的农具可以安柄使用，有助于提高劳动效率，随着农业生产的发展，家畜饲养也有所发展。从龙山文化时期开始，原始农业进入犁耕农业阶段，犁耕可以利用畜力，耕地深、翻地快，有助于开垦荒地和扩大种植面积。新石器时代，先民对生产工具进行改良，使这些工具得以发挥更好的作用。磨制的石锛、石斧等工具可以砍伐树木杂草，开垦荒地；磨制的石铲等工具可以用来翻耕土地，改善土壤的物理结构，农耕技术和农业生产有了较大提高。

仰韶文化后期，人们逐渐掌握了铜器冶铸技术，农业生产中出现了金属工具。从铜器出现到青铜冶铸技术成熟，铜质工具与人们的生产、生活密不可分。夏商周时代，无论是开采铜矿还是冶铸铜器都比较困难，由于青铜产量有限，大都被贵族阶层用于铸造礼器、兵器、日常用品和奢侈品，故而很少铸造青铜农具。这一时期的铜稀少贵重，仅有少量的小件青铜农具，农业生产仍以非铜质器具为主，出土物品中非金属工具所占比重很高，说明这些工具的数量在当时很大，也是农业生产中使用最为普遍的工具。

铜器时代，中原地区的主要农作物仍然是粟、稻、大豆、小麦，这是从仰韶文化时期已经形成的传统农业种植结构。值得重视的是，在西周时期的遗址中出现了大麻，大麻是古代北方的五谷之一，在农业史上有着重要地位。二里头文化遗址、二里岗文化遗址、殷墟遗址和沣镐遗址均有大量的动物骨骼出土，除了牛、猪、羊、狗、马、鸡等家养的六畜，还有许多野生动物的骨骼，出土较多的是鹿、野猪、竹鼠等，另外还有鱼、蚌、蛤蜊等水生物。青铜时代的遗址中，出土有较多的箭镞、弹丸、鱼钩、网坠等渔猎工具，这些情况说明渔猎活动在当时很盛行。

春秋战国时期，铁制工具广泛用于农业生产之中，尤其是铁犁、牛耕的使用，使个体生产成为可能。井田制度下，农民虽然在田间耕作，但收获的农产品并不归他们所有。井田制下的土地所有权和农产品归属于公室、贵族和百官，农民并不具备自耕农的性质。在分封制和宗法制维系下，西周时期的井田制度比较稳固。平王东迁以后，周室的分封体制渐趋崩溃，无论是同姓诸侯国还是异姓诸侯国，为了扩充地盘开始对其周边国家进行蚕食，争霸战争成为这一时期的主旋律。周天子虽然在名义上还是天下共主，但实际控制的也仅是王畿之内的狭小区域，周初分封的大小诸侯经过数百年的繁衍之后，与周天子的血缘亲情日益淡薄，宗法血缘对于大多数诸侯已逐渐失去约束力，各地诸侯表面上尊奉王室，实际上各自为政。为了称王图霸，诸侯们广泛招揽人才、锐意改革、奋发图强，井田制经济在新兴赋役制度的冲击下日益瓦解，随之而兴起的小农经济逐渐步入历史舞台，成为战国及其以后中国古代社会存在和发展的基石，一直延续到近代。

汉唐时期的中国古代社会经历了曲折的发展过程，有秦汉时期大一统的政治局面，也有魏晋南北朝时期的分裂割据和军阀混战，在隋唐时期再次走向繁荣昌盛的强盛时期。在广大农民的辛勤耕耘下，封建统治阶级才得以维护其统治机器的正常运行，农业生产呈现出明显的周期性波动。各个阶段的统治者所采取的政策，主要是围绕如何统治广大农民阶级来制定，历代的政策对农民阶级的生产、生活方式有着重大影响。封建社会主要由地主和农民两个阶级组成，地主阶级居于统治地位，通过各种手段兼并土地，成为大土地拥有者，建有大大小小的田庄，依靠榨取地租、赋税来维持寄生生活；农民阶级是社会财富的创造者，同时也是受压迫者，居于被统治地位，农民虽然人数众多，所占有的土地却极少，大多数人需要租种地主的土地或到地主田庄中劳动才能维持生计。

中国封建社会的国家经济职能主要表现为赋役的征收，调节国家、地主、农民之间物质资料的再分配。由于维持国家运行和稳定的官僚、军队的存在，历代皇朝就必须通过征收赋税和徭役来满足这些人员的物质需求。在中国古代，赋役是国家的财政支柱，是历代皇朝依靠政治力量进行的社会财富再分配。汉唐时期，随着土地关系演变，国家赋税制度也不断调整。唐朝中期以前，国家采取"假民公田""占田""均田"等政策扶植自耕农，将国家控制的土地租赁或分给贫民或流民，使他们成为国家的编户农民为政府提供赋税徭役。由于自耕农大量存在，国家征收赋税便侧重于人口，庞大的人头税通常使他们难以承受。地主阶级地多人少，政府征收田租越少，地主的财富积累就越多，实力就越雄厚，更有力量兼并农民的土地。唐中叶以后，商品经济的繁荣促进了地主大土地所有制发展，自耕农小块土地日益减少，失去土地的人口日益增多。日益贫困的农民无力缴纳按丁、按口征收的大量赋税，土地、财产数量成为唐代征收赋税的主要依据。国家依据财产征收赋税，破产农民依靠租种地主土地维持生活，租佃关系成为农业生产的主流。农民耕种地主土地向地主缴纳地租，地主向国家缴纳赋税，突出了田产的经济职能。

魏晋的户调制、隋唐的租庸调三项主要课役都是按丁征收的。每个朝代的中后期，由于土地兼并造成自耕农的减少和赋税来源的枯竭，政府便不断地加重赋税徭役。国家赋税增加之时，地主总会以增税为借口对佃农增收地租，将国家增加的赋税转嫁于佃农，以维护其利益。地主阶级为了维护其统治，地主政权有时也实行蠲免课役政策，但由于汉唐时期的依附农民、荫户农民、佃农租种的是地主土地，国家不能与他们直接发生经济关系，地主上缴赋税减少而农民向地主缴纳的私租通常不会减少。实际上，官府减免赋税通常是地主受益，雇农、佃农却得不到实惠。在地租量不变的情况下，赋税缴纳越少，地主积累的财富就越多，更有能力兼并土地扩大剥削范围，农民就更容易贫困破产。农民的贫困和破产是封建土地制度造成的，这种制度使地主占据了大量土地，控制着生产资源。

从秦汉到隋唐，中国古代社会经历了千年的发展历程，由统一到分裂再到统一，可以划分为三个明显阶段。秦汉是秦朝与汉朝的合称，在这一历史阶段，中华民族进行了文化融合和社会转型发展，不仅奠定了统一多民族国家的发展基础，也成为中国历史上第一个繁荣昌盛时期。东汉以后，中原大地经历了数百年的割据混战，也是中国历史上政权更迭最为频繁的时期，史称三国两晋南北朝，黄河流域大量人口避乱南迁，农业经济受到了严重破坏。隋唐是经历数百年分裂割据之后的又大一统时期，政治制度、经济文化都有很好发展，居于当时世界领先地位，也是中国历史上第二次繁荣昌盛时期。无论是大一统的秦汉、隋唐，还是分裂割据的魏晋南北朝，中原一带作为历史上最为重要的政治、经济区域长期存在。在这漫长的历史过程中，地主阶级对中原地区农民的剥削程度呈周期性变化，每次农民起义爆发以后中原地区农业生产也遭到严重破坏，统治阶级的政策变化也有着明显的阶段性特征。

农业是通过种植农作物生产粮食和养殖动物获得食品的产业，农民以有生命的动植物为主要劳动对象。农业受生物的生长繁育规律和自然条件的制约，具有强烈的季节性和地域性。农业生产的破坏，通常有两种原因造成，即通常所说的"天灾人祸"。天灾是不以人的意志为转移而出现的自然灾害，主要包括旱灾、水灾、雪灾、地震等，汉唐时期的自然灾害对农业生产的影响非常严重，主要是由于生产力水平低下造成的。人祸通常是因为统治阶级对农民的残酷压迫剥削所引发的农民起义，战争期间农民被杀、逃亡，导致农业人口锐减、土地荒芜，对农业生产的破坏程度不亚于自然灾害，甚至有过之而无不及。每个新兴朝代的前期和中期，统治者均能实行一些惠农政策，兴修水利工程，以促进农业生产和社会经济的发展。由于人口多，耕地面积相对较少，土地分配问题是各朝的难题。土地分配的共性在于：各朝前期，政府将无主荒地以一定的方式分配给无地农民，大力扶持自耕农；各朝的中后期，土地兼并日益严重，许多农民失去土地，丧失了基本生活资料，被迫走上反抗的道路。

汉唐时期，国家对农村的管理是政治活动的重中之重。农村能否稳定，对国家政局影响至关重要。汉唐时期，国家对农村管理继续沿用先秦的"什伍制度"，采取连坐形式将农民组织在一起，一家犯法，邻里都要受到牵连和惩处。封建王朝为了维持其统治秩序，把体现国家意志的行政权力自上而下延伸到乡村基层，大致以"里"为乡村行政中心，辅之以邻保等组织，以实现其控制乡村的目的。随着历史的发展，基层组织在一定程度上维持了乡村的社会稳定，为农业生产提供了保障，对汉唐社会的发展起到了积极作用。

各朝所采取的措施也在不断改进，具有阶段性特征。

　　汉唐时期，中原地区的商业已经有很大发展，这是社会分工和社会发展的必然结果。农民出卖农产品，通常要到商业市场。市场通常设在郡县所在的城市之中，魏晋南北朝以后，农村的农产品贸易场所草市、墟市逐渐盛行。中唐以后，农村市场发展较快，在社会经济中的地位越来越重要，文献中的记载也越来越多，在中原农村可能广泛存在。草市、墟市是适应农村发展而自然形成的，便于农村居民互通有无，是社会经济发展的结果。商业是商人获得生活资料的主要途径，也促进了社会经济繁荣，对社会发展有着积极作用。

参考文献

一、史料部分

1. 正史类

（汉）司马迁：《史记》，中华书局 1959 年版。

（汉）班固：《汉书》，中华书局 1962 年版。

（晋）陈寿：《三国志》，中华书局 1959 年版。

（南朝·宋）范晔：《后汉书》，中华书局 1965 年版。

（南朝·梁）沈约：《宋书》，中华书局 974 年版。

（唐）姚思廉：《梁书》，中华书局 1973 年版。

（北齐）魏收：《魏书》，中华书局 1974 年版。

（唐）魏徵：《隋书》，中华书局 1973 年版。

（唐）房玄龄等：《晋书》，中华书局 1974 年版。

（唐）李百药：《北齐书》，中华书局 1972 年版。

（唐）令狐德棻：《周书》，中华书局 1972 年版。

（唐）李延寿：《南史》，中华书局 1975 年版。

（唐）李延寿：《北史》，中华书局 1974 年版。

（后晋）刘昫：《旧唐书》，中华书局 1975 年版。

（宋）欧阳修：《新唐书》，中华书局 1975 年版。

（元）脱脱：《宋史》，中华书局 1977 年版。

（元）脱脱：《金史》，中华书局 1975 年版。

（清）张廷玉：《明史》，中华书局 1974 年版。

2. 其他史料

（春秋）管仲撰，黎翔凤校注：《管子校注》，中华书局 2004 年版。

（战国）左丘明撰，徐元诰撰：《国语集解》，中华书局 2002 年版。

（汉）刘向：《战国策》，上海古籍出版社 1985 年版。

（汉）宋衷注，（清）张澍辑：《世本》，商务印书馆 1937 年版。

（唐）长孙无忌：《故唐律疏议》，中华书局 1983 年版。

（唐）吴兢：《贞观政要》，上海古籍出版社 1978 年版。

（唐）杜佑：《通典》，中华书局 1988 年版。

（唐）李林甫，陈仲夫点校：《唐六典》，中华书局 1992 年版。

（宋）司马光：《资治通鉴》，中华书局 1956 年版。

（宋）乐史：《太平寰宇记》，中华书局 2007 年版。

（宋）王溥：《唐会要》，上海古籍出版社 2006 年版。

（元）马端临：《文献通考》，中华书局 1986 年版。

（宋）徐天麟：《西汉会要》，中华书局 1957 年版。

（宋）宋敏求撰，辛德勇、郎洁点校：《长安志》，三秦出版社 2013 年版。

（宋）洪遵等著，任仁仁校点：《泉志》（外三种），上海书店出版社 2018 年版。

（宋）洪适：《隶释》，中华书局 1986 年版。

《天一阁明钞本天圣令校证》，中华书局 2006 年版。

3. 文集、笔记类

（南朝·梁）萧统编，（唐）李善注：《文选》，上海古籍出版社 1986 年版。

（唐）徐坚：《初学记》，中华书局 1962 年版。

（宋）李昉编：《文苑英华》，中华书局 1966 年版。

（宋）王钦若：《册府元龟》，中华书局 1960 年版。

（宋）李昉：《太平广记》，中华书局 1961 年版。

（宋）宋敏求：《唐大诏令集》，中华书局 2008 年版。

（明）胡之骥：《江文通集汇注》，中华书局 1984 年版。

（清）董浩：《全唐文》，中华书局 1983 年版。

（清）彭定求：《全唐诗》，中华书局 1960 年版。陈尚君辑校：《全唐诗补编》，中华书局 1992 年版。

二、古人著述

（春秋）老子撰，（魏）王弼注：《老子道德经注》，中华书局 2011 年版。

（春秋）老子撰，王卡点校：《老子道德经河上公章句》，中华书局 1997 年版。

（战国）商鞅等著，章诗同注：《商君书》，上海人民出版社 1974 年版。

（战国）韩非撰，（清）王先慎撰：《韩非子集解》，中华书局 1998 年版。

（战国）吕不韦撰，陈献猷校释：《吕氏春秋新校释》，上海古籍出版社 2002 年版。

（汉）董仲舒：《董仲舒集》，学苑出版社 2003 年版。

（汉）董仲舒撰，苏舆撰：《春秋繁露义证》，中华书局 1992 年版。

（汉）刘安撰，张双棣校释：《淮南子校释》，北京大学出版社 1997 年版。

（汉）陆贾撰，王利器校注：《新语校注》，中华书局 1986 年版。

（汉）桓宽撰，王利器校注：《盐铁论校注》，中华书局 1992 年版。

（汉）班固撰，（清）陈立疏证：《白虎通疏证》，中华书局 1994 年版。

（汉）应劭撰，王利器校注：《风俗通义校注》，中华书局 1981 年版。

（汉）氾胜之撰，万国鼎辑释：《氾胜之书辑释》，中华书局 1957 年版。

（汉）刘珍等撰，吴树平校注：《东观汉记校注》，中华书局 2008 年版。

（三国）诸葛亮著，张连科校注：《诸葛亮集校注》，天津古籍出版社 2008 年版。

（晋）郭璞注，袁珂校注：《山海经校注》，上海古籍出版社 1980 年版。

（南朝·宋）陶渊明：《陶渊明集》，中华书局 1979 年版。

（北魏）贾思勰著，缪启愉校释：《齐民要术校释》，农业出版社 1981 年版。

（北魏）郦道元：《水经注》，中华书局 2007 年版。

（唐）孔颖达：《周易正义》，北京大学出版社 2000 年版。

（唐）孔颖达：《尚书正义》，北京大学出版社 2000 年版。

（唐）贾公彦：《周礼注疏》，北京大学出版社 2000 年版。

（唐）孔颖达：《毛诗正义》，北京大学出版社 2000 年版。

（唐）孔颖达：《春秋左传正义》，北京大学出版社 2000 年版。

（唐）欧阳询：《艺文类聚》，上海古籍出版社 1985 年版。

（唐）杜甫著，（清）仇占鳌注：《杜诗详注》，中华书局 1979 年版。

（唐）白居易：《白居易集》，中华书局 1979 年版。

（唐）陆贽：《陆贽集》，中华书局 2006 年版。

（唐）杜牧撰，陈允吉校点：《樊川文集》，上海古籍出版社 1978 年版。

（唐）王建撰，尹占华校注：《王建诗校注》，巴蜀书社 2006 年版。

（唐）柳宗元：《柳宗元集》，中华书局 1979 年版。

（唐）陆龟蒙：《甫里先生文集》，河南大学出版社 1996 年版。

（唐）王梵志著，张锡厚校辑：《王梵志诗校辑》，中华书局 1983 年版。

（唐）康骈：《剧谈录》，古典文学出版社 1958 年版。

（唐）皇甫枚：《三水小牍》，中华书局 1958 年版。

（唐）戴叔伦著，蒋寅校注：《戴叔伦诗集校注》，上海古籍出版社 2010 年版。

（宋）邢昺：《尔雅注疏》，北京大学出版社 2000 年版。

（宋）邢昺：《论语注疏》，北京大学出版社 2000 年版。

（宋）孙奭：《孟子注疏》，北京大学出版社 2000 年版。

（宋）王谠撰，周勋初校证：《唐语林校证》，中华书局 1987 年版。

（宋）王柏：《鲁斋集》，商务印书馆 1936 年版。

（宋）沈括：《梦溪笔谈》，中华书局 2009 年版。

（宋）袁采：《袁氏世范》，天津古籍出版社 2016 年版。

（元）王祯撰，缪启愉译注：《东鲁王氏农书译注》，上海古籍出版社 1994 年版。

（明）刘天和撰，卢勇著：《问水集校注》，南京大学出版社 2016 年版。

（明）徐光启撰，石声汉校注：《农政全书校注》，上海古籍出版社 1979 年版。

（明）宋应星：《天工开物》，广东人民出版社 1976 年版。

（明）邱浚：《大学衍义》，京华出版社 1999 年版。

（清）王夫之：《读通鉴论》，中华书局 1975 年版。

（清）皮锡瑞：《经学历史》，中华书局 1959 年版。

（清）阙名：《燕京杂记》，北京古籍出版社 1986 年版。

三、出土文献与金石资料

银雀山汉墓竹简整理小组：《银雀山汉墓竹简·孙子兵法》，文物出版社 1976 年版。

《睡虎地秦墓竹简·秦律杂抄释文注释》，文物出版社 1990 年版。

国家文物局古文献研究室：《吐鲁番出土文书》，文物出版社 1983 年版。

周绍良：《唐代墓志汇编》（上、下），上海古籍出版社 1992 年 11 月版。

周绍良、赵超：《唐代墓志汇编续集》，上海古籍出版社 2001 年版。

吴　钢：《全唐文补遗》第一册，三秦出版社 1994 年版。

吴　钢：《全唐文补遗》第二册，三秦出版社 1995 年版。

吴　钢：《全唐文补遗》第三册，三秦出版社 1996 年版。

李献奇：《洛阳新获墓志》，文物出版社 1996 年版。

吴　钢：《全唐文补遗》第四册，三秦出版社 1997 年版。

吴　钢：《全唐文补遗》第五册，三秦出版社 1998 年版。

罗振玉：《西陲石刻录》，上海辞书出版社 1998 年版。

吴　钢：《全唐文补遗》第六册，三秦出版社 1999 年版。

吴　钢：《全唐文补遗》第七册，三秦出版社 2000 年版。

《张家山汉墓竹简（二四七号墓）》释文修订本，文物出版社 2006 年版。

四、今人论著

黄河水利委员会西北工程局编：《叫黄河为人民服务》，陕西人民出版社 1956 年版。

张雨天：《河北省自然经济地理简述》，河北人民出版社 1957 年版。

陈垣：《二十史朔闰表》，中华书局 1962 年版。

郭宝均：《中国青铜器时代》，生活·读书·新知三联书店 1963 年版。

胡如雷：《中国封建社会形态研究》，生活·读书·新知三联书店 1979 年版。

河北省地理研究所《河北农业地理》编写组：《河北农业地理》，河北人民出版社 1980 年版。

傅筑夫：《中国古代经济史概论》，中国社会科学出版社 1981 年版。

郭沫若：《郭沫若全集·历史编》卷 1《中国古代社会研究·青铜时代》，人民出版社 1982 年版。

谭其骧：《中国历史地图集》，地图出版社 1982 年版。

卢良彦：《老子新解》，台州师专图书馆资料室 1982 年版。

时子明：《河南自然条件与自然资源》，河南科学技术出版社 1983 年版。

郭沫若：《郭沫若全集·历史编》卷 3《奴隶制时代·西周也是奴隶社会》，人民出版社 1984 年版。

河北省文物研究所：《藁城台西商代遗址》，文物出版社 1985 年版。

朱绍侯主编：《中国古代史》，福建人民出版社 1985 年版。

梁家勉主编：《中国农业科学技术史稿》，农业出版社 1989 年版。

水利部淮河水利委员会《淮河水利简史》编写组：《淮河水利简史》，水利水电出版社 1990 年版。

董中强：《河南农业气候》，河南科学技术出版社 1991 年版。

杨庭硕等：《民族、文化与生境》，贵州人民出版社 1992 年版。

王邨：《中原地区历史旱涝气候研究和预测》，气象出版社 1992 年版。

河北省地方志编撰委员会：《河北地方志》，河北科学技术出版社 1993 年版。

白寿彝：《中国通史》，上海人民出版社 1994 年版。

钱穆：《国史大纲》，商务印书馆 1994 年版。

郑学檬：《中国赋役制度史》，厦门大学出版社 1994 年版。

王震中：《中国文明起源的比较研究》，陕西人民出版社 1994 年版。

晁福林主编：《中国古代史》上，北京师范大学出版社 1994 年版。

魏克循：《河南土壤地理》，河南科学技术出版社 1995 年版。

国家文物局主编：《2001年中国重要考古发现》，文物出版社2002年版。

兰勇：《中国历史地理学》，高等教育出版社2020年版。

余鑫炎：《中国商业史》，中国商业出版社1987年版。

杨锡璋、高炜主编：《中国考古学·夏商卷》，中国社会科学出版社2003年版。

河南省土壤普查办公室编著：《河南土壤》，中国农业出版社2004年版。

谷更有：《唐宋国家与乡村社会》，中国社会科学出版社2006年版。

李民：《中原文化大典》，中州古籍出版社2008年版。

于琨奇：《战国秦汉小农经济研究》，商务印书馆2012年版。

刘成纪、杨云香：《中原文化与中华民族》，河南人民出版社2012年版。

王巍：《中国考古学大辞典》，上海辞书出版社2014年版。

宁立波等编著：《河南省地下水中氟的分布及形成机理研究》，地质出版社2015年版。

刘建国主编：《可再生能源导论》，中国轻工业出版社2017年版。

李亮、关晓武主编：《铜与古代科技》，中国科学技术大学出版社2018年版。

《马克思恩格斯全集》第4卷，人民出版社2016年版。

《马克思恩格斯全集》第8卷，人民出版社2016年版。

五、学位论文

王晓毅：《陶寺考古：技术的实证解析》，山西大学2011年博士学位论文。

六、论文类

石如璋：《第七次殷墟发掘：E区工作报告》，《安阳发掘报告》第四册，1933年。

胡厚宣：《气候变迁与殷代气候之检讨》，《中国文化研究汇刊》第4卷（1944年）。

赵全古等：《郑州商代遗址的发掘》，《考古学报》1957年第1期。

雷海宗：《世界史分期与上古中古史中的一些问题》，《历史教学》1957年第7期。

刘笑春等：《一九五五年秋安阳小屯殷墟的发掘》，《考古学报》1958年第3期。

邹逸麟：《从唐代水利建设看与当时社会经济有关的两个问题》，《历史教学》1959年第12期。

郭德勇：《甘肃武威皇娘娘台遗址发掘报告》，《考古学报》1960年第2期。

安志敏：《我国新石器时代的仰韶文化和龙山文化》，《历史教学》1960年第8期。

安志敏等：《1958—1959年殷墟发掘简报》，《考古》1961年第2期。

李仰松：《洛阳王湾遗址发掘简报》，《考古》1961年第4期。

贺昌群：《秦末农民起义的原因及其历史作用》，《历史研究》1961年第6期。

关通：《唐代庄园制说质疑》，《山东大学学报》1963 年第 S4 期。

何汉金等：《陕西长安沣西张家坡西周遗址的发掘》，《考古》1964 年第 9 期。

田昌五：《论秦末农民起义的历史根源和社会后果》，《历史研究》1965 年第 4 期。

竺可桢：《中国近五千年来气候变迁的初步研究》，《考古学报》1972 年第 1 期。

贾兰坡：《山西峙峪旧石器时代遗址发掘报告》，《考古学报》1972 年第 1 期。

中国科学院考古研究所实验室：《放射性碳素测定年代报告》（二），《考古》1972 年第 5 期。

中国科学院考古研究所山西工作队：《山西芮城东庄村和西王村遗址的发掘》，《考古学报》1973 年第 1 期。

唐云明、刘世枢：《河北藁城台西村的商代遗址》，《考古》1973 年第 5 期。

中国科学院考古研究所实验室：《放射性碳素测定年代报告》（三），《考古》1974 年第 5 期。

谢端琚：《甘肃永靖秦魏家齐家文化墓地》，《考古学报》1975 年第 2 期。

中国科学院考古研究所实验室：《放射性碳素测定年代报告》（四），《考古》1977 年第 3 期。

唐云明：《试谈豫北、冀南仰韶文化的类型与分期》，《考古》1977 年第 4 期。

杨锡璋：《仰韶文化后冈轮行和大司空村类型的相对年代》，《考古》1977 年第 4 期。

郑杰祥：《河南省襄县西周墓发掘简报》，《文物》1977 年第 8 期。

张振新：《汉代的牛耕》，《文物》1977 年第 8 期。

王建等：《下川文化——山西下川遗址调查报告》，《考古学报》1978 年第 3 期。

李有恒、韩德芬：《广西桂林甑皮岩遗址动物群》，《古脊椎动物与古人类》1978 年第 4 期。

宋兆麟：《唐代曲辕犁研究》，《中国历史博物馆馆刊》1979 年第 00 期。

中国科学院考古研究所实验室：《放射性碳素测定年代报告》（六），《考古》1979 年第 1 期。

杨宝成等：《1969—1977 年殷墟西区墓葬发掘报告》，《考古学报》1979 年第 1 期。

李友谋：《裴李岗遗址一九七八年发掘简报》，《考古》1979 年第 3 期。

李昌韬：《郑州大河村遗址发掘报告》，《考古》1979 年第 3 期。

张长寿等：《1967 年长安张家坡西周墓葬的发掘》，《考古学报》1980 年第 4 期。

杨宽：《我国历史上铁农具的改革及其作用》，《历史研究》1980 年第 5 期。

李璠：《中国普通小麦的起源与传播》，《世界农业》1980 年第 10 期。

安志敏：《中国早期铜器的几个问题》，《考古学报》1981 年第 3 期。

孙淑芸：《中国早期铜器的初步研究》，《考古学报》1981 年第 3 期。

巩启明：《姜寨遗址考古发掘的主要收获及其意义》，《人文杂志》1981 年第 4 期。

徐治亚等：《洛阳北窑村西周遗址 1974 年度发掘简报》，《文物》1981 年第 7 期。

中国社会科学院考古研究所安阳工作队：《安阳后冈新石器时代遗址的发掘》，《考古》1982 年第 6 期。

中国科学院考古研究所实验室：《放射性碳素测定年代报告》（九），《考古》1982 年第 7 期。

唐长孺：《唐西州诸乡户口帐试释》，唐长孺主编：《敦煌吐鲁番文书初探》，武汉大学出版社 1983 年版。

曹隆恭：《关于中国小麦的起源问题》，《农业考古》1983 年第 1 期。

巩启明：《试论仰韶文化》，《史前研究》1983 年第 1 期。

刘啸：《我国古代著名的水库鸿郤陂》，《史学月刊》1983 年第 2 期。

高天麟、孟凡人：《试论河南龙山文化"王湾类型"》，《中原文物》1983 年第 2 期。

安金槐：《登封王城岗遗址的发掘》，《文物》1983 年第 3 期。

黄慧贤：《略伦隋炀帝之暴政》，《武汉大学学报》1983 年第 4 期。

叶万松等：《1975—1979 洛阳北窑西周铸铜遗址的发掘》，《考古》1983 年第 5 期。

杨育彬等：《近年来郑州商代遗址发掘收获》，《中原文物》1984 年第 1 期。

佟伟华：《磁山遗址的原始农业遗存及其相关的问题》，《农业考古》1984 年第 1 期。

严文明：《论中国的铜石并用时代》，《史前研究》1984 年第 1 期。

余天炽：《战国秦汉的重农抑商政策及其历史检讨》，《华南师范大学学报》1984 年第 1 期。

张之恒：《中国原始农业的产生和发展》，《农业考古》1984 年第 2 期。

段鹏琦等：《偃师商城的初步勘探和发掘》，《考古》1984 年第 6 期。

王庆瑞等：《甘肃东林乡马家窑文化遗址出土的稷和大麻》，《考古》1984 年第 7 期。

赵芝荃等：《1983 年秋河南偃师商城发掘简报》，《考古》1984 年第 10 期。

李先登：《王城岗遗址出土的铜器残片及其他》，《文物》1984 年第 11 期。

张岱海：《山西襄汾陶寺遗址首次发现铜器》，《考古》1984 年第 12 期。

王吉怀：《从裴李岗文化的生产工具看中原地区早期农业》，《农业考古》1985 年第 2 期。

徐哲：《华北旧石器时代石镞的发现与研究综述》，《史前研究》1985 年第 3 期。

田醒农等：《西周镐京附近部分墓葬发掘简报发掘报告》，《文物》1986 年第 1 期。

赵清等：《郑州商代遗址发掘简报》，《考古》1986 年第 4 期。

中国科学院考古研究所实验室：《放射性碳素测定年代报告》（一三），《考古》1986 年第 7 期。

郭郛：《从河北正定南杨庄出土的陶蚕蛹试论我国家蚕的起源问题》，《农业考古》1987 年第 1 期。

杨宝成等：《殷墟 159、260 号墓发掘报告》，《考古学报》1987 年第 1 期。

张松林：《荥阳青台遗址出土纺织物的报告》，《中原文物》1987 年第 1 期。

卢茂村：《安徽古代稻麦小史》，《农业考古》1987 年第 2 期。

蒋晔：《试论裴李岗文化遗存的几个问题》，《商丘师专学报》1987 年第 2 期。

卢连成：《陕西长安沣西客省庄西周夯土基址发掘报告》，《考古》1987 年第 8 期。

薛东：《浅谈老子的"无为而治"》，《学习月刊》1987 年第 10 期。

王妙发：《黄河流域的史前聚落》，《历史地理》第六辑，上海人民出版社 1988 年版。

杨振红：《两汉时期铁犁和牛耕的推广》，《中国考古》1988 年第 1 期。

范志文：《仰韶文化时期的农业工具——锄耕农业工具的演变和应用》，《中国农史》1988 年第 3 期。

郑殿生：《谈谈中国小麦的起源》，《种子世界》1988 年第 5 期。

戴应新等：《1984 年长安普渡村西周墓葬发掘简报》，《考古》1988 年第 9 期。

陈正奇：《也论"亩收百斛"——区种法的增产原因探讨》，《中国农史》1989 年第 4 期。

王星光：《试论耕犁的推广与曲辕犁的使用》，《郑州大学学报》1989 年第 4 期。

卢连成等：《长安 M183 西周洞室墓发掘简报》，《考古》1989 年第 6 期。

高敏：《魏晋南北朝赋役豁免的对象与条件》，《江汉论坛》1990 年第 6 期。

李京华：《登封王城岗夏文化城址出土的部分石质生产工具试析》，《农业考古》1991 年第 1 期。

彭适凡等：《江西新干商墓出土一批青铜生产工具》，《农业考古》1991 年第 1 期。

王在德：《试论我国原始农业起源与发展》，《农业考古》1991 年第 1 期。

高国仁：《粟在中国古代农业中的地位和作用》，《农业考古》1991 年第 1 期。

中国科学院考古研究所实验室：《放射性碳素测定年代报告》（一八），《考古》1991 年第 7 期。

刘一曼等：《1986—1987 年安阳花园庄南地发掘报告》，《考古学报》1992 年第 1 期。

郑洪春、穆海亭：《镐京西周五号大型宫室建筑遗址发掘简报》，《文博》1992 年第 4 期。

郑乃武：《河南郏县水泉新石器时代遗址发掘简报》，《考古》1992 年第 10 期。

徐良高：《陕西长安县沣西新旺村西周制骨作坊遗址》，《考古》1992 年第 11 期。

陈冬生：《试述古代山东麦作生产的发展》，《古今农业》1993 年第 1 期。

黄一如：《梁冀园囿筑山情况试析》，《时代建筑》1994 年第 1 期。

郑乃武：《河南郏县水泉裴李岗遗址》，《考古学报》1995 年第 1 期。

王文涛：《两汉的耒耜类农具》，《农业考古》1995 年第 3 期。

王星光：《裴李岗文化时期的农具与耕作技术》，《许昌师专学报》1995 年第 4 期。

李昌韬：《郑州大河村遗址 1983、1987 年仰韶文化遗存发掘报告》，《考古》1995 年第 6 期。

李凭：《再论北魏宗主督护制》，《晋阳学刊》1995 年第 6 期。

王利华：《连筒与筒车》，《农业考古》1997 年第 1 期。

孔德铭：《殷墟青铜生产工具浅析》，《华夏考古》1997 年第 2 期。

孙淑云等：《甘肃早期铜器的发现与冶炼、制造技术的研究》，《文物》1997 年第 7 期。

杨际平：《汉代内郡的官吏构成与乡、亭、里关系——东海郡尹湾汉简研究》，《厦门大学学报》1998 年第 4 期。

高炜等：《偃师商城与夏商文化分界》，《考古》1998 年第 10 期。

习建华：《中唐赋税制度变迁的分析》，《理论月刊》1998 年第 11 期。

张良仁等：《河南偃师商城Ⅳ区 1996 年发掘简报》，《考古》1999 年第 2 期。

俞凉亘等：《洛阳林校西周车马坑》，《文物》1999 年第 3 期。

张松林、高汉玉：《荥阳青台遗址出土丝麻制品观察与研究》，《中原文物》1999 年第 3 期。

黄克映：《从半坡遗址考古材料探讨原始农业的几个问题》，《农业考古》1999 年第 3 期。

晁福林：《论"初税亩"》，《文史哲》1999 年第 6 期。

尹俊敏：《商周復国与两汉復阳县（侯国）》，《南都学坛》2000 年第 5 期。

章翊中、尹集彬：《唐初统治集团的重农思想表现及其发展农业的措施》，《南昌高专学报》2001 年第 4 期。

钱小康：《犁》，《农业考古》2002 年第 1 期。

张居中：《河南舞阳贾湖遗址 2001 年春发掘简报》，《考古》2002 年第 2 期。

宁志新：《汉唐时期河北地区的水稻生产》，《中国经济史研究》2002 年第 4 期。

白云翔：《中国的早期铜器与青铜器的起源》，《东南文化》2002 年第 7 期。

秦冬梅：《试论魏晋南北朝时期的气候异常与农业生产》，《中国农史》2003 年第 1 期。

戴志强：《古代中国的钱币》，《中国钱币》2003 年第 2 期。

朱筱新：《论中国古代小农经济的形成及特点》，《北京教育学院学报》2003 年第 4 期。

张泽咸：《汉晋唐时期农业综论》，《中国社会科学院研究生院学报》2003 年第 5 期。

卫聚贤：《中国最古的货币——贝壳》，《内蒙古金融研究》2003 年第 S1 期。

何弩：《陶寺文化谱系研究综论》，《古代文明》（第 3 卷），文物出版社 2004 年版。

石兴邦：《下川文化的生态特点与粟作农业的起源》，《考古与文物》2004 年第 4 期。

蔡泽琛、赵波：《重农抑商思想的历史演变——以唐宋时期为中心的讨论》，《求索》2004 年第 11 期。

谷更有：《唐代的村与村正》，《中国社会历史评论》2005 第 00 期。

陈文华：《中国原始农业的起源和发展》，《农业考古》2005 年第 1 期。

薛瑞泽：《中原地区概念的形成》，《寻根》2005 年第 5 期。

陈国梁：《二里头文化铜器制作技术概述》，《三代考古》2006 年第 00 期。

杨敏、王伟：《揭开火烧沟文化的面纱》，《酒泉日报》2006 年 3 月 9 日第 4 版。

黄今言：《汉代农民"背本趋末"的历史考察》，《中国经济史研究》2006 年第 4 期。

王晓毅：《陶寺中期墓地被盗墓葬抢救性发掘纪要》，《中原文物》2006 年第 5 期。

赵志军、何弩：《陶寺遗址 2002 年度浮选结果及分析》，《考古》2006 年第 5 期。

魏兴涛等：《河南平顶山市蒲城店遗址西周遗存的发掘》，《考古》2006 年第 6 期。

赵朝洪：《北京门头沟区东胡林史前遗址》，《考古》2006 年第 7 期。

刘再聪：《村的起源及"村"概念的泛化——立足于唐以前的考察》，《史学月刊》2006 年第 12 期。

卜宪群：《春秋战国乡里社会的变化与国家基层权力的建立》，《清华大学学报》2007 年第 2 期。

赵志军：《登封王城岗遗址浮选结果分析》，《华夏考古》2007 年第 2 期。

刘再聪：《唐朝"村正"考》，《中国农史》2007 年第 4 期。

朱之勇：《虎头梁遗址中的锛状器》，《北方文物》2008 年第 2 期。

宋定国等：《河南洛阳市南陈遗址西周文化遗存的发掘》，《华夏考古》2008 年第 3 期。

赵静芳等：《石器捆绑实验与微痕分析报告》，高星、沈辰主编：《石器微痕分析的考古学实验研究》，科学出版社 2008 年版。

张国刚：《唐代乡村基层组织及其演变》，《北京大学学报》2009 年第 5 期。

唐际根等：《河南安阳市殷墟孝民屯东南地 1989~1990 年的发掘》，《考古》2009 年第 9 期。

陈雪香等：《河南博爱县西金城遗址 2006~2007 年浮选结果分析》，《华夏考古》2010 年第 3 期。

张晓凌：《微痕分析确认万年前的复合工具与其功能》，《科学通报》2010 年第 3 期。

袁靖，李君：《河北徐水南庄头遗址出土动物遗存研究报告》，《考古学报》2010 年第3 期。

中国科学院考古研究所考古科技实验中心碳十四实验室：《放射性碳素测定年代报告》（三六），《考古》2010 年第 7 期。

靳桂云等：《淄博市房家龙山文化遗址植物考古报告》，《海岱考古》2011 年第 00 期。

张永辉：《裴李岗遗址出土石磨盘表面淀粉粒的鉴定与分析》，《第四纪研究》2011 年第 5 期。

周立等：《洛阳北窑西周车马坑发掘简报》，《考古》2011 年第 8 期。

樊温泉：《河南三门峡市庙底沟遗址仰韶文化 H9 发掘简报》，《考古》2011 年第12 期。

陈薇薇等：《河南新密古城寨城址出土植物遗存分析》，《华夏考古》2012 年第 1 期。

李水城：《甘肃酒泉干骨崖墓地的发掘与收获》，《考古学报》2012 年第 3 期。

郑文兰：《陕西长安县沣西新旺村西周遗址 1982 年发掘简报》，《考古》2012 年第5 期。

周本雄：《沣西新旺村西周遗址动物遗存鉴定》，《考古》2012 年第 5 期。

王志浩：《内蒙古鄂尔多斯市乌兰木伦旧石器时代中期遗址》，《考古》2012 年第7 期。

魏继印：《北首岭遗址仰韶文化早期遗存研究》，《考古》2012 年第 12 期。

魏兴涛：《豫西晋西南仰韶文化晚期遗存研究》，《考古学研究》2013 年第 00 期。

惠继红：《论中国古代重粟思想及其影响》，《河南工业大学学报》2013 年第 4 期。

张建平：《龙山文化地层中首次发现大麦》，《蚌埠日报》2013 年 4 月 18 日，第A01 版。

陈星灿：《庙底沟时代：早期中国文明的第一缕曙光》，《中国文物报》2013 年 6 月 21日，第 005 版。

吴文婉等：《我国古代大豆属（Glycine）植物的利用和驯化》，《农业考古》2013 年第 6 期。

蓝万里、陈朝云：《荥阳官庄遗址浮选样品植物大遗存分析》，《东方考古》2014 年第00 期。

吴文婉等：《河南登封南洼遗址二里头到汉代聚落农业的植物考古证据》，《中原文物》2014 年第 1 期。

陈朝云等：《河南荥阳市官庄遗址西周遗存发掘简报》，《考古》2014 年第 8 期。

高虎等：《洛阳林校西周车马坑发掘简报》，《洛阳考古》2015 年第 1 期。

史本恒等：《河南禹州市前后屯遗址龙山文化遗存发掘简报》，《考古》2015 年第

4 期。

王兴亚：《中原地域称谓的由来及其地域范围的嬗变》，《石家庄学院学报》2015 年第 4 期。

李占扬：《灵井许昌人遗址 2014 年发掘简报》，《华夏考古》2016 年第 1 期。

钟华等：《河南新密新砦遗址 2014 年浮选结果及分析》，《农业考古》2016 年第 1 期。

安静平等：《山东济南唐冶遗址（2014）西周时期炭化植物遗存研究》，《农业考古》2016 年第 6 期。

武欣等：《河南鹤壁市大赉店遗址龙山时期植物遗存分析》，《东方考古》2017 年第 00 期。

杨玉璋等：《郑州东赵遗址炭化植物遗存记录的夏商时期农业特征及其发展过程》，《人类学学报》2017 年第 1 期。

邓振华等：《中原龙山时代农业结构的比较研究》，《华夏考古》2017 年第 3 期。

崔启龙：《河南舞阳贾湖遗址出土石器的微痕分析》，《人类学报》2017 年第 4 期。

赵志军：《仰韶文化时期农耕生产的发展和农业社会的建立——鱼化寨遗址浮选结果的分析》，《江汉考古》2017 年第 6 期。

杨玉璋：《河南舞阳县贾湖遗址 2013 年发掘简报》，《考古》2017 年第 12 期。

刘昶等：《河南禹州瓦店遗址 2007、2009 年度植物遗存浮选结果分析》，《华夏考古》2018 年第 1 期。

李昱娥等：《河南灰嘴遗址二里头文化植物遗存的考古学分析》，《边疆考古研究》2018 年第 1 期。

刘昶等：《河南禹州瓦店遗址 2007、2009 年度植物遗存浮选结果分析》，《华夏考古》2018 年第 1 期。

贾世杰等：《郑州商城遗址炭化植物遗存浮选结果与分析》，《江汉考古》2018 年第 2 期。

王祁等：《安阳殷墟刘家庄北地、大司空村、新安庄三个遗址地点出土晚商植物遗存研究》，《南方文物》2018 年第 3 期。

钟华等：《河南登封程窑遗址浮选结果与分析》，《农业考古》2018 年第 6 期。

钟华等：《河南洛阳王圪垱遗址浮选结果及分析》，《农业考古》2019 年第 1 期。

牛世山：《河南安阳殷墟豫北纱厂地点 2011~2014 年发掘简报》，《考古》2019 年第 3 期。

岳洪彬等：《安阳殷墟大司空东南地 2015—2016 年发掘报告》，《考古学报》2019 年第 4 期。

赵珍珍等：《河南河南淮阳平粮台遗址（2014—2015）龙山时期炭化植物遗存研究》，

《中国农史》2019 年第 4 期。

　　赵志军，刘昶：《偃师二里头遗址浮选结果的分析和讨论》，《农业考古》2019 年第 6 期。

　　高振龙等：《河南鹤壁辛村遗址 2014 年度西大坡西周墓地发掘简报》，《华夏考古》2020 年第 3 期。

　　李永强：《河南新郑裴李岗遗址 2018—2019 年发掘》，《考古学报》2020 年第 4 期。

　　付仲杨等：《陕西咸新区大原村西南西周墓葬发掘简报》，《南方文物》2020 年第 4 期。

　　赵志军：《北京东胡林遗址植物遗存浮选结果及分析》，《考古》2020 年第 7 期。

　　左豪瑞等：《河南新乡前高庄遗址龙山时期动物遗存分析》，《中原文物》2021 年第 2 期。

　　伍腾飞：《楚蚁鼻钱研究综述》，《闽台缘》2021 年第 2 期。

　　杜水生：《山西沁县下川遗址富益河圪梁地点 2014 年 T1 发掘简报》，《考古》2021 年第 4 期。

　　［瑞典］安特生：《中国远古之文化》，《三门峡文史资料》第 12 集，2003 年。

责任编辑:邵永忠

封面设计:黄桂月

图书在版编目(CIP)数据

先秦汉唐时期中原农业问题研究/乔凤岐 著. —北京:
　人民出版社,2022. 5
ISBN 978-7-01-024884-4

Ⅰ.①先…　Ⅱ.①乔…　Ⅲ.①农业经济史-研究-中国-先秦时代-唐代
Ⅳ.①F329.02

中国版本图书馆 CIP 数据核字(2022)第 118357 号

先秦汉唐时期中原农业问题研究
XIANQIN HANTANG SHIQI ZHONGYUAN NONGYE WENTI YANJIU

乔凤岐　著

人民出版社 出版发行
(100706　北京市东城区隆福寺街99号)

北京九州迅驰传媒文化有限公司印刷　新华书店经销

2022 年 5 月第 1 版　2022 年 5 月北京第 1 次印刷
开本:710 毫米×1000 毫米 1/16　印张:15　字数:240 千字

ISBN 978-7-01-024884-4　定价:50.00 元

邮购地址 100706　北京市东城区隆福寺街 99 号
人民东方图书销售中心　电话 (010)65250042　65289539